Personalkostenabbau durch betriebliche Bündnisse für Arbeit

Zivilrechtliche Schriften

Beiträge zum Wirtschafts-, Bank- und Arbeitsrecht

Herausgegeben von Peter Kreutz und Dieter Reuter

Band 47

PETER LANG

Frankfurt am Main · Berlin · Bern · Bruxelles · New York · Oxford · Wien

Merve Ehlers

Personalkostenabbau durch betriebliche Bündnisse für Arbeit

Welche Gesetzesänderungen des geltenden Rechts sind zur Anpassung an die heutigen Wirtschafts- und Arbeitsbedingungen und zur Legalisierung der gängigen Rechtspraxis erforderlich?

PETER LANG
Europäischer Verlag der Wissenschaften

Bibliografische Information der Deutschen Nationalbibliothek
Die Deutsche Nationalbibliothek verzeichnet diese Publikation in der Deutschen Nationalbibliografie; detaillierte bibliografische Daten sind im Internet über <http://www.d-nb.de> abrufbar.

Zugl.: Kiel, Univ., Diss., 2006

D 8
ISSN 0941-147X
ISBN-10: 3-631-56252-7
ISBN-13: 978-3-631-56252-9

www.peterlang.de

Vorwort

Die vorliegende Arbeit entstand während meines Referendariats. Sie wurde im Juli 2006 von der Rechtswissenschaftlichen Fakultät der Chrsitian-Albrechts-Universität zu Kiel als Dissertation angenommen.

Mein herzlichster Dank gilt meinem Doktorvater Prof. Dr. Peter Kreutz. Auch Prof. Dr. Hartmut Oetker danke ich für die rasche Erstellung seines Gutachtens.

Merve Ehlers — Hamburg, Oktober 2006

Inhaltsverzeichnis

Abkürzungsverzeichnis

a.A.	anderer Ansicht
Abs.	Absatz
AiB	Arbeitsrecht im Betrieb, Zeitschrift
Anm.	Anmerkung
AKR	Arbeitskampfrecht
AP	Arbeitsrechtliche Praxis, Entscheidungssammlung
ArbG	Arbeitsgericht
ArbGG	Arbeitsgerichtsgesetz
ASU	Arbeitsgemeinschaft Selbständiger Unternehmer
AuA	Arbeit und Arbeitsrecht, Zeitschrift
BAG	Bundesarbeitsgericht
BB	Betriebsberater, Zeitschrift
BBiG	Berufsbildungsgesetz
Bd.	Band
BetrR	Der Betriebsrat, Zeitschrift
BetrVG	Betriebsverfassungsgesetz
BfA	Bundesanstalt für Arbeit
BGBl.	Bundesgesetzblatt
BGB	Bürgerliches Gesetzbuch
BGH	Bundesgerichtshof
BT-Drucks.	Bundestagsdrucksache
bzw.	beziehungsweise
ca.	circa
DA	Dienstanweisung, Durchführungsanordnung
DB	Der Betrieb, Zeitschrift
d.h.	das heißt
Diss.	Dissertation
DStR	Das Steuerrecht, Zeitschrift
ErfK-Bearbeiter	Erfurter Kommentar zum Arbeitsrecht
EzA	Entscheidungssammlung zum Arbeitsrecht
f., ff.	folgende
Fn.	Fußnote
ggf.	gegebenenfalls
GK-Bearbeiter	Gemeinschaftskommentar zum Betriebsverfassungsgesetz
gem.	gemäß
GmbH	Gesellschaft mit beschränkter Haftung

GmbHG	Gesetz über die Gesellschaften mit beschränkter Haftung
IAB	Institut für Arbeitsmarkt- und Berufsforschung
InsO	Insolvenzordnung
i.d.R.	in der Regel
i.R.	im Rahmen
i.S.	im Sinne
i.V.m.	in Verbindung mit
KSchG	Kündigungsschutzgesetz
LAG	Landesarbeitsgericht
LM	Das Nachschlagwerk des BGH in Zivilsachen, herausgegeben von Lindenmaier und Möhring
m. w. N.	mit weiteren Nachweisen
NJW	Neue Juristische Wochenschrift, Zeitschrift
NZA	Neue Zeitschrift für Arbeits- und Sozialrecht
NZI	Neue Zeitschrift für das Recht der Insolvenz und Sanierung
OLG	Oberlandesgericht
RdA	Recht der Arbeit, Zeitschrift
s.	siehe
SchbG	Schwerbehindertengesetz
SGB	Sozialgesetzbuch
sog.	so genannt(e)
u.a.	unter anderem
usw.	und so weiter
u.U.	unter Umständen
RdA	Recht der Arbeit, Zeitschrift
Rn.	Randnummer(n)
WA	Wirtschaftsausschuss
WiB	Wirtschaftsberatung, Zeitschrift
WSI-Mitteilungen	Mitteilungen des Wirtschaft- und Sozialwissenschaftlichen Instituts in der Hans-Böckler-Stiftung, Zeitschrift
z.B.	zum Beispiel
ZfA	Zeitschrift für Arbeitsrecht
ZInsO	Zeitschrift für das gesamte Insolvenzrecht
ZIP	Zeitschrift für Wirtschaftsrecht
ZPO	Zivilprozessordnung
ZTR	Zeitschrift für Tarifrecht

I. Einleitung

Beim Konfliktherd Personalkostenabbau bietet sich alternativ zum Personalabbau als kooperative, interessengerechte Lösung ein betriebliches Bündnis für Arbeit an. Es geht um den Strategiewechsel zu "anders, i. d. R. billiger, länger und flexibler beschäftigen, statt entlassen".

Dabei gehen Forderungen dahin, die betriebsnah gefundenen Regelungen den Arbeitgebern und der Belegschaft zu überlassen, und auf diese Weise den Betrieben selbst Verhandlungen über Arbeitsentgelte, Arbeitszeiten und weitere die betriebliche Wettbewerbsfähigkeit fördernde Maßnahmen zu gestatten, die bisher ausschließlich den Tarifvertragsparteien vorbehalten waren. In vielen Betrieben sind tatsächlich inzwischen der Betriebsrat oder, wenn es keinen Betriebsrat gibt, die Belegschaft zu kompetenten Krisen- und Co-Managern avanciert.[1]

Ziel dieser betrieblichen Abmachungen muss es sein, kollektiv verbindliche Regelungen zu finden, um sog. Trittbrettfahrer, die sich an den Lasten nicht beteiligen, aber beispielsweise von einer Standortsicherung profitieren, zu verhindern und damit auch den Betriebsfrieden in der Belegschaft zu sichern.

Andere halten ein solches Concession Bargaining für eine kampflose Anpassung an die Arbeitgeber und die Flächentarifverträge[2] für ein unverzichtbares Gestaltungselement, ohne die Arbeitnehmer in Permanenz der Erpressung durch das Management ausgeliefert sein würden.[3]

Diese Arbeit soll untersuchen, inwieweit die jetzige Rechtslage Personalkostenabbau durch betriebliche Bündnisse für Arbeit zulässt und ob darüber hinaus Gesetzesänderungen erforderlich sind, um Personalkostenabbau durch betriebliche Bündnisse für Arbeit in größerem Umfang zu ermöglichen.

---

1 Vgl. Büttner/Kirsch, Bündnisse für Arbeit, S. 6.

2 Für Tarifverträge im Einzelfall werden immer wieder unterschiedliche, sich z. T. deckende Bezeichnungen gewählt. In der deutschen Tarifpraxis lassen sich in Abhängigkeit von der Tarifvertragspartei auf Arbeitgeberseite (Arbeitgeberverband oder einzelner Arbeitgeber) zunächst branchenbezogene, mit bundesweitem oder regionalem räumlichen Geltungsbereich vereinbarte Flächentarifverträge, die auch als Verbands- oder Branchentarifverträge bezeichnet werden, und Firmentarifverträge andererseits unterscheiden. Zwar wird der Begriff Verbandstarifvertrag den Rechtsfragen am gerechtesten, aber der Begriff Flächentarifvertrag wird zusätzlich gewählt, weil er in der Fach- und sonstigen Literatur am häufigsten genutzt wird.
Bei den Firmentarifverträgen wird nach der Tarifgebundenheit des Arbeitgebers unterschieden. Mit tarifgebundenen Arbeitgebern werden sie bei Ergänzungen bzw. Änderungen des Flächentarifvertrags als Änderungs- oder Ergänzungstarifvertrag bezeichnet. Bei Nichttarifgebundenheit ist von einem Anerkennungs-/Anschluss-/oder Haustarifvertrag zu sprechen. Die Begriffe Ergänzungs- und Haustarifvertrag werden wieder wegen der Häufigkeit der Nutzung gewählt.

3 Vgl. Bergmann/Bürckmann/Dabrowski, Reform des Flächentarifvertrags?, S. 1.

Damit geht es um neue Strukturen im kollektiven Arbeitsrecht: Weniger Tarifautonomie/mehr Betriebsautonomie/mehr Individualautonomie und um die Frage, ob und wie das gegebene institutionelle Regelwerk geändert werden sollte.

II. Die typischen Inhalte der betrieblichen Bündnisse für Arbeit

Kennzeichnend für ein betriebliches Bündnis für Arbeit ist, dass zwischen dem Arbeitgeber und der Belegschaft bzw. für diese durch den Betriebsrat oder die Gewerkschaft ein Austausch vereinbart wird, Personalkosteneinsparungen und Flexibilisierungen gegen Beschäftigungsgarantien und sonstige Arbeitgeberzusagen.

Bereits Anfang 1999 erschien eine Auswertung zur Beschäftigungssicherung des Archivs Betriebsvereinbarungen in der Hans-Böckler-Stiftung.[4] Sie ergab Aufschlüsse über die typischen Inhalte von betrieblichen Bündnissen für Arbeit.

Die Vereinbarungen wurden inhaltlich bezüglich Leistungen und Gegenleistungen der Bündnispartner untersucht. In ihr waren 139 Vereinbarungen einbezogen, die bis einschließlich Juni 1998 abgeschlossen worden waren.

Die folgende Tabelle zeigt die Häufigkeit der Regelungselemente für Arbeitsbedingungen, Personal und Organisation.

Regelungsbereiche zu Arbeitsbedingungen, Personal und Organisation[5]

Regelungsbereich	**Häufigkeit**
Arbeitszeit	83
Organisationsentwicklung	54
Personalentwicklung/Weiterbildung	45
Versetzung	43
Altersregelung	28
Entgelt	21
Sozialleistungen	14
Ausscheidungsregelungen	13
Beurlaubungen	11
Fehlzeiten/Krankenstand	5
Sonstige	8

Die mit Abstand häufigsten Regelungen gehörten zum Regelungsbereich Arbeitszeit.

Dabei stand die Flexibilisierung deutlich an der Spitze (27 der 83 gesamten Fälle), gefolgt von der Reduzierung der Arbeitszeit ohne Lohnausgleich (20 der

4 Heidemann, Betriebs- und Dienstvereinbarungen Beschäftigungssicherung. Analyse und Handlungsempfehlungen, 2. unveränderte Aufl., 2005.

5 Heidemann, Betriebs- und Dienstvereinbarungen Beschäftigungssicherung. Analyse und Handlungsempfehlungen, S. 21-26.

83 gesamten Fälle). Mit deutlichem Abstand folgten die Förderung von Teilzeitarbeit, Überstundenregelungen und der Abbau von Erholungs- und Pausenzeiten. Noch vor den Entgeltfragen standen Regelungen zur Organisationsentwicklung (45 Nennungen) und zur Personalentwicklung/Weiterbildung (45 Nennungen). Dabei ging es beispielsweise um Auflösung einer Abteilung, um Zuordnung von Beschäftigten zu anderen Arbeitsbereichen, um Entwicklung von Qualität, um Einsetzung von Projektgruppen für Produktinnovation oder um grundlegende Änderungen der Unternehmens, Betriebs- und Arbeitsorganisation.

Mit 21 Nennungen relativ selten sind Entgeltregelungen. Hier ging es um den Abbau übertariflicher Zulagen, zumeist durch Verrechnung mit anstehenden Lohnerhöhungen oder um die Nutzung von Klauseln in Tarifverträgen zur Absenkung der Entgelte bei Neueinstellungen.

Erst danach folgten Regelungen zur Verminderung von Fehlzeiten und Krankenstand (typisch: Einsetzung eines Arbeitskreises zur Förderung der Gesundheit im Unternehmen), zur Altersregelung (typisch: vorzeitiger Ruhestand) und zu Sozialleistungen. Bei diesen ging es um den Abbau freiwilliger betrieblicher Leistungen wie Betriebsrenten, Fahrgeld, Jubiläumszuwendungen und sonstiger Gratifikationen.

Lediglich 13 der 139 Vereinbarungen verzichteten auf explizite Zusagen des Arbeitgebers zur Sicherung der Beschäftigung. Dazu folgende Tabelle:

Zusagen des Arbeitgebers[6]

Zusagen	**Häufigkeit**
Ohne ausdrückliche Zusagen	13
Mit Zusagen	126
Kündigungsverzicht	92
Übernahme Auszubildender	31
Erhalt der Ausbildung	19
Erhalt der Eingruppierung	23
Verzicht auf Outsourcing	18
Standorterhalt/-erweiterung	15
Investitionen	4
Sonstige	4

Bei dem mit Abstand an der Spitze mit 92 Nennungen stehenden Verzicht des Arbeitgebers auf betriebsbedingte Kündigungen ist anzumerken, dass dies nicht

6 Heidemann, Betriebs- und Dienstvereinbarungen Beschäftigungssicherung. Analyse und Handlungsempfehlungen, S. 27-32.

immer den Erhalt aller zum Zeitpunkt des Abschlusses bestehenden Arbeitsplätze bedeutete. In einer Reihe von Fällen wurde parallel ein vorgesehener Personalabbau vereinbart.

Aus der Auswertung werden die typisch vereinbarten Inhalte aktuell vereinbarter betrieblicher Bündnisse für Arbeit deutlich. Typische Inhalte eines betrieblichen Bündnisses sind folglich:

- Vereinbarungen zur Arbeitszeit
  (Vereinbarung von vorübergehender Kurzarbeit und dauerhafter wöchentlicher Arbeitszeitverkürzung oder -verlängerung ohne Lohnausgleich, Einführung von Arbeitszeitkonten, Regelung von Vorruhestand/Altersteilzeit, des Abbaus von Überstunden, des Angebots von Sonderurlaub, Ausweitung bzw. Einrichtung von Teilzeitstellen),
- Vereinbarungen von organisatorischen Maßnahmen
  (Qualifizierungsmaßnahmen, größere Flexibilität bei Umsetzungen und Arbeitszeiten),
- Vereinbarungen zum Einkommen
  (Aufhebung oder Kürzung von Sonderzahlungen, Anrechnung überbetrieblicher Einkommensbestandteile, Aussetzen von Tariferhöhungen, Wegfall von Zuschlägen z. B. für Überstunden)
- gegen mögliche Versprechen des Arbeitgebers eines kürzeren oder längeren Ausschlusses betriebsbedingter Kündigungen, eines Einstellungsstopps, Zusagen von Investitionen, Verzichts auf Outsourcing/Fremdvergabe bislang intern wahrgenommener Aufgaben und eine Standortsicherung.

III. Die rechtswirksame Implementierung betrieblicher Bündnisse für Arbeit

Zunächst soll geklärt werden, inwieweit die jetzige Rechtslage, herrschende Rechtsliteratur und Rechtsprechung betriebliche Bündnisse für Arbeit mit den oben dargestellten typischen Inhalten zulässt. Es stellt sich die Frage, ob der Abschluss eines Bündnisses rechtswirksam erfolgen kann und welche Folgen bei Unwirksamkeit drohen. Dabei soll zwischen Tarifbindung, fehlender Tarifbindung und Nachbindung unterschieden werden.

A. Betriebliche Bündnisse für Arbeit und Tarifbindung

Es stellt sich die Frage, ob und wie ein betriebliches Bündnis für Arbeit mit den oben herausgearbeiteten Inhalten bei Tarifgebundenheit wirksam implementiert werden kann. Tarifgebundenheit liegt nach § 3 Abs. 1 TVG grundsätzlich dann vor, wenn der Arbeitgeber Mitglied des tarifschließenden Arbeitgeberverbandes und der Arbeitnehmer Mitglied der tarifschließenden Gewerkschaft ist.

Nicht ausdrücklich im Gesetz geregelt ist die Tarifbindung, wenn eine Spitzenorganisation entsprechend ihrer Tarifabschlussbefugnis (§ 2 Abs. 3 TVG) im eigenen Namen einen Tarifvertrag abgeschlossen hat. Grundsätzlich verknüpft das Gesetz die Tarifgebundenheit an die Mitgliedschaft. Mitglied der Spitzenorganisation ist der angeschlossenen Verband, aber nicht wiederum sein Mitglied.

Aber die Rechtsprechung[7] und übereinstimmend das Schrifttum[8] nehmen in diesen Fällen eine "vermittelte" Tarifgebundenheit der einzelnen, in den angeschlossenen Mitgliedern der Spitzenorganisation organisierten Mitglieder an. Das entspricht dem Sinn und Zweck des § 2 Abs. 3 TVG, da bei einem anderen Normenverständnis der abgeschlossene Tarifvertrag ins Leere laufen würde.[9] Die durch die Mitgliedschaft erteilte Regelungsermächtigung umfasst auch die Legitimation zu kollektiven Regelungen über die Spitzenorganisation, der der eigene Verband angehört.

Ganz unabhängig von der Mitgliedschaft liegt nach § 5 TVG Tarifbindung vor, wenn ein Tarifvertrag für allgemeinverbindlich erklärt wird.[10] Die Allge-

---

7 BAGE 87, 257 (261); ZTR 2004, 78.

8 Vgl. Gamillscheg, Kollektives Arbeitsrecht, Bd.1, S. 713; Wiedemann-Oetker, § 3 TVG, Rn. 112.

9 So auch Wiedemann-Oetker, § 3 TVG, Rn. 112.

10 Beispielsweise die Mindestlohntarifverträge in den Branchen Baugewerbe, Maler-, Lackierer-, und Dachdeckerhandwerk sowie der Lohn- und Rahmentarifvertrag für das Gebäudereinigerhandwerk.

meinverbindlichkeitserklärung dient der Bekämpfung von Lohndumping und der Abwehr von sog. Schmutzkonkurrenz. Durch sie erstreckt sich das Monopol der Tarifvertragsparteien und die Normwirkung eines Tarifvertrags auch auf nicht tarifgebundene Arbeitgeber und Arbeitnehmer (Außenseiter) und weitet die Tarifbindung auf Nichtorganisierte aus.

Durch § 1 AEntG erstreckt sich die Wirkung bestimmter allgemeinverbindlicher Tarifverträge zusätzlich auf die Arbeitsverhältnisse von vorübergehend in Deutschland tätigen Arbeitnehmern ausländischer Betriebe. Erfasst werden z. Zt. beispielsweise Baugewerbe, Montage und Lotsen. Auch Leiharbeiter, die in Betriebe der genannten Branchen ausgeliehen werden, fallen gem. § 1 Abs. 2a AEntG unter die Tarifverträge. Insgesamt wird auf diese Weise die Kartellwirkung der Tarifverträge branchenbezogen hergestellt und totalisiert, was vom Bundesverfassungsgericht[11] ausdrücklich gedeckt wird: "Die fehlende Tarifbindung eines Partners oder beider Partner von Arbeitsverhältnissen .... kann insbesondere in Zeiten nachlassender Konjunktur und gefährdeter Vollbeschäftigung schwerwiegende Nachteile für die Tarifgebundenen und Gefahren für die Verwirklichung des Tarifvertrags zur Folge haben: Nicht organisierte Arbeitnehmer können Gewerkschaftsmitglieder beim Wettbewerb um knapp gewordene Arbeitsplätze dadurch verdrängen, dass sie auf untertarifliche Arbeitsbedingungen eingehen; Arbeitgeber können sich durch bevorzugte Anstellung von Außenseitern zu untertariflichen Löhnen Konkurrenzvorteile verschaffen." Diesen als "Lohndrückerei" und "Schmutzkonkurrenz" bezeichneten Missständen kann gesetzlich entgegengetreten werden. Damit hat das Bundesverfassungsgericht die Normwirkung/Kartellwirkung eines Tarifvertrags erkennbar bei branchenbezogener Notwendigkeit stärker gewichtet als die Vertragsfreiheit (Art. 2 GG) und die negative Koalitionsfreiheit (Art. 9 Abs. 3 GG) von Arbeitgebern und Arbeitnehmern.[12] Neben der Mitgliedschaft im Verband kann folglich die Allgemeinverbindlichkeitserklärung Tarifgebundenheit begründen. Es soll nun untersucht werden, wie im Fall der Tarifbindung ein betriebliches Bündnis für Arbeit mit den oben herausgearbeiteten typischen Inhalten wirksam implementiert werden kann.

Grundsätzlich besteht die Möglichkeit, die Inhalte des Arbeitsverhältnisses durch individuelle Vereinbarungen mit den Arbeitnehmern selbst, durch Betriebsvereinbarungen mit dem Betriebsrat und/oder durch Tarifverträge zu regeln. Soweit die Regelungen rechtswidrig sind, sollen auch die rechtlichen Risiken (Klagemöglichkeiten) dargestellt werden.

---

11 BVerfG AuR 1977, 380.

12 Dazu Gamillscheg, Kollektives Arbeitsrecht, Bd. 1, 1997, S. 884ff.

1. Individuelle Vereinbarungen

Insbesondere in Betrieben ohne Betriebsrat ist die Vereinbarung der oben dargestellten typischen Inhalte eines Bündnisses für Arbeit durch individuelle Vereinbarung mit jedem Arbeitnehmer separat denkbar.

Doch die formgültige individuelle Vereinbarung ist im Fall der Tarifbindung aufgrund des Günstigkeitsprinzips unwirksam. Das Günstigkeitsprinzip legt gem. § 4 Abs. 3 TVG fest, dass tarifgebundene Arbeitgeber nur rechtswirksam vom Tarifvertrag abweichen können, wenn der tarifgebundene Arbeitnehmer besser also günstiger gestellt wird. Das bedeutet, dass Betriebe bei der Vereinbarung von Arbeitsbedingungen, welche durch einen Tarifvertrag geregelt sind, an die Mindestanforderungen des Tarifvertrags gebunden sind. Dazu zählen die Höhe der Löhne und die Arbeitszeiten, sowie auch zum Beispiel Aspekte der Entgeltgestaltung, Entgeltfortzahlung, Rationalisierungsschutz, Altersversorgung, Kündigungsschutz oder Qualifizierung sowie Gesichtspunkte der Arbeitszeitflexibilisierung.

Typische Inhalte eines betrieblichen Bündnisses sind jedoch gerade solche Vereinbarungen zur Arbeitszeit (Vereinbarung von vorübergehender Kurzarbeit und dauerhafter wöchentlicher Arbeitszeitverkürzung oder -verlängerung ohne Lohnausgleich, Einführung von Arbeitszeitkonten, Regelung von Vorruhestand/ Altersteilzeit, des Abbaus von Überstunden, des Angebots von Sonderurlaub, Ausweitung bzw. Einrichtung von Teilzeitstellen), Vereinbarungen zum Einkommen (Aufhebung oder Kürzung von Sonderzahlungen, Anrechnung überbetrieblicher Einkommensbestandteile, Aussetzen von Tariferhöhungen, Wegfall von Zuschlägen z. B. für Überstunden) und Vereinbarungen von organisatorischen Maßnahmen (Qualifizierungsmaßnahmen, größere Flexibilität bei Umsetzungen und Arbeitszeiten), jedoch im Austausch gegen mögliche Versprechen des Arbeitgebers eines kürzeren oder längeren Ausschlusses betriebsbedingter Kündigungen, eines Einstellungsstopps, Zusagen von Investitionen, Verzichts auf Outsourcing/Fremdvergabe bislang intern wahrgenommener Aufgaben oder eine Standortsicherung, vgl. oben. Damit bringen die Arbeitgeberzusagen unbestreitbaren Vorteil für die Belegschaft insgesamt, also für die Arbeitnehmer als Kollektiv.[13] Hinsichtlich des Vergleichsmaßstabs legt die h. M. jedoch eine objektiv-

---

13 Ausführlich zum Günstigkeitsprinzip Raab, Betriebliche Bündnisse für Arbeit – Königsweg aus der Beschäftigungskrise?, ZfA 2004, 371ff.
Dieser Begriff der Günstigkeit ist offen und auslegungsbedürftig. Was als günstiger anzusehen ist, ist Ansichtssache und von der jeweiligen Situation des einzelnen Arbeitnehmers abhängig.
Eine wachsende Mindermeinung neigt darum dazu, die Günstigkeitsbewertung mehr subjektiv auszurichten. Sie traut dem Arbeitnehmer ohne weiteres zu, zwischen "Äp-

hypothetische Betrachtung zugrunde.[14] Maßstab ist, ob die vertragliche Vereinbarung dem einzelnen Arbeitnehmer Vorteile bringt und nach der Rechtsprechung gehört ein sicherer Arbeitsplatz nicht dazu. Nach Auffassung des Bundesarbeitsgerichts (sog. Burda-Entscheidung) ist eine Beschäftigungsgarantie nicht geeignet, Verschlechterungen beim Arbeitsentgelt oder bei der Arbeitszeit zu rechtfertigen.[15] Eine Beschäftigungsgarantie ist in einen Günstigkeitsvergleich nicht einzubeziehen, weil sie mit den in einem betrieblichen Bündnis für Arbeit enthaltenen Entgelt- und Arbeitszeitregelungen und organisatorischen Regelungen mangels sachlichen Zusammenhangs nicht vergleichbar ist ("Äpfel mit Birnen vergleichen").[16] Für Arbeitszeit und Arbeitsentgelt einerseits und Beschäftigungsgarantie andererseits gäbe es keinen gemeinsamen Vergleichsmaßstab. Ist im Rahmen eines Günstigkeitsvergleichs nicht zweifelsfrei feststellbar, dass eine arbeitsvertragliche Abweichung für den Arbeitnehmer günstiger ist, bleibt es nach dem Bundesarbeitsgericht bei der zwingenden Geltung der Tarifnorm.[17] Das betriebliche Bündnis für Arbeit, das typischerweise einen Verzicht auf tariflich geregelte Leistungen enthält (vgl. oben), ist folglich durch einzelvertragliche

---

feln und Birnen" zu wählen und hält ihn bei solchen Alternativen für allein entscheidungsbefähig, so Picker, Das Arbeitsrecht zwischen Marktgesetz und Machtansprüchen, ZfA 2005, 353ff; Kordel, Das Günstigkeitsprinzip des § 4 Abs. 3 TVG aus der Sicht der ökonomischen und verhaltenswissenschaftlichen Analyse des Rechts, ZfA 2005, 459ff.; Bayreuther, Tarifautonomie als kollektiv ausgeübte Privatautonomie, S. 740ff.; Niebler/Schmiedl, Sind Abweichungen vom Tarifvertrag zur Beschäftigungssicherung zulässig?, BB 2001, 1631ff.; Freihube, Die einzelvertragliche Umsetzung von Beschäftigungsbündnissen, DB 2000, 122ff.; Kast/Stuhlmann, Sind betriebliche Bündnisse für Arbeit noch durchführbar?, BB 2000, 614ff.; Federlin, Die Zukunft der betrieblichen Bündnisse für Arbeit, Festausgabe 50 Jahre Bundesarbeitsgericht, S, 645ff.

Dabei geht es um die Zusammenstellung neuer Sachgruppen und die Definition und Beweispflicht hinsichtlich der konkreten, ernsthaften, aktuellen und zeitlich adäquaten Bedrohung des vorhandenen Arbeitsplatzes bzw. einer solchen Bedrohung der Existenz des Betriebes.

14 Gamillscheg, Kollektives Arbeitsrecht, Bd.1, S. 855f.; Kempen/Zachert, § 4 TVG, Rn. 187; Löwisch/Rieble, § 4 TVG, Rn. 187ff.; Wiedemann-Wank, § 4 TVG, Rn. 446, 451ff.

15 BAG BB 1999, 1657.

16 So Richardi, Tarifautonomie und Betriebsautonomie als Formen wesensverschiedener Gruppenautonomie im Arbeitsrecht, DB 2000, 42ff.; Löwisch, Der arbeitsrechtliche Teil des sogenannten Korrekturgesetzes, BB 1999, 102ff.; Berg/Platow, Unterlassungsanspruch der Gewerkschaft gegen tarifwidrige betriebliche Regelungen, DB 1999, 2362ff.

17 BAG AP nr. 23 zu § 4 TVG Günstigkeitsprinzip, AP nr. 89 zu Art.9 GG; BAG NZA 2004, 667 für Betriebsvereinbarungen.

Vereinbarungen wegen § 4 Abs. 3 TVG zwischen tarifgebundenen Arbeitnehmern und Arbeitgebern nicht rechtswirksam implementierbar.[18]

Trotzdem ist in der Praxis immer wieder zu beobachten, dass betriebliche Bündnisse für Arbeit umgesetzt werden, in denen zu Lasten der Arbeitnehmer in individuellen Vereinbarungen von Tarifverträgen rechtswidrig abgewichen wird. Dabei wird es Fälle geben, in denen die Arbeitsvertragsparteien bewusst diese Unterschreitung vereinbaren, aber auch Fälle, in denen die Arbeitsvertragsparteien von einer anderen Auslegung des geltenden Tarifvertragssystems oder sogar von einer grundsätzlichen Zulässigkeit ausgehen. Dabei ist bei einzelvertraglicher Regelung die gegen das Günstigkeitsprinzip verstoßene Unterschreitung der geltenden Arbeitsbedingungen unwirksam, unabhängig davon, ob es vorsätzlich oder fahrlässig geschah.

Es ist zwar kaum zu erwarten, dass ein an dieser Regelung beteiligter Betriebsrat ein streitiges Beschlussverfahren herbeiführen wird. Dem Arbeitgeber drohen jedoch Klagen von tatsächlich zu niedrig beschäftigten Arbeitnehmern, von der Gewerkschaft und von dem wegen zu geringer Beitragszahlungen geschädigten Sozialversicherungsträger.

a. Klagemöglichkeit der Arbeitnehmer

Die einzelnen Arbeitnehmer können sich auf die Unwirksamkeit berufen und die zu Unrecht nicht voll ausgezahlten Lohnansprüche geltend machen und einklagen.

Dabei droht dem auf Differenzlohn/-vergütung klagenden Arbeitnehmer keine Änderungskündigung, sie wäre zur Herbeiführung tarifwidriger Bedingungen

18 Damit nimmt die Rechtsprechung in Kauf, dass es gerade in Fällen der wirtschaftlichen Notwendigkeit von betrieblichen Bündnissen für Arbeit zu einer Ungleichbehandlung zwischen organisierten und nicht organisierten Arbeitnehmern kommt. Die organisierten Arbeitnehmer werden zwangsläufig ausgeschlossen. Das führt aber nicht zu einem möglichen Verstoß gegen Art. 3 GG, weil die Differenzierung zwischen tarifgebundenen und nicht organisierten Arbeitnehmern aufgrund einer gesetzgeberischen Entscheidung dem Tarifsystem immanent und damit nicht sachlich ungerechtfertigt ist, so auch Kast/Stuhlmann, Sind betriebliche Bündnisse für Arbeit noch durchführbar?, BB 2000, 614; Kort, Arbeitszeitverlängerndes "Bündnis für Arbeit" zwischen Arbeitgeber und Betriebsrat – Verstoß gegen die Tarifautonomie?, NJW 1997, 1476

unwirksam.[19] Sanktionen wegen Verweigerung einer tarifwidrigen Vereinbarung sind unzulässig.[20]

Aber „wo kein Kläger ist, ist auch kein Beklagter[21]"! Durch den in Wirklichkeit bestehenden kollektiven, belegschaftssolidarischen Anpassungsdruck der betrieblichen Abweichung geht ein in der Regel funktionierender Anpassungsdruck auf die einzelnen Arbeitnehmer aus. So weit ersichtlich gibt es keine Klagen aus bestehenden Arbeitsverhältnissen mit zu niedrigen, aber unwirksamen betrieblichen Vereinbarungen für Arbeit.

Es droht aber, dass die Arbeitnehmer nach der Beendigung des Arbeitsverhältnisses Lohndifferenzen mit Erfolg einklagen.[22] Eine Berufung auf ein venire contra factum proprium wäre gegenüber tarifgebundenen Arbeitnehmern unzulässig. Das ergibt sich aus den Grundgedanken des § 4 Abs. 4 TVG. Danach ist ein Verzicht auf entstandene tarifliche Rechte oder eine Verwirkung des Rechts durch ein Verhalten des tarifgebundenen Arbeitnehmers ausgeschlossen.[23] Das gilt auch im Fall einer Ausgleichsquittung.[24] Zu beachten sind nur ggf. tarifliche Ausschlussfristen und die gesetzliche Verjährungsfrist gem. §§ 194ff. BGB.

b. Klagemöglichkeit des Sozialversicherungsträgers

Es droht darüber hinaus, dass auf nicht gezahlte Lohndifferenzen Sozialversicherungsbeiträge nachgezahlt werden müssen. Arbeitsverträge sind hinsichtlich des gegen das Günstigkeitsprinzips verstoßenden Teils unwirksam. Auch einverständliches Verhalten zwischen Arbeitgeber und Arbeitnehmer mindert nicht den festgesetzten Lohn. Im Beitragsrecht der Sozialversicherung gilt das Entstehungsprinzip. Dies bedeutet, dass Beiträge dann fällig werden, wenn der Anspruch des Arbeitnehmers auf das Arbeitsentgelt entstanden ist. Das Bundessozi-

---

19 BAG AuR 1998, 212 mit Anmerkung Zachert; AuR 1999, 326 mit Anmerkung Wendeling-Schröder.

20 BAG AiB 2002, 585.

21 Zu den Rechtsbehelfen ausführlich Kittner/Zwanziger, Arbeitsrecht, Handbuch für die Praxis, § 18, Rn. 88 ff.

22 LAG Nürnberg AiB 2003, 44 ff.; AuR 2002, 157; LAG Düsseldorf DB 2000, 431; LAG Hamm NZA-RR 2001, 42; LAG Schleswig-Holstein AiB 2000, 105; BAG AiB 1999, 472; BAG AuR 1998, 212;

23 So auch Berg/Platow/Schoof/Unterhinninghofen, § 4 TVG, Rn. 142; Kempen/Zachert, § 4 TVG, Rn. 243. Wiedemann-Oetker, § 3 TVG, Rn. 246, wollen den Gedanken von § 4 Abs. 4 TVG auch auf die Fälle arbeitsvertraglicher Bezugnahme auf Tarifverträge anwenden.

24 Berg/Platow/Schoof/Unterhinninghofen, § 4 TVG, Rn. 145; Kempen/Zachert, § 4 TVG, Rn. 246.

algericht hat das Entstehungsprinzip in mehreren Urteilen bekräftigt.[25] Danach ist davon auszugehen, dass der Anspruch auf Beiträge nicht erst zum Zeitpunkt der Auszahlung entsteht. Nach Ansicht des Bundessozialgerichts wäre es mit dem Schutzgedanken der Sozialversicherung nicht vereinbar, wenn sich der Arbeitgeber durch die Zurückhaltung des Arbeitsentgelts beitragsrechtliche Vorteile verschaffen könnte.

Ein rechtswirksamer Verzicht auf Teile des Arbeitsentgelts muss kumulativ folgende Kriterien erfüllen, um beitragsrechtlich berücksichtigt zu werden: Der Verzicht muss arbeitsrechtlich zulässig sein. Der Verzicht muss schriftlich niedergelegt sein, denn nach § 2 Abs. 1 Satz 2 Nr. 6 NachwG müssen die Zusammensetzung und die Höhe des Arbeitsentgelts schriftlich niedergelegt sein. Dazu gehört auch ein Gehaltsverzicht. Der Verzicht darf nur auf künftig fällig werdende Arbeitsentgeltbestandteile gerichtet sein. Ein rückwirkender Verzicht der Arbeitnehmer führt nicht zu einer Reduzierung der Beitragsforderung. Der Beitragsanspruch ist bereits entstanden und wird durch den Verzicht auf das Arbeitsentgelt nicht mehr beseitigt.[26]

Erfüllt der Verzicht auch nur eines der oben genannten drei Kriterien nicht, ist er beitragsrechtlich nicht zu beachten. Für die Prüfung der Versicherungspflicht und die Beitragsberechnung ist dann das Arbeitsentgelt ohne Verzicht maßgebend. Eine zukünftige Betriebsprüfung durch die Sozialversicherungsträger kann damit in Fällen einverständlich verringerter Arbeitsentgelte entgegen dem Günstigkeitsprinzip zu hohen Beitragsnachforderungen führen, das sog. Phantomlohnproblem.

Beitragsschuldner gegenüber der Sozialversicherung ist gemäß §§ 28d, 28e SGB IV, 253 SGB V, 174 Abs. 1 SGB VI allein der Arbeitgeber. Der Arbeitgeber hat daher seinen Anteil am Sozialversicherungsbeitrag zusammen mit dem Beitragsanteil des Arbeitnehmers an die Krankenkasse als Einzugsstelle des Gesamtsozialversicherungsbeitrags zu überweisen. Den Beitraganteil des Arbeitnehmers kann der Arbeitgeber dann durch Lohnabzug nach § 28g SGB IV geltend machen, und zwar grundsätzlich im Auszahlungsmonat oder bei den drei folgenden Auszahlungsterminen. Bei späteren Auszahlungsterminen darf der Abzug aber nur nachgeholt werden, wenn kein Verschulden des Arbeitgebers vorlag (§ 28g SGB IV). Den Schuldvorwurf kann er nur vermeiden, wenn er bei Zweifelsfällen nach § 28h Abs. 2 SGB IV eine Auskunft eingeholt und sich hierauf verlassen hat. Damit drohen dem Arbeitgeber bei rechtswidrig zu geringen Lohnauszahlungen und darüber hinaus bei juristischen Personen den Organen im Un-

25 Vgl. z.B. BSGE 54, 136ff.; LSG NW NZS 2003, 100.
26 LSG Nordrhein-Westfalen v. 31. 10. 2000 – L 5 KR 27/00 – nicht veröffentlicht.

ternehmen als Haftende gem. § 823 Abs. 2 BGB i. V. m. § 266a StGB[27] im Rahmen der Verjährung erhebliche Nachforderungen.

Allerdings gibt es eine Ausnahme: Ab dem 1. Januar 2003 ist durch eine Änderung des § 22 Abs. 1 SGB IV einmalig gezahltes Arbeitsentgelt erst sozialversicherungspflichtig, sobald es ausgezahlt worden ist. Dadurch gilt wieder das Zuflussprinzip, wie es auch dem Einkommensteuerrecht zugrunde liegt. Das sog. Phantomlohnproblem ist mit dieser Neuregelung beseitigt, aber nur in den Fällen, in denen ein tariflicher Anspruch auf einmalig zu zahlendes Arbeitsentgelt besteht. Ein typischer Fall sind Sondervergütungen. Es bleibt aber auch in diesen Fällen die Nacherhebungsgefahr für Altfälle. Sie sind nicht anlässlich der Neuregelung im Wege einer Übergangsvorschrift erfasst worden.

Nach § 25 SGB IV verjähren Ansprüche auf Beiträge in vier Jahren nach Ablauf des Kalenderjahres, in dem sie fällig geworden sind. Ansprüche auf vorsätzlich vorenthaltene Beiträge verjähren in 30 Jahren nach Ablauf des Kalenderjahres, in dem sie fällig geworden sind. Festzuhalten ist jedenfalls, dass neben möglichen Klagen der Arbeitnehmer Zahlungsklagen der Sozialversicherungsträger drohen.

c. Klagemöglichkeit der Gewerkschaft

Stellt ein Arbeitgeber sich offen gegen einen für ihn verbindlichen Tarifvertrag, verletzt er die Regeln des herrschenden Tarifvertragssystems. Auch wenn es eine gesetzlich geregelte Verbandsklage der Gewerkschaft gegen tarifrechtverletzende Arbeitgeber nicht gibt[28], droht, dass die zuständige Gewerkschaft und ggf. der Arbeitgeberverband[29] auf Unterlassung klagt.

So lag der oben bereits erwähnten Burda-Entscheidung der Sachverhalt zugrunde, dass das beklagte Unternehmen mit dem Betriebsrat eine Vereinbarung abschloss, der als Anlage ein Sparmaßnahmenkatalog beigefügt war. Hintergrund war die wirtschaftliche Situation auf dem Tiefdruckmarkt, der zu einem der umkämpftesten Märkte Deutschlands gehörte. Zur Sicherung der Arbeitsplätze und zur Vermeidung von 400 Entlassungen sollten Einsparungen in einer Größenordnung von insgesamt 30 Mio. DM pro Jahr realisiert werden. Im Einzelnen sah das Sparpaket neben Nichtberücksichtigung von Überstunden eine Reduzierung tarif-

---

27 BGH NJW 1997, 1237; NZA 1990, 311.

28 Dazu Pfarr/Kocher, Kollektivverfahren im Arbeitsrecht, NZA 1999, 358.

29 Das Gleiche gilt für den Arbeitgeberverband als Tarifvertragspartei. Dies hat zur Zeit zwar praktisch nicht die Bedeutung, kann aber aktuell werden, wenn er die Wettbewerbsinteressen tariftreuer Verbandsmitglieder und damit die Kartellwirkung des Tarifvertrags durchsetzen will.

licher Vergütungen für ausgefallene Arbeit an Feiertagen, im Urlaubs- und Krankheitsfall, für Sonn-, Feiertags- und Nachtarbeit sowie für Überstunden vor. Ferner war als wichtigste Einsparmaßnahme die Festlegung der Arbeitszeit von 35 auf 39 Stunden vorgesehen, wobei die 36. und 37. Wochenstunde mit der derzeitigen Vergütung für 35 Wochenstunden abgegolten sein sollte, während für die 38. und 39. Stunde lediglich die Grundvergütung bezahlt werden sollte. Zwischen Betriebsrat und Arbeitgeber bestand Einigkeit, dass die von den geltenden Tarifverträgen abweichend geregelten Inhalte zu ihrer Wirksamkeit der einzelvertraglichen Zustimmung der Mitarbeiter bedurften. Nach Abschluss entsprechender Individualvereinbarungen mit den Mitarbeitern trat absprachegemäß eine Beschäftigungsgarantie in Kraft. Aufgrund dieser Vorgehensweise nahm die zuständige Gewerkschaft den Arbeitgeber auf Unterlassung in Anspruch. Das Bundesarbeitsgericht hat daraufhin festgestellt, dass der Gewerkschaft ein Unterlassungsanspruch gem. §§ 1004, 823 BGB i. V. m. Art. 9 Abs. 3 GG zustehen kann, wenn ein Arbeitgeber mit dem Betriebsrat bei Tarifgebundenheit eine tarifwidrige Betriebsvereinbarung schließt bzw. eben auch wenn die Tarifautonomie durch ein kollusives Zusammenwirken von Arbeitgeber und Belegschaft verletzt wird. Das Bundesarbeitsgericht hat der Gewerkschaft wegen Verletzung eigener Rechte einen sog. koalitionsrechtlichen Unterlassungsanspruch zuerkannt.[30] Gerade auch wegen der in der Wirklichkeit beschränkten tatsächlichen Durchsetzung der tariflichen Ansprüche durch die Arbeitnehmer bei vom Tarifvertrag abweichenden unzulässigen betrieblichen Bündnissen zumindest während des Beschäftigungsverhältnisses (vgl. oben) hat eine solche Klage präventive Funktion, sie hat darum aus rechtsstaatlichen Gründen Anspruch auf Existenz und Effektivität. Dieterich[31] spricht von einer notwendigen prozessrechtlichen Flankierung. Das Bundesarbeitsgericht hat ergänzend dazu verschiedene Klarstellungen getroffen, u. a. dass die abweichende, unzulässige Regelung eine Tarifnorm als kollektive Ordnung verdrängen müsse.[32] Das setze voraus, dass der Arbeitgeber tarifgebunden sei und dass zumindest zur Gesamtbelegschaft tarifgebundene Arbeitnehmer gehören würden.[33]

---

30 BAG BB 1999, 1657; BAG DB 1999, 1555. Löwisch/Rieble, § 4 TVG, Rn. 47ff., leiten den Anspruch aus § 826 BGB ab und verlangen darum eine gewisse Schwere des Tarifbruchs.

31 Dieterich, Arbeitsgerichtlicher Schutz der kollektiven Koalitionsfreiheit, AuR 2005, 121ff.

32 BAG DB 1999, 1555.

33 So auch Koch, Anmerkung zur Burda-Entscheidung, AuR 2004, 155ff.; Schmidt, Die normative Tarifgeltung am Beispiel des allgemeinen koalitionsrechtlichen Unterlassungsanspruchs, RdA 2004, 152ff.; a. A. Berg/Platow/Schoof/Unterhinninghofen, § 4 TVG, Rn. 135.

In einem späteren Urteil erschwert das Bundesarbeitsgericht diesen letztgenannten Grundsatz dadurch, dass es die Nennung der betroffenen Gewerkschaftsmitglieder in der Klage verlangt und die Angabe der tarifgebundenen Arbeitnehmer, die nach dem Tarifvertrag und nicht nach der unzulässigen Regelung behandelt werden wollen.[34] Hierin liegt die Schwierigkeit der Durchsetzung des koalitionsrechtlichen Unterlassungsanspruchs. Trotzdem hat der Arbeitgeber mit einer solchen Unterlassungsklage zu rechnen.[35]

2. Betriebsvereinbarungen

Gezeigt werden soll nun, dass auch bei der Vereinbarung eines betrieblichen Bündnisses für Arbeit durch eine Betriebsvereinbarung Klagen drohen. Eine solche Betriebsvereinbarung ist nach der sog. Satzungstheorie eine autonome Satzung, die durch parallele, getrennt gefasste Beschlüsse des Arbeitgebers und des Betriebsrats ähnlich wie ein Gesetz bei einem Zweikammersystem zustande kommt.[36] Nach der Vertragstheorie ist sie eine rechtsgeschäftliche Vereinbarung zwischen Arbeitgeber und dem Betriebsrat als dem Repräsentanten der Belegschaft, wobei lediglich streitig, aber im Ergebnis irrelevant ist, ob es sich als Vertrag oder als Vereinbarung darstellt.[37] Im Ergebnis müssen jedenfalls zwei übereinstimmende Willenserklärungen vorliegen. Zusätzlich sind Form- und Verfahrensvorschriften zu beachten. Die Einigung ist schriftlich niederzulegen und von beiden Seiten zu unterzeichnen (§ 77 Abs. 2 Satz 1 und Satz 2 BetrVG), wobei die schriftliche Form nicht durch die elektronische Form ersetzt werden kann. Das Gesetz zur Anpassung der Formvorschriften des Privatrechts und anderer Vorschriften an den modernen Rechtsgeschäftsverkehr berücksichtigt weder den Tarifvertrag noch die Betriebsvereinbarung. Auch § 126 Abs. 3 BGB findet keine Anwendung.[38] Nach § 126 Abs. 2 Satz 1 BGB müssen die Unterschriften auf derselben Urkunde erfolgen. Der Austausch einseitig unterzeichneter Urkunden, wie § 126 Abs. 2 Satz 2 BGB ihn für Verträge zur Wahrung der Schriftform ge-

34 BAG AuR 2004, 154 mit ablehnender Anmerkung von Kocher.

35 Soweit ein Betriebsrat am Zustandekommen der tarifwidrigen Regelung nicht beteiligt ist, droht die Geltendmachung des Unterlassungsanspruchs im Urteilsverfahren, ansonsten im Beschlussverfahren, so auch Berg/Platow/Schoof/Unterhinninghofen, § 4 TVG, Rn. 140 m.w.N

36 So Herschel, Entwicklungstendenzen des Arbeitsrechts, RdA 1956, 161ff.; Galperin, Grundlagen und Grenzen der Betriebsvereinbarung, BB 1949, 374ff.

37 GK-Kreutz, § 77 BetrVG, Rn. 36; Richardi-Richardi, § 77 BetrVG, Rn. 24.

38 Richardi-Richardi, § 77 BetrVG, Rn. 33; a.A. GK-Kreutz, § 77 BetrVG, Rn. 44; ErfK-Kania, § 77 BetrVG, Rn. 25.

nügen lässt, reicht hier nicht aus. Wegen der Drittwirkung muss für die Arbeitnehmer in deren Interesse klargestellt sein, ob eine wirksam vereinbarte Betriebsvereinbarung vorliegt.[39] Bei mehreren Blättern müssen aus dem selben Grund die Unterschriften die Urkunde räumlich abschließen, also unterhalb des Textes stehen. Die Schriftform erfordert jedoch keine körperliche Verbindung der einzelnen Blätter, wenn sich die Einheit anderweitig zweifelsfrei ergibt, etwa aus fortlaufenden Seitenzahlen, Nummerierung der einzelnen Bestimmungen, inhaltlichem Zusammenhang des Textes oder vergleichbaren Merkmalen.[40] Anlagen als Teil der Regelung müssen nicht gesondert unterzeichnet werden, wenn die Betriebsvereinbarung darauf Bezug nimmt und eine äußerlich erkennbare Einheit vorliegt.[41] Der Arbeitgeber hat die Betriebsvereinbarung an geeigneter Stelle im Betrieb auszulegen (§ 77 Abs. 2 Satz 3 BetrVG), dass jeder von ihr Kenntnis nehmen kann. Zweifelhaft war zu § 52 Abs. 2 BetrVG 1952, ob die Auslegung im Betrieb konstitutiv wirkt und damit erst mit der Auslegung ihre Wirksamkeit erlangt. Dagegen spricht, dass der Arbeitgeber bei den Arbeitnehmer begünstigenden Betriebsvereinbarungen dann ihre Wirksamkeit verzögern könnte. Darum ist diese Vorschrift nur als Ordnungsvorschrift zu bewerten.[42]

Auch bei Einhaltung der notwendigen Form verhindert § 77 Abs.3 BtrVG grundsätzlich Betriebsvereinbarungen, die die oben herausgearbeiteten typischen Inhalte eines betrieblichen Bündnisses für Arbeit zum Gegenstand haben. Denn nach § 77 Abs. 3 BetrVG können Arbeitsentgelte und sonstige Arbeitsbedingungen, die durch Tarifvertrag geregelt sind oder üblicherweise geregelt werden, nicht Gegenstand einer Betriebsvereinbarung sein.

Nach § 87 BetrVG hat der Betriebsrat allerdings in aufgezählten sozialen Angelegenheiten mitzubestimmen, soweit eine tarifliche Regelung nicht besteht. Das ist als eine Sonderregelung für die Fälle zu verstehen, in denen der Gesetzgeber den besonderen Schutz der Arbeitnehmer gegen Arbeitgebermaßnahmen gesetzlich anerkannt hat. Darum muss der Betriebsrat in diesen Fällen nur zurücktreten, wenn der Schutz der Arbeitnehmer durch einen Tarifvertrag verwirklicht worden ist, also nicht bereits dann, wenn ein Tarifvertrag üblich ist.[43] Zum Stand der

---

39 Richardi-Richardi, § 77 BetrVG, Rn. 38; GK-Kreutz, § 77 BetrVG, Rn. 44.

40 BAG EzA § 1 KSchG Interessenausgleich Nr. 6; GK-Kreutz, § 77 BetrVG, Rn. 45.

41 BAG EzA § 1 BetrAVG Gleichberechtigung Nr. 2; BAG EzA § 1 KSchG Interessenausgleich Nr. 6; GK-Kreutz, § 77 BetrVG, Rn. 45.

42 Richardi-Richardi, § 77 BetrVG, Rn. 40; GK-Kreutz, § 77 BetrVG, Rn. 50; a.A. ErfK-Kania, § 77 BetrVG, Rn. 21.

43 So auch Kittner/Zwanziger, Arbeitsrecht. Handbuch für die Praxis, § 18, Rn. 4, 84ff., unter Bezug auf BAG AP BetrVG 1972 § 77 Tarifvorbehalt Nr. 10.
Zum Stand der Diskussion zwischen der hier vertretenen sog. Vorrang-Theorie und der sog. Zwei-Schranken-Theorie ausführlich GK-Kreutz, § 77 BetrVG, Rn. 118 m.w.N. Bei betrieblichen Bündnissen für Arbeit führen die Theorien bei tarifwidri-

Diskussion zwischen der hier vertretenen sog. Vorrang-Theorie und der sog. Zwei-Schranken-Theorie ausführlich GK-Kreutz, § 77 BetrVG, Rn. 118 m.w.N. Bei betrieblichen Bündnissen für Arbeit führen die Theorien bei tarifwidrigen Tatbeständen grundsätzlich nicht zu unterschiedlichen Ergebnissen, denn regelmäßig handelt es sich dabei nicht ausschließlich um einen Tatbestand i. S. d. § 87 BetrVG, daher folgt die Unwirksamkeit nach beiden Auffassungen aus § 77 Abs. 3 BetrVG.

Durch § 77 Abs.3 BetrVG wird die Tarifautonomie vor einer konkurrierenden Betriebsverfassung geschützt bzw. konkreter: die Gewerkschaft vor der "kostenlosen Ersatzgewerkschaft" Betriebsrat. Insgesamt wird die Tarifautonomie durch die Regelungssperre vor Aushöhlung und Bedeutungsminderung gesichert und damit die Funktionsfähigkeit der Tarifvertragsparteien erhalten und gestärkt. Darum kommt der Vorrang nicht dem Tarifvertrag, sondern den Tarifvertragsparteien zu, so dass man richtig von einem Tarifvorbehalt spricht.[44]

Entgegen der betrieblichen Regelungssperre abgeschlossene Betriebsvereinbarungen sind rechtsunwirksam und die geregelten Tatbestände werden durch die tarifvertragliche Regelung ersetzt, ohne dass dies der Tarifvertrag ausdrücklich bestimmen muss. Das gilt auch, wenn die Betriebsvereinbarung günstiger ist.[45] Denn bei einer betrieblichen Regelungssperre können tarifvertragliche Normen weder zugunsten noch zuungunsten der Arbeitnehmer geändert werden, sofern der Tarifvertrag den Abschluss abweichender betrieblicher Einigungen nicht ausdrücklich aufgrund einer Öffnungs-, Härtefall- oder Kleinbetriebsklausel gestattet.

Die sehr weite Sperrwirkung bezieht sich nicht nur auf künftige, nachtarifliche Abmachungen, sondern sie greift auch bei vorvertraglichen. Es gilt gemäß der gesetzlich festgelegten Kompetenzverteilung das Ablösungsprinzip.[46] Nach herrschender Meinung ist das die Konsequenz des Normzwecks der Regelungssperre, jegliche betriebliche Konkurrenzordnung auszuschließen.

Raum für eine betriebliche Vereinbarung könnte den Betriebsparteien nur dann zustehen, wenn es sich bei betrieblichen Bündnissen für Arbeit um Inhalte handelt, die nicht durch einen Tarifvertrag geregelt werden oder zwischen den Tarifvertragsparteien nicht üblicherweise tarifvertraglich geregelt werden. Lü-

---

gen Tatbeständen grundsätzlich nicht zu unterschiedlichen Ergebnissen. Regelmäßig handelt es sich dabei um keinen mitbestimmungsfreien Tatbestand, dann folgt die Unwirksamkeit nach beiden Auffassungen aus § 77 Abs. 3 BetrVG.

44 So auch GK-Kreutz, § 77 BetrVG, Rn. 77 m.w.N.

45 BAG DB 1996, 1882; LAG Hamm AiB 1997, 47; Wiedemann-Wank, § 4 TVG, Rn. 556 m.w.N.

46 GK-Kreutz, § 77 BetrVG, Rn. 132; Richardi-Richardi, § 77 BetrVG, Rn. 279.

ckenhafte Tarifverträge oder ergänzungsbedürftige tarifliche Rahmenregelungen stehen der Ausfüllung durch Betriebsvereinbarungen offen.[47]

Das Gleiche gilt für Arbeitsbedingungen, die die Tarifvertragsparteien im Tarifvertrag nicht regeln wollten[48] oder – mangels Einigung – nicht regeln konnten.[49] § 77 Abs. 3 BetrVG will die ausgeübte Tarifautonomie sichern, aber nicht vorbeugend absichern. Es muss also eine den Regelungsgegenstand erledigende und den angestrebten Schutz der Arbeitnehmer voll verwirklichende Regelung gegeben bzw. üblich sein.

Zunächst ist dann zu klären, auf welchen Tarifvertrag Bezug zu nehmen ist. Also unter welchen betrieblichen Geltungsbereich der Betrieb fällt. Für Betriebe, die außerhalb des Geltungsbereichs des in Bezug zu setzenden Tarifvertrags liegen, greift die Sperrwirkung nicht. Die Zahl der tarifgebundenen Arbeitnehmer ist unerheblich.[50] Gelten können Verbandstarifverträge, aber auch Firmentarifverträge[51]. Es ist der räumliche, fachliche und persönliche Geltungsbereich, der den Tarifvorbehalt begründenden Tarifverträge abzuklären, die tatsächliche oder potenzielle Tarifbindung gibt Auskunft darüber, ob die Regelungskompetenz der Tarifvertragsparteien durch konkurrierende Betriebsvereinbarungen beeinträchtigt wird. [52]

Bei noch nicht oder nicht mehr oder z. Zt. nicht mehr getroffenen tarifvertraglichen Regelungen ist ihr Charakter als üblich festzustellen.[53] Das Merkmal der Tarifüblichkeit hat nur einen Auffangcharakter, wenn eine tarifliche Regelung der betreffenden Arbeitsbedingung fehlt.[54] Die Üblichkeit liegt darum nur dann vor,

---

47 GK-Kreutz, zu § 77 BetrVG, Rn. 110.

48 BAG NZA 1993, 613; AP Nr. 3 zu § 87 BetrVG 1972 Lohngestaltung.

49 GK-Kreutz, § 77 BetrVG, Rn. 108f.

50 BAG EzA BetrVG 1972 § 77 Nr. 70. A.A. ErfK-Kania, § 77 BetrVG, Rn. 42, der eine Sperrwirkung nur zuspricht, wenn ihr nach der Zahl der beiderseits Tarifgebundenen auch eine wesentliche Bedeutung zukommt.

51 BAG AP ArbGG 1953 § 2 Betriebsvereinbarung Nr. 1; GK-Kreutz, § 77 BetrVG, Rn. 103; ErfK-Kania, § 77 BetrVG, Rn. 42; Wiedemann-Wank, § 4 TVG, Rn. 579.

52 BAG DB 1983, 996.

53 Hier kommt der Streit zwischen der hier vertretenen sog. Vorrangtheorie und der sog. Zwei-Schranken-Theorie zum Tragen, wenn einmal tatsächlich eine nicht tariflich geregelte und auch nicht üblicherweise tariflich geregelte Angelegenheit aus dem Bereich der erzwingbaren Mitbestimmung in einer Betriebsvereinbarung geregelt wird. Nach der Zwei-Schranken-Theorie wäre die Betriebsvereinbarung gem. § 77 Abs. 3 BetrVG unwirksam, nach der Vorrangtheorie zulässig, da kein Verstoß gegen § 87 Abs. 1 BetrVG vorläge.

54 Einige sprechen auch von sich eingebürgerten Regelungen LAG Berlin DB 1978, 117; DB 1981, 1730; Richardi-Richardi, § 77 BtrVG, Rn. 273. Andere verlangen, dass die betreffende Regelung repräsentativ sei, Fitting/Engels/Schmidt/Trebinger/Linsenmaier, § 77 BetrVG, Rn. 69

wenn die betreffende Arbeitsbedingung z. Zt. nicht geregelt ist, sie bereits einmal durch Tarifvertrag geregelt war und anzunehmen ist, dass sie auch künftig wieder tarifvertraglich geregelt wird. Das ist eine zukunftsbezogene Betrachtung.[55] Die Sperrwirkung der Tarifüblichkeit erfasst den gesamten Zeitraum zwischen zwei artgleichen Tarifverträgen, in dem ansonsten mangels tarifvertraglicher Regelung keine Sperrwirkung bestünde. Nur wenn die Tarifvertragsparteien zu erkennen geben, dass sie zur Neuregelung eines bestimmten Gegenstandes nicht mehr willens oder in der Lage sind, endet die Tarifüblichkeit. Das kann bei schwierigen Materien auch ein längerer, ggf. mehrjähriger durch Verhandlungen geprägter Zeitraum sein. Grundsätzlich endet die Tarifüblichkeit erst, wenn die bislang gültige Regelung beim Abschluss eines neuen, entsprechenden Tarifvertrags nicht mehr, auch nicht in veränderter Form, fortgeführt wird und die Tarifvertragsparteien damit zum Ausdruck bringen, dass die Angelegenheit jedenfalls z. Zt. nicht mehr tarifvertraglich geregelt werden soll.[56]

Zuletzt ist durch Auslegung zu klären, ob die tarifvertragliche Regelung bzw. ihre Üblichkeit die betriebliche Regelung erfasst.

Wird beispielsweise der Grundlohn durch Tarifvertrag geordnet, können durch Betriebsvereinbarung keine Lohnzulagen festgelegt werden.[57]

Es muss dabei berücksichtigt werden, dass alle Gestaltungsfaktoren des Arbeitsverhältnisses, also Tarifvertrag, Betriebsvereinbarung und Individualvertrag, nicht isoliert voneinander sind, sondern sich ergänzen. Zusatzleistungen können auch an Kriterien gebunden werden, die keine Verknüpfung mit der tarifvertraglichen Regelung haben, mit denen eine definierte oder definierbare zusätzliche Leistung abgegolten werden soll. Daher werden Zulagen, die einen bestimmten Zweck verfolgen oder aus bestimmtem Anlass gewährt werden, wie Leistungs- und Sozialzulagen, Schmutz- und Erschwerniszuschläge, reine Weihnachtsgratifikationen und Jubiläumszuwendungen, nicht von der Sperrwirkung erfasst, soweit die tarifvertragliche Ordnung sich ausschließlich auf die Arbeitsentgelte bezieht.[58]

Dagegen handelt es sich bei anderen Prämien, wie beispielsweise Anwesenheits- und Pünktlichkeitsprämien, wiederum um verdeckte Lohnzulagen, die unter die Sperrwirkung fallen, da die Prämie nicht für eine besondere Leistung oder ein besonderes Verhalten des Arbeitnehmers, sondern lediglich für die Erfüllung

---

55 So GK-Kreutz, § 77 BetrVG, Rn. 114ff.; im Ergebnis auch Wiedemann-Wank, § 4 TVG, Rn. 565ff.

56 So GK-Kreutz, § 77 BetrVG, Rn. 116.

57 BAGE 5, 226 (228f.); 16, 58 (64).

58 BAGE 16, 58 (62); 50,, 313 (317); Richardi-Richardi, § 77 BetrVG, Rn. 281f.; GK-Kreutz, § 77 BetrVG, Rn. 111.

seiner Pflichten aus dem Arbeitsverhältnis gewährt wird.[59] Handelt es sich aber um versteckte Zuschläge auf den Tariflohn[60], werden diese von der Sperrwirkung erfasst.

Die gleichen Grundsätze gelten für die Regelung sämtlicher Arbeitsbedingungen, wie beispielsweise bei der Arbeitszeit, dann sind dieselben Abgrenzungen bei vorübergehenden Verlängerungen oder Verkürzungen der Arbeitszeit wie Samstagsarbeit usw. zu machen.

Wie oben herausgearbeitet, sind typische Inhalte eines betrieblichen Bündnisses Regelungen zum Einkommen, wie Aufhebung oder Kürzung von Sonderzahlungen, Anrechnung überbetrieblicher Einkommensbestandteile, Aussetzen von Tariferhöhungen, Wegfall von Zuschlägen z. B. für Überstunden und Vereinbarungen zur Arbeitszeit, insbesondere Vereinbarung von vorübergehender Kurzarbeit und dauerhafter wöchentlicher Arbeitszeitverkürzung oder -verlängerung ohne Lohnausgleich, Einführung von Arbeitszeitkonten, Regelung von Vorruhestand/Altersteilzeit, des Abbaus von Überstunden etc., vgl. oben.

Die Vereinbarung eines betrieblichen Bündnisses für Arbeit mit seinen typischen Inhalten wird regelmäßig tarifvertraglich bzw. üblicherweise tarifvertraglich geregelt, eine entsprechende Betriebsvereinbarung ist daher regelmäßig wegen § 77 Abs. 3 BetrVG unwirksam.

Es drohen dem Arbeitgeber Lohnklagen von Arbeitnehmern, Zahlungsklagen der Sozialversicherungsträger und die Geltendmachung des koalitionsrechtlichen Unterlassungsanspruchs durch die Gewerkschaft, vgl. oben.

Hinzu kommt, dass der Gewerkschaft aus § 77 Abs. 3 BetrVG ein eigener und damit ohne die notwendige Nennung der betroffenen Gewerkschaftsmitglieder sog. betriebsverfassungsrechtlicher Unterlassungsanspruch zusteht. Dieser wird von der höchstrichterlichen Rechtsprechung zwar nur anerkannt, wenn sich ein Verstoß gegen § 77 Abs. 3 BetrVG als grober Verstoß gegen die betriebsverfassungsrechtlichen Pflichten der Betriebsparteien gem. § 23 Abs. 3 BetrVG darstellt.[61] Ob bei Abschluss eines betrieblichen Bündnisses für Arbeit ein solcher grober Verstoß vorliegt, ist fraglich. Diese Beschränkung des Unterlassungsanspruchs auf einen groben Verstoß wird dem Sinn von § 77 Abs. 3 BetrVG jedoch nach hier vertretener Ansicht nicht gerecht. Jede betriebsnahe Abweichung muss mit rechtlichen Mitteln, ohne Bewertung der Schwere des Verstoßes verhindert werden können. Unerheblich ist, dass den Tarifvertragsparteien keine ausdrückliche Befugnis als Partei im Rahmen der Betriebsautonomie festgelegt wurde.[62]

---

59 BAGE 16, 58 (64f.); Richardi-Richardi, § 77 BetrVG, Rn. 282; GK-Kreutz, § 77, Rn. 111.

60 BAG AP Nr. 24 zu § 59 BetrVG.

61 BAG DB 1999, 1555.

62 Das verlangen Löwisch/Rieble, § 4 TVG, Rn. 45.

Ausreichend ist das betriebsverfassungsrechtliche Bekenntnis zum Tarifvorbehalt. Bei Tarifbindung hat sich der Arbeitgeber bewusst dem Tarifrecht unterworfen. Die außergewöhnliche Macht der Tarifvertragsparteien und der Tarifvorrang entstehen und rechtfertigen sich gerade aufgrund individueller, selbstbestimmter Entscheidung. Sie setzen, wie jede andere nichtgesetzliche Bindung, einen Akt der Privatautonomie als Regelungsbefugnis voraus, das "Mandat von unten". Diese Machtlegitimierung enthält gleichzeitig eine Unterwerfung des Mitglieds und einen teilweisen Verzicht auf autonome Regelungen.

Zum gleichen Ergebnis kommen Berg/Platow/Schoof/Unterhinninghofen[63], indem sie aus dem Schutzzweck von § 77 Abs. 3 BetrVG folgern, dass diese Vorschrift der qualitativ und verfassungsrechtlich festgelegten höheren Gewichtung der Tarifautonomie gegenüber der Betriebsautonomie Rechnung trägt. Es ginge nicht nur um den Vorrang der Tarifnorm "als der stärkeren Norm", sondern vor allem um die Gewährleistung eines leistungsfähigen und attraktiven tarifautonomen Handlungssystems im Allgemeinen und die Sicherung der ausgeübten und aktualisierten Tarifautonomie im Besonderen. Den Gewerkschaften und Arbeitgeberverbänden sei daher bezüglich der Gestaltung der Arbeitsentgelte und Arbeitsbedingungen eine weitgehende Monopolstellung eingeräumt. Bei Verletzung dieser auch durch das Betriebsverfassungsgesetz geschützten Rechtsposition erwüchse den Tarifvertragsparteien ein betriebsverfassungsrechtlicher Unterlassungs- und Beseitigungsanspruch, der auch gerichtlich verfolgt werden muss, Art. 19 Abs.4 GG.

Ohne einen begleitenden, den faktischen Vollzug unterbindenden Unterlassungsanspruch bliebe § 77 Abs. 3 TVG ein "zahnloser Tiger".[64] Dem kann zugestimmt werden. Schutz des § 77 Abs. 3 TVG ist Sicherung des Tarifverfahrens im Interesse der Tarifvertragsparteien. Darum steht diesen ein Anspruch auf Unterlassung betrieblicher Konkurrenzaktivitäten zu.

3. Betriebsabsprachen und sonstige Absprachen zwischen Betriebsrat und Arbeitgeber

Fraglich ist, ob der Betriebsrat zumindest die Inhalte des betrieblichen Bündnisses im Rahmen einer Betriebsabsprache vereinbaren kann. Das BetrVG kennt ei-

---

63 Berg/Platow/Schoof/Unterhinninghofen, § 4 TVG, Rn. 124, 131 unter Berufung auf Fitting,/Engels/Schmidt/Trebinger/Linsenmaier, § 77 BetrVG, Rn. 235; a. A. Löwisch/Rieble, § 4 TVG, Rn. 45; Schmidt, Die normative Tarifgeltung am Beispiel des allgemeinen koalitionsrechtlichen Unterlassungsanspruchs, RdA 2004, 152ff.

64 Schwarze, Was wird aus dem gewerkschaftlichen Unterlassungsanspruch?, RdA 2005, 159ff.

ne Vielzahl informeller Absprachen zwischen Arbeitgeber und Betriebsrat, wie Einigung (§§ 39 Abs. 1, 74 Abs. 1, 87 Abs. 2, 94 Abs. 1 BetrVG), Einvernehmen (§ 44 Abs. 2 Satz 2 BetrVG), Einverständnis (§ 76 Abs. 2 BetrVG), Vereinbarung (§§ 77 Abs. 1, 80 Abs. 3 BetrVG). Insbesondere wenn es um die bloße Ausübung eines Mitbestimmungsrechts ohne deren Kodifizierung in einer Betriebsvereinbarung geht, spricht man von einer Regelungsabrede bzw. Regelungsabsprache.[65]

Allen informellen Absprachen zwischen den Betriebsparteien sind zwei wesentliche Unterschiede gegenüber einer Betriebsvereinbarung eigen: Sie bedürfen keiner Schriftform[66] und erzeugen keine unmittelbaren Rechte und Pflichten im Verhältnis zwischen Arbeitgeber und Arbeitnehmer, sondern sie gestalten lediglich die Rechtsbeziehungen zwischen Arbeitgeber und Betriebsrat.[67] Der Arbeitgeber soll schuldrechtlich verpflichtet sein, die Inhalte der informellen Absprache in die einzelnen Arbeitsverhältnisse zu übertragen. Auf diese Weise könnten auch betriebliche Bündnisse für Arbeit ohne Betriebsvereinbarung praktische Realität werden. Gewollt sind dann "nicht so verbindliche", "nicht so genau gefasste", "nicht so öffentliche" Vereinbarungen, mit denen ein "ganz heißes Eisen" angefasst werden soll.[68]

Aufgrund des regelmäßig eintretenden Kollisionsfalls vereinbarter Arbeitsbedingungen i. S. eines betrieblichen Bündnisses für Arbeit mit bestehenden oder üblichen Tarifverträgen (vgl. oben) ist zu prüfen, ob entgegen dem eindeutigen Wortlaut von § 77 Abs. 3 TVG nicht nur Betriebsvereinbarungen, sondern alle Arten von formlosen kollektiven Absprachen auf betrieblicher Ebene unzulässig sind.[69]

Es könnte eine verbotene Umgehung vorliegen. Das Verbot von Umgehungsgeschäften ist im Zivilrecht in einer Reihe von Vorschriften ausdrücklich niedergelegt: §§ 306a, 475 Abs. 1, 487, 506, 655e Abs. 1, 651 m BGB und im öffentlichen Recht in § 42 AO. Es gilt als allgemeiner Grundsatz.[70] Umstritten ist, ob die

---

65 Ausführlich dazu GK-Kreutz, § 77 BetrVG, Rn. 8ff.

66 Anders als die Betriebsvereinbarung, vgl. zu den Anforderungen oben.

67 Kittner/Zwanziger, Arbeitsrecht. Handbuch für die Praxis, § 12, Rn. 9f.

68 Höland/Reim/Brecht, Flächentarifvertrag und Günstigkeitsprinzip, S. 9.

69 Verneinend BAGE 91, 210 (222f.); BAG AP BetrVG 1972 § 21a Nr. 1; GK-Kreutz, § 77 BetrVG, Rn. 135; ErfK-Kania, § 77 BetrVG, Rn. 71; Wiedemann-Wank, § 4 TVG, Rn. 560f.; Kittner/Zwanziger, Arbeitsrecht. Handbuch für die Praxis, § 18, Rn. 10; Kort, Kündigungserschwerungen gegen Lohnverzicht in "Bündnissen für Arbeit", Festausgabe 50 Jahre Bundesarbeitsgericht, S. 753ff.; bejahend Richardi-Richardi, § 77 BetrVG, Rn. 293; Berg/Platow/Schoof/Unterhinninghofen, § 4 TVG, Rn. 111; Annuß, Schutz der Gewerkschaften vor tarifwidrigem Handeln?, RdA 2000, 287ff.; Höland/Reim/Brecht, Flächentarifvertrag und Günstigkeitsprinzip, S. 14.

70 RGZ 155, 146; BGH LM § 134, Nr. 19; BAG 10, 70.

Nichtigkeit des Umgehungsgeschäfts im Wege der Auslegung aus der umgangenen Verbotsnorm herzuleiten ist[71] oder ob es sich um einen besonderen Nichtigkeitsgrund und damit um ein eigenes Rechtsinstitut handelt.[72] Für die praktische Anwendung ist dieser Streit bedeutungslos. Einverständnis besteht darüber, dass jeweils vom Inhalt und Zweck der maßgeblichen Verbotsnorm ausgegangen werden muss. Unwirksam ist darum ein Rechtsgeschäft, das einen verbotenen Erfolg durch Verwendung von rechtlichen Gestaltungsmöglichkeiten zu erreichen sucht, die scheinbar nicht von der Verbotsnorm erfasst werden.[73]

In einem Fall des Bundesarbeitsgerichts[74] ging es um die Frage der Befristung eines Arbeitsvertrags zur möglichen Umgehung des KSchG. Es wurde klargestellt, dass eine Gesetzesumgehung dann vorliegt, wenn der Zweck einer zwingenden Rechtsnorm dadurch vereitelt wird, dass andere rechtliche Gestaltungsmöglichkeiten missbräuchlich verwendet werden. Dabei komme es auf eine Umgehungsabsicht oder eine bewusste Missachtung des zwingenden Rechtssatzes nicht an. Die Durchsetzung von Sinn und Zweck einer unabdingbar gestalteten Rechtsnorm gebiete es, ihre Umgehung auch dort zu vereiteln, wo es an einer Umgehungsabsicht oder einem Bewusstsein der Umgehung fehle. Mit der Autorität der Rechtsordnung sei es unvereinbar, dass zwingenden Regeln durch sie umgehende Vereinbarungen auch nur objektiv zuwider gehandelt werde, selbst wenn der Schein des Rechts gewahrt werde. Darum sei nur zu prüfen, ob eine zwingende Rechtsnorm vorliege, ihr Zweckgehalt umgangen werde und es an sachlichen Gründen für die vorgenommene Gestaltung fehle.

In der Praxis der betrieblichen Bündnisse für Arbeit sind verschiedene Umgehungen der kollektiven Gestaltung unter Umgehung der Betriebsvereinbarung bekannt geworden. Das ergeben auch die von Brecht[75] speziell zur Regelungsabrede durchgeführten Interviews. Neben der Regelungsabrede/-absprache[76] gibt es die Rahmenvereinbarung zwischen Betriebsrat und Unternehmensleitung über konkrete Sparmaßnahmen, die nur gelten, wenn die Arbeitnehmer dieser Vereinbarung einzelvertraglich zustimmen[77], Handhabungsvereinbarungen oder einvernehmliches, kollektives Reagieren der Belegschaft aufgrund einer Betriebsversammlung unter Verzicht des Betriebsrats auf eine Verhandlungsalternative. Dagegen steht die Zusage der Unternehmensleitung, bei kollektiven, einheitlich vor-

---

71 Soergel-Siebert, § 134 BGB, Rn. 37ff.
72 Münchener Kommentar-Mayer-Maly/Armbrüster, § 134, Rn. 12.
73 BAG 10, 65 (70).
74 BAG 10, 65 (70).
75 Brecht, Die Umsetzung von Tarifverträgen auf Betriebsebene, S. 92ff.
76 BAG AuR 1998, 212; ArbG Marburg NZA 1996 (Fall Viessmann).
77 BAG AP nr. 13 zu § 4 TVG Günstigkeitsprinzip (Fall Burda).

geschlagenen Änderungen der Arbeitsverträge von einer angedrohten Kündigungswelle, Standortschließung bzw. -verlegung abzusehen.

Wenn in diesen Fällen ein organisiertes Unterlaufen der Regelungssperre erkennbar wird, um die Gewerkschaften herauszuhalten und faktisch einseitig den Willen der Unternehmensleitung durchzusetzen, initiiert die Unternehmensleitung eine echte Konkurrenztätigkeit zu dem Ergebnis der Tarifvertragsparteien. Durch Druck zur solidarischen Aktivität der Belegschaft wird der Schutzauftrag der Tarifvertragsparteien konzentriert unterlaufen. Dann wird auf diese Weise der anerkannt zwingende Normzweck der Regelungssperre, die Sicherung der Tarifautonomie auf betrieblicher Ebene, verletzt.

Daher kann sich die Sperrwirkung nicht allein auf die normative Gestaltung durch Betriebsvereinbarung beschränken. Das käme einer Einladung zur kreativen, gestalterischen Umgehung der Sperrwirkung durch die Betriebparteien gleich. Darum kann es nicht darauf ankommen, in welcher Form bzw. mit welcher rechtlichen Konstruktion die betriebliche Konkurrenzordnung errichtet wird. Von der Regelungssperre muss jeder betriebliche Regelungsgegenstand mit einem kollektiven, gruppenbezogenen Sachverhalt erfasst werden, soweit ihm ein organisiertes Verhalten der Belegschaft durch den Betriebsrat zugrunde liegt.

Eine Betriebsabsprache, Rahmenvereinbarung oder sonstige informelle Absprache zwischen Betriebsrat und Arbeitgeber zur Verwirklichung eines betrieblichen Bündnisses für Arbeit ist folglich genauso wie eine entsprechende Betriebsvereinbarung (vgl. oben) wegen § 77 Abs.3 BtrVG unwirksam.

Da die Absprache jedoch keine unmittelbaren Rechte und Pflichten im Verhältnis zum Arbeitnehmer erzeugt, drohen Klagen der Arbeitnehmer und der Sozialversicherungsträger erst nach einzelvertraglicher Umsetzung (vgl. oben). Erlangt die Gewerkschaft von der Abrede Kenntnis, muss der Arbeitgeber jedoch mit der Geltendmachung des koalitionsrechtlichen Unterlassungsanspruchs durch die Gewerkschaft rechnen (vgl. oben). In der erwähnten Burda-Entscheidung wurde entschieden, dass vom Normzweck der Sperrwirkung des § 77 Abs. 3 BetrVG und des Günstigkeitsprinzips des § 4 Abs. 3 TVG ausgehend, es nicht darauf ankommen kann, in welcher Form bzw. mit welcher rechtlichen Konstruktion die betriebliche Konkurrenzordnung errichtet wird.[78] Darum fallen darunter auch alle anderen "empfehlenden Angebote" der Betriebsparteien an die Belegschaft oder sonstige einfaltsreiche Gestaltungen der Betriebsparteien mit dem Ziel der Umgehung einer unzulässigen Umsetzung der Inhalte eines betrieblichen

78 So Berg/Platow/Schoof/Unterhinninghofen, § 4 TVG, Rn. 111; Dieterich, Arbeitsgerichtlicher Schutz der kollektiven Koalitionsfreiheit, AuR 2005, 121ff.

Bündnisses für Arbeit.[79] Das muss insbesondere gelten, wenn die Betriebsparteien in Form einer unverbindlichen, sogar formlosen Regelungsabsprache eine unzulässige Umsetzung der Ziele eines betrieblichen Bündnisses für Arbeit verabredet haben. Immerhin verpflichtet die Regelungsabrede den Arbeitgeber gegenüber dem Betriebsrat, den mit dem Inhalt eines Tarifvertrags konkurrierenden zwischen den Betriebsparteien vereinbarten Regelungskomplex im Verhältnis zu den Arbeitnehmern arbeitsvertraglich umzusetzen.

Der Gewerkschaft sollte nach hier vertretener Ansicht auch aufgrund der Verletzung des § 77 Abs. 3 BetrVG ein eigener betriebsverfassungsrechtlicher Unterlassungsanspruch zustehen (vgl. oben). Nach der höchstrichterlichen Rechtsprechung erfasst dieser zwar grundsätzlich nur tarifwidrige Betriebsvereinbarungen, aber keine Regelungsabsprachen oder sonstige einverständliche Gestaltungen.[80]

Zu einem anderen Ergebnis kommen jedoch erneut Berg/Platow/Schoof/Unterhinninghofen[81], indem sie aus dem Schutzzweck von § 77 Abs. 3 BetrVG folgern, dass diese Vorschrift der qualitativ und verfassungsrechtlich festgelegten höheren Gewichtung der Tarifautonomie gegenüber der Betriebsautonomie Rechnung trägt (vgl. schon oben). Es ginge nicht nur um den Vorrang der Tarifnorm "als der stärkeren Norm", sondern vor allem um die Gewährleistung eines leistungsfähigen und attraktiven tarifautonomen Handlungssystems im Allgemeinen und die Sicherung der ausgeübten und aktualisierten Tarifautonomie im Besonderen. Den Gewerkschaften und Arbeitgeberverbänden sei daher bezüglich der Gestaltung der Arbeitsentgelte und Arbeitsbedingungen eine weitgehende Monopolstellung eingeräumt. Bei Verletzung dieser auch durch das Betriebsverfassungsgesetz geschützten Rechtsposition, sei es durch eine Regelungsabrede, erwüchse den Tarifvertragsparteien ein betriebsverfassungsrechtlicher Unterlassungs- und Beseitigungsanspruch. Dem sollte zugestimmt werden. § 77 Abs. 3 BetrVG dient einzig dem Schutz der Sicherung des Tarifverfahrens durch Schutz der Tarifvertragsparteien vor Konkurrenzaktivität. Darum muss diesen dann auch ein Anspruch auf Unterlassung jeglicher betrieblicher Konkurrenzaktivitäten zustehen.

Bei Tarifbindung ist es somit für den Arbeitgeber, der Belegschaft und/oder den Betriebsrat nicht möglich, ein betriebliches Bündnis für Arbeit eigenständig,

---

79 BAG DB 1999, 1555. So auch Schwarze, Was wird aus dem gewerkschaftlichen Unterlassungsanspruch?, RdA 2005, 159ff.

80 BAG DB 1999, 1555.

81 Berg/Platow/Schoof/Unterhinninghofen, § 4 TVG, Rn. 124, 131 unter Berufung auf Fitting,/Engels/Schmidt/Trebinger/Linsenmaier, § 77 BetrVG, Rn. 235; a. A. Löwisch/Rieble, § 4 TVG, Rn. 45; Schmidt, Die normative Tarifgeltung am Beispiel des allgemeinen koalitionsrechtlichen Unterlassungsanspruchs, RdA 2004, 152ff.

ohne Beteiligung der Tarifparteien rechtswirksam und ohne die Gefahr von Lohnklagen der Arbeitnehmer, Zahlungsklagen der Sozialversicherungsträger und Unterlassungsklagen der Gewerkschaften zu implementieren.

4. Die Möglichkeiten der Tarifvertragsparteien

Die Tarifvertragsparteien haben bei Tarifbindung das Monopol zur rechtswirksamen Regelung der typischen Inhalte eines betrieblichen Bündnisses für Arbeit. Dargestellt werden soll deshalb, welche Möglichkeiten die Tarifvertragsparteien haben, um die herausgearbeiteten typischen Inhalte eines betrieblichen Bündnisses für Arbeit rechtswirksam zu implementieren. Die Regelungsform der Tarifvertragsparteien zur Regelung der Bündnisse für Arbeit ist der Tarifvertrag.

a. Firmentarifverträge

Möglich ist der Abschluss eines Firmentarifvertrags.[82] In einem Flächentarifvertrag sind Arbeitgeberzusagen wie Verzicht auf betriebsbedingte Kündigungen nicht regelbar, da keine unmittelbaren Vertragsbeziehungen zwischen der vertragsschließenden Gewerkschaft und den einzelnen Mitgliedsunternehmen des Arbeitgeberverbandes bestehen und eine solche Bindung die Grenze des durch Art. 12 GG garantierten unantastbaren Kernbereichs der dem Arbeitgeber zustehenden Unternehmensautonomie überschreiten würde.[83] Durch Firmentarifverträge haben die Gewerkschaften jedoch die Möglichkeit, den Arbeitgeber individuell tarifvertraglich zu Arbeitgeberzusagen im Sinne eines Bündnisses für Arbeit zu verpflichten.[84] Der Arbeitgeber kontrahiert ja selbst; den Parteien steht

82 Zu der begrifflichen Einteilung der Tarifverträge vgl. Fn. 2. Zur Zulässigkeit von Beschäftigungssicherungstarifverträgen vgl. BAG AP Nr. 26 zu § 4 TVG Tarifkonkurrenz; BAG NZA 2002, 331; ausführlich dazu Meyer, C., Beschäftigungssichernde Tarifverträge, ZTR 2005, 394ff.

83 BAG AuR 1991, 93; LAG Schleswig-Holstein AiB 2004, 565 mit Anmerkung Schoof.

84 So auch Wolter, Standortsicherung, Beschäftigungssicherung, Unternehmensautonomie, Tarifautonomie, RdA 2002, 218ff.; Berg/Platow/Schoof/Unterhinninghofen, § 1 TVG, Rn. 92ff.; a.A. LAG Schleswig-Holstein AiB 2004, 565 mit Anmerkung Schoof; LAG Hamm NZA-RR 2000, 535. Nach BAG NZA 1995, 43 kann die Gewerkschaft den Arbeitgeber direkt auf Erfüllung verklagen. Dagegen wird ein Streik zur Durchsetzung von Rechtsansprüchen für unzulässig gehalten, weil dazu ausschließlich der Rechtsweg zu den Gerichten einzuschlagen ist, vgl. BAG DB 1988, 2102; 1978, 1403; ErfK-Dieterich, Art. 9 GG, Rn. 113.

das Handlungsinstrument des privatrechtlichen Schuldvertrags in seiner ganzen Breite zur Verfügung.[85]

Der einzelne Arbeitgeber besitzt für solche Ergänzungstarifverträge auch die ihm gesetzlich zugeschriebene Tariffähigkeit. Nach der Rechtsprechung des Bundesarbeitsgerichts und der im Schrifttum überwiegend vertretenen Auffassung verliert er die Fähigkeit, Partei eines firmenbezogenen Tarifvertrags zu sein, auch nicht durch die Mitgliedschaft oder den Beitritt zu einem Arbeitgeberverband.[86] Dafür sprechen der eindeutige Wortlaut und die Gesetzessystematik des § 2 TVG. Ebenso die verfassungsrechtlich garantierte Tariffreiheit des Arbeitgebers; die durch Art. 9 Abs. 3 GG geschützte Tarif- und diesbezogene Betätigungsfreiheit wären unverhältnismäßig eingeschränkt, wenn der Arbeitgeber durch die Verbandszugehörigkeit seine Tariffähigkeit verlöre. Er wäre dann nämlich nicht einmal mehr in der Lage, freiwillig mit der Gewerkschaft Tarifverträge über Gegenstände abzuschließen, die durch Flächentarifverträge nicht geregelt sind.[87]

Die firmenbezogenen Tarifverträge sind auch im Übrigen grundsätzlich zulässig[88] und haben Vorrang vor dem Flächentarifvertrag.[89] Insgesamt handelt es sich um unternehmensspezifische, die Flächentarifverträge nach den Regeln der Tarifkonkurrenz[90] verdrängende Ergänzungstarifverträge zu den bestehenden Flächentarifverträgen. Das Bundesarbeitsgericht löst die Tarifkonkurrenz nach den Prinzipien der Tarifeinheit und Spezialität. Es soll nur ein Tarifwerk im Betrieb Anwendung finden, und zwar das, welches "den Erfordernissen und Eigenarten des betreffenden Betriebs und der darin beschäftigten Arbeitnehmer am besten gerecht wird". Das sei im Zweifel der Tarifvertrag, der dem Betrieb und den Beschäftigten räumlich, fachlich und persönlich am nächsten steht, also der Firmentarifvertrag.[91] Dabei macht das Bundesarbeitsgericht auch keine Unterschiede bei allgemeinverbindlichen Tarifverträgen.[92]

---

85 Ausführlich zur Zulässigkeit des Handlungsinstruments des privatrechtlichen Schuldvertrags für die Tarifvertragsparteien Säcker/Oetker, Grundlagen und Grenzen der Tarifautonomie, S. 155ff.

86 BAG DB 2005, 1116; BAGE 84, 166 (186); ErfK-Dieterich, Art. 9 GG, Rn. 162; Gamillscheg, S. 524, 1007 m.w.N.

87 BAG DB 2005, 1116; BAGE 66, 258 (263); Rieble, Der Fall Holzmann und seine Lehren, NZA 2000, 225ff.

88 Kempen/Zachert, § 4 TVG, Rn. 234; Berg/Platow/Schoof/Unterhinninghofen, § 1 TVG, Rn. 16.

89 BAG DB 1991, 1779.

90 Ausführlich dazu Bayreuther, Tarifautonomie als kollektiv ausgeübte Privatautonomie, S. 337ff.

91 BAG DB 2003, 1067; NZA 2002, 1406; DB 1990, 129.

92 BAG BB 2005, 2246.

Vom Flächentarifvertrag untertarifliche Regelungen sind möglich, da eine Tarifnorm stets unter dem Vorbehalt steht, durch eine nachfolgende tarifliche Regelung verschlechtert oder ganz gestrichen werden zu können. Ein Vertrauensschutz bezüglich der Regelungsinhalte des Flächentarifvertrages besteht insoweit nicht.[93] Nur wenn die Änderungen Sachverhalte berühren, die in der Vergangenheit liegen, sind die Grenzen der zulässigen Rückwirkung, wie sie auch der Gesetzgeber einzuhalten hat, zu beachten. Dabei ist auf die Grundsätze des Bundesverfassungsgerichts und des Bundesarbeitsgerichts zum Vertrauensschutz bei rückwirkenden Tarifverträgen zurückzugreifen.[94] Eine Regelung entfaltet Rückwirkung, wenn der Beginn ihres zeitlichen Anwendungsbereichs auf einen Zeitpunkt festgelegt ist, der vor dem Zeitpunkt liegt, zu dem die Norm gültig wurde.[95] Das Bundesverfassungsgericht nimmt im Rückwirkungsbereich traditionell eine Unterscheidung zwischen echter und unechter Rückwirkung vor. Da die Ergänzungstarifverträge zur Gestaltung eines betrieblichen Bündnisses für Arbeit gegebenenfalls in bereits entstandene und fällig gewordene, aber noch nicht erfüllte Ansprüche der betroffenen Belegschaft eingreifen und damit bereits abgeschlossene, in der Vergangenheit liegende Vorgänge einer neuen ungünstigeren Rechtsfolge unterwerfen, liegt ein Fall der echten Rückwirkung vor[96], die grundsätzlich unzulässig ist.

Ausnahmsweise ist auch eine echte Rückwirkung gerechtfertigt, wenn durch die rückwirkende Änderung[97] eine bereits bekannte Änderungsabsicht umgesetzt wird. Wenn ein schutzwürdiges Vertrauen der Belegschaft auf ein Fortbestehen der ursprünglichen tarifvertraglichen Rechtslage aufgrund bereits im Vorfeld erkennbarer Umstände gänzlich zerstört oder zumindest stark reduziert wurde. Das ist bei betrieblichen Bündnissen für Arbeit im Regelfall zu bejahen, da regelmäßig betriebliche Notwendigkeiten die Anpassung der Arbeitsentgelte und sonstigen Arbeitsbedingungen zur Erhaltung von Arbeitsplätzen erfordern. Eine Rückwirkung durch Ergänzungstarifverträge ist darum möglich bis zu dem Zeitpunkt, in welchem seine Umsetzung ernsthaft innerbetrieblich erwogen wurde.

Soweit sie eine dynamische Bezugnahmeklausel enthalten, können von dem Firmentarifvertrag auch Arbeitsverhältnisse von Außenseitern erfasst werden. Diese Orientierung an den Flächentarifvertrag durch schuldrechtliche Bezug-

---

93 BAG BB 2005, 2246.

94 BVerfG NJW 1962, 291; BAG AP Nr. 12 zu § 1 TVG Rückwirkung; BAG DB 1999, 1660; NZA 2002, 927 m.w.N. Ausführlich zu dieser Rechtsprechung Bott, Die neue Rechtsprechung des Bundesarbeitsgerichts zu Fragen der Rückwirkung im Tarifrecht, Festschrift für Schaub, 47ff.

95 BVerfGE 72, 200 (257f.).

96 Grundlegend BVerfGE 11, 139 (145ff.).

97 Zu den Ausnahmen vgl. BVerfGE 72, 200 (258ff.).

nahme geschieht in dem nicht unbedeutenden Ausmaß von rund einem Viertel aller Betriebe und von 43 % der nicht tarifgebundenen Betriebe.[98] Eine Ungleichbehandlung von Arbeitnehmern derselben Qualifikationsgruppe ist häufig aus betrieblicher Sicht nicht wünschenswert, da ein großer einzelvertraglicher Verhandlungsaufwand drohte, ungleiche Bezahlung in der Belegschaft Unruhe auslösen könnte und die Wanderbereitschaft gut qualifizierter Arbeitnehmer gefördert werden würde. Zudem machte es für das Unternehmen wenig Sinn, von dieser rechtlichen Möglichkeit nicht Gebrauch zu machen, da die betreffenden Beschäftigten ggf. unmittelbar nach ihrer Einstellung durch den nachträglichen Gewerkschaftsbeitritt die Regelungen des bestehenden Tarifvertrags zum zwingenden Arbeitsvertragsinhalt machen könnten.[99] Da der Arbeitgeber aber mit der Gleichstellungsabsicht der nicht organisierten Arbeitnehmer mit den organisierten erreichen will, eine einheitliche Bindung der Gesamtbelegschaft an den bei ihm geltenden Tarifvertrag zu schaffen, ist dies mit dem Bundesarbeitsgericht[100] zu bejahen. Dieser Übergang verstößt auch nicht gegen Vertrauensgrundsätze, wenn eine dynamische Gestaltung gem. der Unklarheitenregelung des § 305c Abs. 2 BGB erkennbar wird[101], da Tarifverträge einem immanenten Änderungsvorbehalt unterliegen, vgl. oben.[102] Beides gilt eindeutig, wenn im Arbeitsvertrag durch einen Jeweiligkeits-Vorbehalt ein möglicher Änderungsvorbehalt deutlich zum Ausdruck gekommen ist.[103]

---

98 IAB-Betriebspanel 2004 wurden Betriebe in der Erhebung durch Befragung von 16.000 west- und ostdeutschen Betrieben ab fünf Beschäftigte u.a. gefragt, ob sie sich hinsichtlich der Löhne und/oder anderer Regelungen wie beispielsweise bei den finanziellen Zusatzleistungen (z. B. Weihnachts-/Urlaubsgeld), den Arbeitszeiten oder der Dauer des Jahresurlaubs am Flächentarif orientieren. Zusammenfassend lässt sich feststellen, dass rund 43 % der nicht tarifgebundenen Betriebe sich an einem Flächentarifvertrag orientieren. Das entspricht rund einem Viertel aller Betriebe.

99 Welchen Inhalt eine arbeitsvertragliche Verweisung auf Tarifbedingungen hat, ist jeweils unter Berücksichtigung der individuellen Besonderheiten des Einzelfalles zu ermitteln. Über die dabei anzuwendenden Auslegungsgrundsätze besteht in Rechtsprechung und Literatur beträchtliche Uneinigkeit. Ausführlich dazu Annuß, Tarifbindung durch arbeitsvertragliche Bezugnahme?, ZfA 2005, 405ff.

100 BAG NZA 2003, 390.

101 Ausdrücklich ist in diesem Zusammenhang auf die jüngste Entscheidung des Bundesarbeitsgerichts vom 14.12.2005 (DB 2005, Heft 51/52, S. XX) zur engen Auslegung solcher Bezugnahmeklauseln wegen § 305c Abs. 2 BGB hinzuweisen.

102 BAG NZA 2004, 215.

103 BAG NZA 2002. 331.

Eine ganz andere Frage ist die Aufnahme von Bonusregelungen ausschließlich für Gewerkschaftsangehörige.[104] Da die Arbeitgeberzugeständnisse in betrieblichen Bündnissen für Arbeit durch Bezugnahme oder individuelle Vereinbarung auch den nicht gewerkschaftlich organisierten Beschäftigten zugute kommen kann, hat das Thema tarifliche Bonusregelungen für Gewerkschaftsmitglieder neue Aktualität gewonnen. In 2004 hat die IG Metall in Nordrhein-Westfalen eine Reihe von tarifvertraglichen Bonusregelungen abgeschlossen, so u. a. Vorteile für Gewerkschaftsmitglieder bei der Weiterbildung, Geltung der Beschäftigungszusagen nur für IG Metall-Mitglieder. Die IG Metall begründete ihr Vorgehen damit, dass für die Mitglieder erkennbar werden müsse, dass die Gewerkschaften sich konkret für sie einsetze und das auch in krisenhaften Zeiten. Insbesondere in Ergänzungs- und Haustarifverträgen könnten entsprechende Regelungen vereinbart werden, damit spürbar werde, dass sich die Mitgliedschaft lohne.[105] Nach Auffassung des Bundesarbeitsgerichts verletzt eine solche Differenzierung, insbesondere wegen des entstehenden Beitrittszwangs, die gem. Art. 9 Abs. 3 GG verfassungsrechtlich geschützte negative Koalitionsfreiheit der nicht organisierten Arbeitnehmer und stellt damit tarifrechtlich eine Überschreitung der Tarifmacht dar.[106] Die heutigen Befürworter von Bonusklauseln verweisen wesentlich auf die Entscheidung des Landesarbeitsgerichts Hamm, nach der eine Verletzung der negativen Koalitionsfreiheit nicht vorliege, da nicht organisierte Arbeitnehmer hinnehmen müssten, dass Ansprüche aus nicht für allgemein verbindlich erklärten Tarifverträgen nur tarifgebundenen Arbeitnehmern zustünden. Die Zulässigkeit solcher Differenzierungen knüpfe an § 3 Abs. 1 TVG, wonach Tarifgebundene eine besondere Gruppe in der Belegschaft darstellten.[107] Diese Lösung übersieht aber, dass der Arbeitgeber durch Bonusklauseln zu einer schlechteren Behandlung nicht organisierter Arbeitnehmer allein aufgrund ihrer Eigenschaft als Nicht-Gewerkschaftsangehörige gezwungen wird. Eine solche tarifrechtliche Abrede schränkt den Arbeitgeber in unzumutbarer Weise ein und stellt damit eine Überschreitung der Normsetzungsbefugnis der Tarifvertragsparteien dar.[108] Bonusklauseln sind somit nicht wirksam vereinbar.

---

104 Zur Unterscheidung von Tarifausschlussklauseln und Spannungsklauseln, ausführlich Gamillscheg, Kollektives Arbeitsrecht, Bd. 1, S. 356; Bauer/Arnold, Tarifliche Differenzierungsklauseln – Gewerkschaften auf Abwegen!, NZA 2005, 1209ff.

105 Spiegel Online v. 10.1.2005.

106 BAG DB 1968, 1539 fortgesetzt durch BAG NZA 1987, 357 und BAG NZA 1987, 233.

107 LAG Hamm LAGE Nr. 4 zu § 4 TVG.

108 So auch Giesen, , NZA 2004, 1317 und im Ergebnis die h.M., vgl. Löwisch/Rieble, § 1 TVG, Rn. 818ff.; ErfK/Schaub, § 1 TVG, Rn. 32.

Im Übrigen sind sie auch im Zusammenhang mit einem betrieblichen Bündnis nicht sinnvoll. Ein erfolgreiches Bündnis für Arbeit setzt Betriebsfrieden und die Motivation zu einem erfolgreichen Neubeginn im Wettbewerb in der gesamten Belegschaft voraus. Der Betriebsfrieden und die Motivation zu einem erfolgreichen Neubeginn im Wettbewerb verlangt jedoch, dass möglichst jeder in der Belegschaft seinen Anteil am Gesamtopfer trägt, dann jedoch im Ausgleich entsprechend dieselben Zusagen erhält. Dies setzt möglichst einheitliche, nicht-differenzierende Arbeitsbedingungen voraus.

Die Erstreckung des betrieblichen Bündnisses für Arbeit auf die übrigen Außenseiter ist durch einen Firmentarifvertrag jedoch selbstverständlich nicht regelbar. Der Firmentarifvertrag ist aber eine Möglichkeit, um die typischen Inhalte des betrieblichen Bündnisses für Arbeit hinsichtlich der tarifgebundenen und „mittelbar" tarifgebundenen Arbeitnehmer rechtswirksam zu implementieren.

Zu beachten ist lediglich, dass bei der Vereinbarung von betrieblichen Bündnissen für Arbeit durch Firmentarifverträge die Verdrängung des Flächentarifvertrags voraussetzt, dass Arbeitgeber und Gewerkschaft mit hinreichender Klarheit von ihrer Kompetenz zum Abschluss eines firmenbezogenen Vertrags Gebrauch machen.

Eine unklare Formulierung, wie "Vereinbarung unter Beteiligung von Gewerkschaft, Betriebsrat und Arbeitgeber" oder gar "Interessenausgleich mit Sozialplan als Betriebsvereinbarung/Tarifvertrag", erfüllt diese Voraussetzungen im Zweifel nicht.[109] Am tariflichen Regelungsverfahren dürfen nur tariffähige Parteien mitwirken.[110] Dreiseitige Firmentarifverträge, an denen neben Arbeitgeber und Gewerkschaft auch noch der Betriebsrat beteiligt ist, sind unzulässig.

b. Vereinbarung tariflicher Öffnungsklauseln

Die Tarifvertragsparteien haben jedoch eine Möglichkeit, mit Beteiligung des Betriebsrates Bündnisse für Arbeit rechtswirksam zu implementieren. Sie können tarifvertragliche Öffnungs-, Härte- oder Kleinbetriebsklauseln vereinbaren. In Abhängigkeit von der konkreten Ausgestaltung einer tariflichen Öffnungsklausel sind dann für die Arbeitnehmer ungünstigere Abmachungen zwischen Arbeitgeber und Betriebsrat zulässig, § 77 Abs. 3 Satz 2 BetrVG, § 4 Abs. 3 Satz 1

---

109 LAG Hamm NZA-RR 2001, 42; LAG Düsseldorf DB 2000, 431.

110 Indiz dafür ist auch der förmliche Umgang gem. §§ 6, 7 und 8 TVG (Übersendungs- und Mitteilungspflicht und Bekanntgabe im Betrieb, so auch Löwisch/Rieble, Grundlagen, Rn. 70.

TVG.[111] Solche tarifvertragliche Vereinbarungen einer Öffnung sind grundsätzlich zulässig. Zwar stellt sich die Frage, ob eine „Delegation" von den Tarifvertragsparteien auf die Betriebsparteien rechtmäßig sein kann, insbesondere wenn es wie bei den Bündnissen für Arbeit um Kernfragen wie die Lohnhöhe und die Arbeitszeit geht.

---

111 Diese haben jedoch keinen Anspruch auf Öffnung, etwa aus allgemeinen Rechtsgrundsätzen, wenn die wirtschaftliche Lage des Unternehmens unter Berücksichtigung der sozialen Belange der Arbeitnehmer die Ergänzung oder Abweichung erfordert. Man könnte der Auffassung sein, dass die Tarifautonomie dort ihre "Auftragsbegrenzung" haben müsste, wo die schutzwürdigen Interessen ihrer Mitglieder es notwendig erscheinen lassen. Die Tarifautonomie hat Arbeitnehmern und dem Arbeitgeber zu dienen. Dieser Zweck wird verfehlt, wenn die Tarifvertragsparteien Tarifbedingungen vereinbaren, die die betroffenen Mitglieder in eine schlechtere Lage bringen, als wenn sie nicht organisiert wären. Das Ergebnis erscheint bei fast 5 Mio. Arbeitslosen und rund 40 000 Unternehmensinsolvenzen nicht hinnehmbar. Aber der Gesetzgeber hat mit der seit 1999 neu gefassten Insolvenzordnung klargestellt, dass das Arbeitsrecht selbst in der Insolvenz in seinen Grundzügen erhalten bleibt. Er hat ausdrücklich ein besonderes Insolvenzarbeitsrecht nur zu bestimmten Fragen wie Kündigungsfristen bei den Arbeitsverträgen und bei Betriebsvereinbarungen (§§ 113, 120 InsO), Verfahrenserleichterungen bei Betriebsänderungen (§§ 121, 122, 125-127 InsO) und beim Umfang eines Sozialplans (§ 123 InsO) geschaffen. Für die Tarifgebundenheit und ihre Folgen bleibt es bei den hergebrachten Regeln. Die Insolvenz eines Mitglieds beendet nicht automatisch seine Mitgliedschaft, BAG DB 1987, 1361. Und da der Gesetzgeber mit der Möglichkeit des Firmentarifvertrags, sei es als Ergänzungs- oder Haustarifvertrag, und durch den möglichen Verbandsaustritt eine gesetzliche (§§ 3 und 4 TVG), systemkonforme und verfassungskonforme Lösung anbietet, kann die Frage auf einen Anspruch auf Öffnung der Tarifverträge bei Existenzbedrohung des einzelnen Unternehmens nur als rechtspolitische Frage eingeordnet werden. Genauso ist die Forderung einzuordnen, die Bekämpfung der Arbeitslosigkeit sei den Tarifparteien als Regelungsziel über das Sozialstaatsgebot des Art. 20 GG verfassungsrechtlich geboten, so Meyer, Beschäftigungssichernde Tarifverträge, ZTR 2005, 394ff. Das Zugeständnis der Tarifautonomie und die damit verbundene Delegation zur Rechtssetzung durch Tarifvertrag schließe zugleich die Verpflichtung zu sozialer Selbstverantwortung ein. Daraus sei eine Verpflichtung zu Öffnungsklauseln abzuleiten. Im Kontext mit den Bemühungen des Gesetzgebers zur Bekämpfung der Arbeitslosigkeit mit den Änderungen des Sozialgesetzbuchs III, der bereits oben erwähnten Beteiligungsmöglichkeiten des Betriebsrats im Interesse der Beschäftigungssicherung wird man sicherlich von den Tarifvertragsparteien sozialpolitische Verantwortung fordern können, der sie im übrigen bereits mit der grundsätzlichen Bereitschaft zu Öffnungsklauseln nachgekommen sind, aber in jeder krisenanfälligen Branche den Beschäftigungsrisiken angepasste Öffnungen zu verlangen, käme einer unzulässigen Tarifzensur gleich. Aus einer Verpflichtung zur Förderung des Gemeinwohls kann nur eine Pflicht zur Beachtung des Gemeinwohls, nicht aber die Förderung des Gemeinwohls als verbindliches Ziel hergeleitet werden, so auch Thüsing, Tarifautonomie und Gemeinwohl, Festausgabe 50 Jahre Bundesarbeitsgericht, S. 889ff.

Schon das Bundesarbeitsgericht hat auf die Gefahren hingewiesen, die der Tarifautonomie durch weitgehende Verlagerung von Kompetenzen auf die Betriebsparteien drohen.[112] Das Recht, die Arbeitsbedingungen durch tarifliche Normsetzung zu regeln, mit den zentralen Elementen wie die unmittelbare und zwingende Wirkung der Tarifnormen, des Paritätsgrundsatzes und des Günstigkeitsprinzips[113] stehen nicht zur freien Disposition der Tarifvertragsparteien. Der Betriebsrat darf nicht durch einen Tarifvertrag in eine Betriebstarifvertragspartei/eine Ersatzgewerkschaft verwandelt werden.

Durch Öffnungsklauseln zugunsten von Betriebsvereinbarungen findet nämlich nicht nur ein Ebenen- und Akteurswechsel statt, sondern auch ein Wechsel des Legitimationsprinzips. Die Tarifautonomie beruht auf der freiwilligen Mitgliedschaft. Die Betriebsautonomie beruht auf der gesetzlich vorgesehenen und im Betriebsverfassungsgesetz für genau beschriebene Sachverhalte gesetzlich eingeräumten Regelungsbefugnis des Betriebsrats mit Zwangsmitgliedschaft und Zwangsbindung an die getroffenen Regelungen für die vertretenen Arbeitnehmer.

Aber aus dem geltenden Recht ist nicht zu lesen, dass der Gesetzgeber tarifliche Öffnungsklauseln verhindern will. Der Wortlaut von § 77 Abs. 3 BetrVG und § 4 Abs. 3 Satz 1 TVG und auch die Rechtssystematik sprechen nicht dagegen. Das Gegenteil ist der Fall. § 77 Abs. 3 S. 2 BetrVG lässt die tarifliche Öffnung ausdrücklich zu.

Aufgrund des Akteurswechsels und insbesondere aufgrund des Wechsels des Legitimationsprinzips müssen Öffnungsklauseln zugunsten der Betriebsparteien jedoch einen Rahmen nach Inhalt, Zweck und Ausmaß vorgeben, sie müssen die betriebliche Kompetenz begrenzend umschreiben, das Prozedere vorschreiben.[114] Öffnungsklauseln müssen Bestimmungen enthalten, die festlegen, wer in welchem Verfahren zur konkretisierenden Umsetzung bzw. Abweichung von tariflichen Rahmenvorgaben befugt sein soll. Schon im Tarifvertrag müssen die Voraussetzungen und Grenzen vereinbart werden. Vereinbart werden muss, ob die Tarifvertragsparteien unmittelbar an der Umsetzung beteiligt sein sollen, ob ihnen ein Vetorecht vorbehalten ist oder ob die Ausnutzung vorgegebener Spielräume den Verhandlungen im Betrieb überlassen bleiben sollen.

Dabei ist den verfassungsrechtlichen Grenzen aufgrund des unterschiedlichen Legitimationsprinzips insbesondere dann genüge getan, wenn es sich um Öffnungsklauseln mit Zustimmungsvorbehalt für die Tarifvertragsparteien handelt. Bei einem solchen handelt es sich dann um ein gebundenes Zustimmungsrecht, das nach billigem Ermessen auszuüben ist (§ 317 Abs. 1 BGB). Die Zustimmung

---

112 BAG AP Nr. 162 zu Art. 9 GG Arbeitskampf; DB 1987, 2257.

113 Dieterich, Flexibilisiertes Tarifrecht und Grundgesetz, RdA 2002, 1(12ff).

114 Berg/Platow/Schoof/Unterhinninghofen, Einleitung, Rn. 109.

darf nicht willkürlich oder maßregelnd eingesetzt oder sonst diskriminierend gehandhabt werden. Sie muss gleichmäßig erfolgen. Die Zustimmung ist kein Gnadenakt im rechtsfreien Raum. Die Kontrolle erfolgt bei Streit durch den Richter und die Abhilfe durch Ersatzvornahme.[115]

Aber auch eine weitergehende Delegation auf Betriebsräte ohne Kontrolle durch eine Genehmigungspflicht oder sogar notwendige Beteiligung am Verhandlungsprozess durch die Tarifvertragsparteien, wie sie in einigen Öffnungsklauseln vorgesehen ist, erscheint vorbehaltlich einer strengeren zukünftigen Rechtsprechung bei klar beschriebenen Voraussetzungen und Zuständigkeiten in Anlehnung an die Grundsätze zu den gesetzlichen Ermächtigungen für Rechtsverordnungen gem. Art. 80 GG als zulässig.[116]

Tarifliche Öffnungsklauseln ohne ausreichende ausdrückliche Delegationsregelung sind jedoch rechtswidrig. Die Öffnungsklausel ist wegen ihres Ausnahmecharakters und auch, weil sie die Friedenspflicht des Verbandstarifvertrags aufhebt, im Zweifel eng am Wortlaut auszulegen. Hat die Öffnungsklausel im schriftlichen Tarifvertrag gar keinen Niederschlag gefunden, ist ein Rückgriff auf eine ergänzende Auslegung ausgeschlossen.[117] So muss auch die Zulässigkeit der Betriebsvereinbarung klar und deutlich zum Ausdruck gebracht werden, ohne dass der Begriff "Betriebsvereinbarung" unbedingt verwendet werden muss.[118] Bezieht sich die Öffnungsklausel dagegen ausdrücklich nur auf Betriebsvereinbarungen, sind Regelungsabreden oder ähnliche betriebliche Einheitsregelungen unzureichend.

Hinzuweisen ist noch auf eine Besonderheit bei der Geltungsdauer einer Betriebsvereinbarung, die aufgrund einer Öffnungsklausel vereinbart wird. Grundsätzlich gelten erzwingbare abgelaufene[119] Betriebsvereinbarungen weiter, bis sie

---

115 So zu Recht Löwisch/Rieble, § 4 TVG, Rn. 288f.

116 So auch Rieble, Öffnungsklausel und Tarifverantwortung, ZfA 2004, 405ff.

117 GK-Kreutz, § 77 BetrVG, Rn. 150, Fitting/Engels/Schmidt/Trebinger/Linsenmaier, § 77 BetrVG, Rn. 117.

118 BAG AP Nr. 7 zu § 59 BetrVG.

119 Ist das betriebliche Bündnis für Arbeit befristet, endet es mit Ablauf der Frist und entfaltet weder Nachbindung noch Nachwirkung, Richardi-Richardi, § 77 BetrVG, Rn. 159. Fehlt eine ausdrückliche Befristung kann sich eine zeitliche Begrenzung aus dem mit der Betriebsvereinbarung verfolgten Zweck ergeben, BAGE 12, 143 (150); GK-Kreutz, § 77 BetrVG, Rn. 354. Das könnte bei einem betrieblichen Bündnis bei einer betrieblichen Existenzgefährdung der Fall sein, wenn die Sanierung nachhaltig Erfolg hat, aber auch wenn die Sanierung gescheitert ist. Die Betriebsvereinbarung kann durch Einigung aufgehoben werden. Der Aufhebungsvertrag bedarf dann ebenfalls der nach § 77 Abs. 2 BetrVG vorgesehenen Schriftform. Einigen sich die Betriebsparteien auf eine neue, die alte ablösende Betriebsvereinbarung nicht – Betriebsaberede –, so wird die bisherige Regelung ersetzt und aufgehoben. Es gilt der Grundsatz lex posterior derogat legi priori, ohne dass das Günstigkeitsprizip unmit-

durch eine andere Abmachung ersetzt werden, § 77 Abs. 6 BetrVG. Sie verlieren bis zu ihrer Ersetzung lediglich die zwingende, nicht aber zugleich ihre unmittelbare Geltungswirkung.[120] Deshalb wird auch hier von einer sog. Nachwirkung gesprochen.[121] Kreutz spricht von einer noch nicht "Voll" -Beendigung.[122]

Zur Regelung eines betrieblichen Bündnisses für Arbeit mit den herausgearbeiteten Inhalten kommt jedoch lediglich eine freiwillige Betriebsvereinbarung in Betracht. Nach herrschender Meinung in Literatur und Rechtsprechung[123] kommt wegen der ausdrücklichen Regelung des § 77 Abs. 6 BetrVG bei freiwilligen Betriebsvereinbarungen nach ihrem Ablauf eine Weitergeltung nicht in Betracht. Denn die Weitergeltung ist nur dann gerechtfertigt, wenn ein Einigungszwang besteht. Ansonsten würde die Weitergeltung dazu führen, dass die nicht zu einem Neuabschluss bereite Betriebspartei gegen ihren Willen an eine eingegangene Verpflichtung überlang gebunden wäre. Das widerspräche dem Charakter des Regelungsinstruments der freiwilligen Betriebsvereinbarung. Allerdings kann eine Nachwirkung freiwillig vereinbart werden.[124]

Für eine Betriebsvereinbarung oder Betriebsabrede, die auf einer tarifvertraglichen Öffnungsklausel beruht, gilt etwas anderes. Es liegt eine Abhängigkeit von der Laufzeit des zugrundeliegenden Tarifvertrags vor. Denn nach h. M. beruht die Öffnungsklausel auf einer konditionierten Selbstbeschränkung durch die Tarifvertragsparteien. Dann kann die Geltungsdauer auch nicht über die Wirkungsdauer des Tarifvertrags hinausgehen, so dass die aufgrund tarifvertraglicher Zulassung wirksam abgeschlossenen Betriebsvereinbarungen in ihrer Laufzeit grundsätzlich auf die Dauer des Tarifvertrags beschränkt sind.[125] Sie gelten jedoch fort, solange der Tarifvertrag kraft Nachwirkung weiter gilt.[126] Es gilt das

---

telbar zum Tragen kommt. Eine Schranke zieht jedoch wieder der Grundsatz der Verhältnismäßigkeit und des Vertrauensschutzes, BAGE 61, 323 (330). Schließlich ist auch Kündigung möglich, soweit sich nicht aus dem Zweck des betrieblichen Bündnisses für Arbeit etwas anderes ergibt. Möglich sind speziell abgefasste Ausstiegsklauseln. Als Kündigungsfrist gelten die gesetzlichen drei Monate (§ 77 Abs. 5 BetrVG), wenn nicht in der Betriebsvereinbarung eine Kündigungsfrist enthalten ist. Die Betriebsvereinbarung kann jedenfalls auch fristlos gekündigt werden, wenn ein wichtiger Grund vorliegt. Voraussetzung ist, dass die Bindung an die Betriebsvereinbarung selbst nur bis zum Ablauf der Kündigungsfrist nicht zugemutet werden kann.

120 GK-Kreutz, § 77 BetrVG, Rn. 352.

121 ErfK-Hanau/Kania, § 77 BetrVG, Rn. 104.

122 GK-Kreutz, § 77 BetrVG, Rn. 351.

123 BAG AP Nr. 4 zu § 77 BetrVG Nachwirkung; DB 1989, 2232; GK-Kreutz, § 77 BetrVG, Rn. 403; ErfK-Hanau/Kania, § 77 BetrVG, Rn. 109.

124 BAG AP Nr. 5 zu § 56 BetrVG Akkord; LAG Düsseldorf NZA 1988, 813; ausführlich GK-Kreutz, § 77 BetrVG, Rn. 410.

125 BAG AP Nr. 7 zu § 77 BetrVG 1972.

126 GK-Kreutz, § 77 BetrVG, Rn. 163.

Ablösungsprinzip. Tritt ein neuer Tarifvertrag in Kraft, der die gleiche Öffnungsklausel enthält, gelten, wenn der neue Tarifvertrag nicht das Gegenteil anordnet oder sich dies durch Auslegung aus ihm ergibt, die den früheren Tarifvertrag ergänzenden bzw. abweichenden Betriebsvereinbarungen weiter.[127]

Wird der Tarifvertrag durch einen neuen Tarifvertrag abgelöst, der keine Öffnungsklausel mehr enthält, tritt jedoch die Sperrwirkung ein, und die Betriebsvereinbarung wird unwirksam.[128] Hier zeigt sich erneut, dass letztendlich die Tarifvertragsparteien die rechtswirksame Implementierung in den Händen behalten.

Nur sie haben bei bestehender Tarifbindung durch die Möglichkeit der Vereinbarung von tariflichen Öffnungsklauseln ein wirksames Instrument, um die Inhalte des Bündnisses für Arbeit mit Beteiligung der Betriebsräte wirksam zu implementieren.

Die Effektivität dieser Möglichkeit wird besonders deutlich durch den Umstand, dass die aufgrund der Öffnungsklausel abgeschlossene Betriebsvereinbarung auch sämtliche Außenseiter unabhängig von der individualvertraglichen Vereinbarung einer dynamischen Bezugnahmeklausel erfasst, so die h. M.. Die dogmatische Begründung variiert.

Keinen überzeugenden Lösungsansatz bietet die Begründung, dass der Betriebsrat aus eigenem Recht und nicht aus einem von den Tarifvertragsparteien abgeleiteten Recht als Quasistellvertreter handelt. Dass er tatsächlich aus eigenem Recht handelt, wird zwar bereits daran sichtbar, dass er alleine entscheidet, ob und wie er die Möglichkeit eines betrieblichen Bündnisses wahrnehmen will. Die ergänzenden Betriebsvereinbarungen sind kraft der Autonomie der Betriebspartner als deren originäres Rechtssetzungsinstrument anzusehen. Ihre Wirkung bestimmt sich nach den Vorschriften des Betriebsverfassungsgesetzes.

Dies allein reicht jedoch nicht, um die Erstreckung auf Außenseiter zu begründen. Denn durch die Vorgaben in § 5 TVG für Allgemeinverbindlichkeitserklärungen und § 1 AEntG hat der Gesetzgeber zum Ausdruck gebracht, dass die Ausweitung der Tarifbindung auf nichtorganisierte Arbeitnehmer nur im gesetzlich geregelten Ausnahmefall zulässig ist, nämlich wenn es im öffentlichen Interesse geboten, insbesondere zur Behebung eines sozialen Notstandes erforderlich erscheint. In einem Umkehrschluss ist daraus zu folgern, dass die Einbeziehung von Außenseitern in Tarifverträge möglich ist, dann aber einer ausdrücklichen gesetzlichen Ausnahmeregelung bedarf.[129]

---

127 Richardi-Richardi, § 77 BetrVG, Rn. 308; GK-Kreutz, § 77 BetrVG, Rn. 164.

128 BAG AP BetrVG 1972 § 77 Nr. 7; GK-Kreutz, § 77 BetrVG, Rn. 163.

129 Insbesondere weil gegen diese Vorschrift verfassungsrechtliche Bedenken geltend gemacht werden, s. Fn. 11.

Ausdrücklich gesetzlich geregelt wird ein solcher Ausnahmefall der Einbeziehung von Außenseitern durch § 3 Abs. 2 TVG. Nach § 3 Abs. 2 TVG gelten Rechtsnormen des Tarifvertrags über betriebliche und betriebsverfassungsrechtliche Fragen für alle Betriebe, deren Arbeitgeber tarifgebunden sind. Begründet wird diese Normenwirkung damit, dass betriebliche und betriebsverfassungsrechtliche Normen notwendig betriebseinheitlich gelten müssen.[130] Das Bundesarbeitsgericht sieht die Abgrenzung darin, dass eine individualvertragliche Lösung wegen "evident sachlogischer Unzweckmäßigkeit" ausscheidet, weil eine einheitliche Regelung auf Betriebsebene unerlässlich ist.[131] Neben dieser "praktischen Überlegung" war das Motiv des Gesetzgebers, notwendig betrieblich zu regelnde Sachverhalte nicht nur auf die Mitglieder der Gewerkschaften zu beschränken.[132] Zwar wurde in der Rechtsliteratur versucht, eine Verfassungswidrigkeit von § 3 Abs. 2 TVG zu begründen, die Einbeziehung von Außenseitern verstoße gegen die negative Koalitionsfreiheit des Art. 9 Abs. 3 GG.[133] Allerdings haben das Bundesverfassungsgericht[134] und das Bundesarbeitsgericht[135] dieses Recht stets als bloßes Fernbleiberecht i. e. S. aufgefasst. Beide Gerichte beschränken das negative Koalitionsrecht auf den Nichtmitgliedstatus des Außenseiters. Auf den Außenseiter dürfe zwar kein Organisationsdruck oder Beitrittszwang ausgeübt werden, ein solcher gehe aber von der bloßen Unterwerfung unter eine Regelungsbefugnis auf der Grundlage von § 3 Abs. 2 TVG regelmäßig nicht aus, da die Unterwerfung kraft Gesetzes bestehe. Unter den Voraussetzungen von § 3 Abs. 2 TVG nehmen die Parteien kraft Gesetzes auch die Belange der tariflichen Außenseiter wahr.[136] Die Rechtsprechung und mit ihr die herrschende Meinung hält darum die Einbeziehung der nicht tarifgebundenen Außenseiter unter den engen Vorgaben von § 3 Abs. 2 TVG für verfassungsrechtlich wirksam und unbedenklich.[137]

---

130 Löwisch/Rieble, § 3 TVG, Rn. 102.

131 BAG AP Nr. Nr. 2 zu § 3 TVG Betriebsnormen; AP Nr. 1 zu § 3 TVG Betriebsnormen; AP Nr. 57 zu Art. 9 GG; AP Nr. 46 zu Art. 9 GG.

132 Gamillscheg, Die Differenzierung nach der Gewerkschaftszugehörigkeit, S. 720 m.w.N.

133 Vgl. Gamillscheg, Die Differenzierung nach der Gewerkschaftszugehörigkeit, S. 718 mit Nachweisen in den Fn. 53-56.

134 BVerfGE 31, 297 (302); 44, 322 (342); 64, 208 (215).

135 BAG AP Nr. 13 zu Art. 9 GG; AP Nr. 46, 47 zu Art. 9 GG.

136 Säcker/Oetker, Grundlagen und Grenzen der Tarifautonomie, S. 141ff., 321.

137 BAG AuR 1998, 212 mit zustimmender Anmerkung von Zachert; DB 1990, 1919; NZA 1991, 675. Zustimmend Gamillscheg, Die Differenzierung nach der Gewerkschaftszugehörigkeit, S. 720f.; Wiedemann-Oetker, § 3 TVG, Rn. 135ff.; Berg/Platow/Schoof/Unterhinninghofen, § 3 TVG, Rn. 38.

Dies zeigt, dass grundsätzlich die Betriebsverfassung auch abweichend vom Gesetz durch die Tarifvertragsparteien ausgestaltet werden kann.[138] Das Betriebsverfassungsgesetz enthält keine abschließende Aufzählung der Beteiligungsrechte des Betriebsrats. Seine Beteiligungsrechte dürfen durch tarifvertragliche Regelungen nur nicht verschlechtert werden.[139] Sie sind aber in sozialen und personellen Angelegenheiten erweiterbar.[140] Das gilt auch für die Mitbestimmung in wirtschaftlichen Angelegenheiten.[141] Zwar ist Säcker/Oetker,[142] nach denen wegen der sachlich-gegenständlichen Begrenzung auf "betriebsverfassungsrechtliche" Fragen eine qualitative Aufwertung der Beteiligungsrechte in wirtschaftlichen Fragen grundsätzlich ausscheidet, zuzustimmen, aber diese Einschränkung ist dann unangebracht, wenn soziale, personelle und wirtschaftliche Fragen wie bei betrieblichen Bündnissen für Arbeit untrennbar miteinander verknüpft sind. So ist die Thematik Beschäftigungssicherung einerseits personeller Natur (Kündigungsschutz), doch in Voraussetzungen und Folgen wirtschaftlicher Natur und die Frage der Flexibilisierung der Arbeitszeit und der Verzicht auf Sondervergütungen einmal sozialer Natur, als Beitrag zu einer Investitionsentscheidung wirtschaftlicher Natur. Die Beteiligung des Betriebsrats wird damit lediglich auf bislang nicht erfasste Sachverhalte erweitert, es geht somit um eine quantitative Erweiterung.[143] Insgesamt kann also eine Zuständigkeit des Betriebsrats, betriebliche Bündnisse für Arbeit durch Betriebvereinbarungen mit verbindlicher Kraft für die gesamte Belegschaft vereinbaren zu können, bejaht werden.

Wegen ihrer zwingenden Geltung verdrängt diese dann sämtliche abweichenden, individualarbeitsvertraglichen Vereinbarungen. Dies ist auch zulässig, obwohl ein betriebliches Bündnis für Arbeit für den Arbeitnehmer nach der objektiv-hypothetische Betrachtung ungünstig ist, vgl. oben. Betriebsvereinbarungen

---

Dieterich/Hanau/Henssler/Oetker/Wank/Wiedemann, Empfehlungen zur Entwicklung des Tarifvertragsrechts, RdA 2004, 65ff., halten in einer klarstellende Neuformulierung den Bezug auf kollektive Sachverhalte für notwendig, wollen allerdings Arbeitsbedingungen, die üblicherweise in Einzelarbeitsverträgen geregelt werden, ausschließen.

138 BAGE 56, 34ff. (Leber-Rüthers); Wiedemann-Oetker, § 3 TVG, Rn. 591; Säcker/Oetker, Grundlagen und Grenzen der Tarifautonomie, S. 128f.

139 BAG DB 2004, 322; AP Nr. 23 zu § 77 BetrVG 1972.

140 BAG AP Nr. 23 zu § 77 BetrVG 1972; Ap Nr. 53 zu § 99 BetrVG 1972.

141 Eingehend Kempen/Zachert, § 3 TVG, Rn. 293.

142 Säcker/Oetker, Grundlagen und Grenzen der Tarifautonomie, S. 327f.; Wiedemann-Oetker, § 1 TVG, Rn. 603.

143 So Berg/Platow/Schoof/Unterhinninghofen, § 1 TVG, Rn. 84; Wiedemann-Wank, § 4 TVG, Rn. 593; Meyer, Beschäftigungssichernde Tarifverträge, ZTR 2005, 394ff. So auch eingeschränkt auf ein Konsultationsrecht Säcker/Oetker, Grundlagen und Grenzen der Tarifautonomie, S. 132; Wiedemann-Oetker, § 1 TVG, Rn. 604.

unterliegen lediglich einer Billigkeitskontrolle.[144] Freiwillige Betriebsvereinbarungen, die eine Rechtslage ausschließlich zu Lasten der Arbeitnehmer verändern, sind unzulässig.[145] Insoweit besteht eine absolute Grenze. Auf einzelvertraglicher Grundlage bestehende betriebliche Einheitsregelungen können durch eine nachfolgende Betriebsvereinbarung jedoch verschlechtert werden. In diesen Fällen ist zur Auflösung des Konflikts ein kollektiver Günstigkeitsvergleich anzulegen.[146] Das führt weg von einem individuellen Günstigkeitsvergleich hin zu einer vergleichsweisen Gegenüberstellung der Gesamtheit der Leistungen des Arbeitgebers, die aus einem bestimmten Anlass oder Zweck gewährt werden, vor und nach Abschluss einer Betriebsvereinbarung. Ist das Ergebnis ausgewogen, liegt eine sog. umstrukturierende Betriebsvereinbarung vor, die bei Berücksichtigung der Grundsätze der Verhältnismäßigkeit zulässig sind. Die getroffenen Regelungen müssen am Zweck der Maßnahme gemessen geeignet, erforderlich und proportional sein.[147]

Nach diesen Maßstäben sind in einem betrieblichen Bündnis für Arbeit die Zugeständnisse der Arbeitnehmer, die Zugeständnisse des Arbeitgebers und die

---

144 Die Betriebsratsmitglieder sind vom Arbeitgeber abhängig, der Betriebsrat ist nicht streikbefugt. Die gänzliche oder teilweise Befreiung von der Arbeitspflicht, sein besonderer Kündigungsschutz und die mit dem Mandat verbundenen sekundären Annehmlichkeiten wie Bewirtungs- und Reisekostenersatz bei Reisen zur Beurteilung von übereinzelbetrieblichen Wirtschaftsentscheidungen lassen zudem die Gefahr einer Nähe zur Unternehmensleitung und damit verbunden einer Entfernung von den Interessen der Belegschaft entstehen. Daraus droht die Befürchtung, dass er im Ernstfall zu rasch von betrieblichen Notwendigkeiten überzeugt werden und insgesamt zu unausgewogenen Lösungen kommen könnte. Darum unterzieht das Bundesarbeitsgericht seit einer Leitentscheidung BAGE 22, 252 (266f.) aus den 70er Jahren Betriebsvereinbarungen einer allgemeinen Billigkeitskontrolle. Betriebsvereinbarungen unterliegen danach einer Inhaltskontrolle, die über eine bloße Überprüfung auf Verstöße gegen zwingendes höherrangiges Recht oder gegen die guten Sitten hinausgeht. Im Ergebnis lässt sich feststellen, dass dem einzelnen Arbeitnehmer das Recht einzuräumen ist, eine sein Arbeitsentgelt oder seine sonstigen Arbeitsbedingungen verschlechternde Betriebsvereinbarung individuell gerichtlich anzugreifen.

145 BAG AP BetrVG 1972 § 87 Ordnung des Betriebes Nr. 20.

146 BAG DB 2002, 1383.

147 BAG EzA § 77 BetrVG 1972 Nr. 17; Kittner/Zwanziger, Arbeitsrecht, Handbuch für die Praxis, § 20, Rn. 35; Die zwangsläufige Folge ist es, dass den Arbeitsgerichten eine erweiterte Billigkeitskontrolle zugewiesen wird, Bayreuther, Tarifautonomie als kollektiv ausgeübte Privatautonomie, S. 537. Je weiter die freiwillige Betriebsvereinbarung die essentialia des Arbeitsverhältnisses einschränken, desto intensiver können diese gerichtlich überprüft werden. Die gerichtliche Kontrolle bewegt sich von der reinen Rechtskontrolle hin zu einer echten Inhalts-, Billigkeits- und Übermachtkontrolle. Auf diesem Weg wird zumindest sichergestellt, dass dem Individualschutz der Arbeitnehmer Rechnung getragen wird.

Existenzbedrohung des Unternehmens zueinander zu gewichten. Eine die Arbeitsbedingungen verschlechternde Betriebsvereinbarung ist nicht generell günstiger, weil sie im Betrieb Arbeitsplätze sichert. Nur bei einer Ausgewogenheit der wechselseitigen Zugeständnisse unter Bewertung der ökonomischen Notwendigkeiten und der Zahl der gesicherten Arbeitsplätze wäre ein die Arbeitnehmer belastendes betriebliches Bündnis zulässig. Daraus ergeben sich aber auch absolute Grenzen: In bereits entstandene, fällige Ansprüche der Arbeitnehmer (z.B. auf Lohnrückstände, Urlaub, Sondervergütungen und Leistungen) kann eine Betriebsvereinbarung nicht eingreifen.[148] Das betriebliche Bündnis für Arbeit muss geeignet sein, den vom Arbeitgeber und seiner Belegschaft angestrebten Zweck (Sanierung bzw. Steigerung der Wettbewerbsfähigkeit) nachhaltig zu erreichen. Dabei ist beispielsweise bei Entgelten die Abstufung Stundung vor Kürzung vor Totalentzug einzuhalten.[149] Der Verlust von Anwartschaften (z.B. Versorgungsansprüchen, Sonderleistungen) unterliegt einer besonders strengen Verhältnismäßigkeitsprüfung.[150] Für eine notwendige Rückwirkung gelten die allgemeinen Grundsätze des Vertrauensschutzes.[151]

Betriebliche Bündnisse sind durch Austausch gekennzeichnet, durch die Arbeitgeberzusagen sind sie für die Belegschaft als Kollektiv günstig und im Normalfall auch verhältnismäßig. Tarifliche Öffnungsklauseln sind damit ein überaus geeignetes Instrument der Tarifvertragsparteien, um die rechtswirksame Implementierung betrieblicher Bündnisse für Arbeit durch Betriebsvereinbarungen im Betrieb rechtswirksam zu ermöglichen.

c. Die nachträgliche tarifvertragliche Genehmigung

Außerdem haben die Tarifvertragsparteien die Möglichkeit Betriebsvereinbarungen und sonstige Vereinbarungen, die zunächst ohne tarifvertragliche Öffnungsklausel geschlossen wurden und Inhalte eines betrieblichen Bündnisses für Arbeit regeln, im Wege eines rückwirkenden Firmentarifvertrags oder einer rückwirkenden tariflichen Öffnungsklausel nachträglich zu „genehmigen“ (vgl. oben zur Rückwirkung von Tarifverträgen). Auch rückwirkende Firmentarifverträge und tariflichen rückwirkende Öffnungsklauseln sind rechtlich zulässige und geeignete Möglichkeiten, um die Inhalte eines betrieblichen Bündnisses für Arbeit rechts-

148 So GK-Kreutz, § 77 BetrVG, Rn. 321; Richardi-Richardi, § 77 BetrVG, Rn. 121.
149 So GK-Kreutz, § 77 BetrVG, Rn. 321.
150 Vgl. Richardi-Richardi, § 77 BetrVG, Rn. 157; GK-Kreutz, § 77 BetrVG, Rn. 322ff.; ErfK, § 77 BetrVG, Rn. 65.
151 Vgl. Richardi-Richardi, § 77 BetrVG, Rn. 130; a.A. GK-Kreutz, § 77 BetrVG, Rn. 321.

wirksam umzusetzen. Bei Tarifbindung liegt es in der Hand der Tarifvertragsparteien betriebliche Bündnisse rechtlich wirksam werden zu lassen.

B. Betriebliche Bündnisse und fehlende Tarifbindung

Bei fehlender Tarifgebundenheit des Arbeitgebers bzw./und des Arbeitnehmers könnten darüber hinaus auch den einzelnen Arbeitnehmern und/oder dem Betriebsrat rechtlich zulässige Möglichkeiten zustehen, die Bündnisse zu vereinbaren. Zu klären ist zunächst, wann die Tarifbindung fehlt.

Grundsätzlich dann, wenn die Arbeitsparteien nicht beide Mitglieder in der zuständigen Tarifpartei sind. Dann schadet auch nicht die schuldrechtliche Bezugnahme auf den geltenden Tarifvertrag in einem Individualarbeitsvertrag. Dadurch entsteht keine Tarifbindung, sondern die tarifliche Regelung wird lediglich durch die Bezugnahme zum Inhalt des individuellen Arbeitsvertrags.[152] Eine Unterwerfung unter die Tarifmacht erfolgt dadurch nicht.[153]

Auch in der Phase der Nachwirkung hat der tarifgebundene Arbeitgeber (vgl. oben) den Status eines nichttarifgebundenen Arbeitgebers. An die gesetzlich verbindliche Geltung eines Tarifvertrages schließt sich noch eine Phase der sog. Nachwirkung der Tarifverträge gem. § 4 Abs. 5 TVG an. Der Gesetzgeber hat angeordnet, dass die Regelungen des alten, auslaufenden Tarifvertrags für die vom Tarifvertrag erfassten Arbeitsverhältnisse weiter gelten, "bis sie durch eine andere Abmachung ersetzt werden". § 4 Abs. 5 TVG dient den Interessen beider Seiten des Arbeitsvertrags, für die es wichtig ist, dass ihr Arbeitsverhältnis nach Beendigung des Tarifvertrags nicht inhaltsleer wird. Zwar gelten die nachwirkenden Tarifnormen weiterhin unmittelbar, aber nicht mehr zwingend wie bei der Nachbindung des § 3 Abs.3 TVG. Allein die Nachwirkung eines Tarifvertrages kann die Tarifgebundenheit nicht begründen.

Tarifbindung fehlt ebenso bei der sog. OT-Mitgliedschaft (der Mitgliedschaft ohne Tarifbindung). Durch diese in der Rechtsliteratur[154] durchgängig akzeptierte Form der Verbandsmitgliedschaft, die einzelne Arbeitgeberverbände in ihren Satzungen vorgesehen haben, sollen Unternehmen die Möglichkeit erhalten, die Dienstleistungen eines Arbeitgeberverbandes in Anspruch nehmen zu können, ohne die Rechtsfolgen des von ihm getätigten Tarifabschlusses auf sich nehmen zu müssen. Die Rechtsprechung des Bundesarbeitsgerichts zur Zulässigkeit von

---

152 BAG AP Nr. 9 zu § 4 TVG, Nachwirkung; ErfK-Schaub, § 3 TVG, Rn. 40 m.w.N.

153 Löwisch/Rieble, TVG, § 3 TVG, Rn. 15.

154 Ausführlich dazu Hensche, Zur rechtlichen Zulässigkeit der OT-Mitgliedschaft, 2004.

OT-Mitgliedschaften kann mittlerweile als gefestigt angesehen werden.[155] Anerkannt ist die Befugnis der Verbände, ihre Zuständigkeit satzungsrechtlich autonom auszugestalten und damit auf die Tarifbindung ihrer Mitglieder Einfluss zu nehmen.

Soweit also keine Tarifgebundenheit vorliegt, ist zu fragen, ob und wie betriebliche Bündnisse für Arbeit wirksam implementiert werden können.

1. Individuelle Vereinbarungen

In diesen Fällen der fehlenden Tarifbindung steht dem Arbeitgeber der Weg zur Verfügung, im Rahmen von Einzelarbeitsverträgen die einheitlichen Inhalte des betrieblichen Bündnisses für Arbeit separat, also nicht kollektiv organisiert, mit jedem Mitarbeiter auszuhandeln.[156] Dieser Weg über die einzelvertragliche Abänderung wird eindeutig nicht von einer Sperrwirkung des § 77 Abs. 3 BetrVG erfasst und unterliegt auch nicht der Begrenzung durch das Günstigkeitsprinzip nach § 4 Abs. 3 TVG, da dieses nur bei Tarifgebundenheit Geltung hat. Ob eine solche Einigung auch durch konkludentes Verhalten zustande kommen kann, ist rechtlich noch nicht geklärt. Die Annahme von arbeitsvertraglichen Änderungen durch konkludentes Verhalten ist bisher lediglich bei vorteilhaften Regelungen wie eine Ruhegehaltszusage bejaht worden.[157] So ginge auch eine sog. verschlechternde betriebliche Übung durch widerspruchsloses Weiterarbeiten der Arbeitnehmer zu schlechteren Bedingungen. Sie wird vom Bundesarbeitsgericht[158] und bereits vom Reichsarbeitsgericht[159] als Produkt schlüssigen Verhaltens in ständiger Rechtsprechung anerkannt. Zur Entstehung einer betrieblichen Übung wird folgende, allen Entscheidungen durchgängig zugrundegelegte, aber hier auf den Sachverhalt einer die Arbeitsbedingungen verschlechternden betrieblichen Praxis angepasste Formel[160] benutzt: "Unter einer betrieblichen Übung wird die regelmäßige Wiederholung bestimmter Verhaltensweisen des Arbeitgebers verstanden, aus denen die Arbeitnehmer schließen können, ihnen solle eine Leistung auf Dauer entzogen werden. Aufgrund einer Willenserklärung, die vom

---

155 BAGE 12, 285ff.; BAG DB 2005, 2305.

156 Und ggf. eine Änderungskündigung mit ihren drohenden Prozessrisiken insbesondere wegen der strengen Anforderungen bei Entgeltabsenkungen auszusprechen, vgl. BAG NZA 1999, 255; LAG Düsseldorf NZA-RR 1998, 534.

157 BAG AP Nr. 24 zu § 242, Ruhegehalt; Picot, Unternehmenskauf und Restrukturierung, III, Rn. 405.

158 BAG AP BGB § 242 Betriebliche Übung Nr. 50.

159 RAGE 4, 65ff.

160 BAG AP BGB § 242 Betriebliche Übung Nr. 50.

Arbeitnehmer stillschweigend angenommen wird (§ 151 BGB), erwachsen vertragliche Ansprüche nur noch auf die üblich gewordenen Arbeitsbedingungen. Dabei kommt es für die Begründung einer solchen Regelung durch betriebliche Übung nicht darauf an, ob die Arbeitnehmer mit Verpflichtungswillen gehandelt haben oder ob ihnen ein solcher Wille fehlte. Die Wirkung eines bestimmten Verhaltens tritt im Rechtsverkehr schon dann ein, wenn der Erklärende aus der Sicht des Erklärungsempfängers einen auf eine bestimmte Rechtswirkung gerichteten Willen geäußert hat. Entscheidend ist, ob der Arbeitgeber aus der Duldung der verschlechterten Arbeitsbedingungen durch die Arbeitnehmer unter Berücksichtigung von Treu und Glauben sowie der Verkehrssitte und der Begleitumstände auf einen Bindungswillen der Arbeitnehmer schließen durfte." Das Bundesarbeitsgericht hat entschieden, dass eine betriebliche Übung mit Vorteilen für die Arbeitnehmer durch eine entgegengesetzte Übung beendet werden kann.[161] Dazu verlangt es aber zunächst, dass der Arbeitgeber unmissverständlich erklärt, eine zur betrieblichen Übung gewordene Leistung in Zukunft nicht mehr leisten zu wollen. Außerdem führe – nach Auffassung des Gerichts – das widerspruchslose Weiterarbeiten unter den neuen Umständen grundsätzlich nicht zu einer Vertragsänderung. Erst ein dreimal hintereinander erfolgtes Schweigen auf die Erklärung, in Zukunft nur mehr unter Freiwilligkeitsvorbehalt leisten zu wollen, könne in spiegelbildlicher Anwendung der für Arbeitgeber geltenden Regeln den Arbeitsvertrag verändern. Diese Rechtsprechung wird bereits deswegen kritisiert, weil die Situation des Arbeitnehmers nicht mit der des Arbeitgebers bei der Einführung einer freiwilligen Leistung vergleichbar sei und das Verhalten des widerspruchlosen Weiterarbeitens nicht den vom Bundesarbeitsgericht unterstellten Erklärungswert besäße.[162] Dem ist zuzustimmen. Allein aus der Tatsache, dass ein Arbeitgeber bestimmte Ansprüche wiederholt nicht erfüllt oder die Arbeitnehmer zusätzliche Leistungen nicht entgelten lassen, ist keine entsprechende Vertragsänderung zu sehen. Es kommt folglich auf das Einverständnis des Arbeitnehmers an.[163] Soweit der Arbeitnehmer mit den Inhalten des betrieblichen Bündnisses ausdrücklich einverstanden ist, ist eine individualvertragliche Vereinbarung der Inhalte eines betrieblichen Bündnisses für Arbeit aber zulässig.[164]

---

161 BAG BAG AP BGB § 242 Betriebliche Übung Nr. 50; BAG NZA 1999, 1162.

162 Goertz, Die gegenläufige Betriebsübung, AuR 1999, 463; Speiger, Die Reduzierung von Gratifikationsleistungen durch betriebliche Übung, NZA 1998, 510.

163 Ob sich der Arbeitnehmer auf eine derartige Abänderung einlässt, steht in seinem Ermessen. Will der Arbeitgeber die Änderung einseitig durchsetzen, bleibt ihm gegen den Willen des Arbeitnehmers nur die Abänderungskündigung, gegen die der Arbeitnehmer durch den allgemeinen und besonderen Kündigungsschutz geschützt ist

164 Sofern es sich aber hierbei nicht um einen individuell ausgehandelten, sondern um einen betrieblich einheitlich verwendeten, jetzt abgeänderten Arbeitsvertrag handelt,

2. Betriebsvereinbarungen, Betriebsabsprachen und sonstige Absprachen

Bei Nicht-Tarifgebundenheit des Arbeitgebers bzw./und Nicht-Tarifgebundenheit des Arbeitnehmers könnte auch der Weg über eine betriebliche Vereinbarung im Wege einer Betriebsvereinbarung oder Betriebsabsprache offen sein. Nach herrschender Meinung[165] gilt § 77 Abs. 3 BtrVG jedoch unabhängig von einer vorhandenen oder fehlenden Tarifbindung, so dass die Regelungssperre grundsätzlich und eben auch bei fehlender Tarifbindung die rechtswirksame Implementierung eines Bündnisses für Arbeit durch sämtliche betriebsverfassungsrechtliche Regelungen ausschließt. Nach § 77 Abs. 3 BetrVG können Arbeitsentgelte und sonstige Arbeitsbedingungen, die durch Tarifvertrag geregelt sind oder üblicherweise geregelt werden, nicht ohne eine tarifliche Ausnahmeregelung Gegenstand einer Betriebsvereinbarung sein. Bei Tarifungebundenheit besteht noch nicht einmal die Möglichkeit, tarifvertragliche Öffnungsklauseln zu nutzen. Das ist zwar die Auffassung von Richardi, da die Tarifvertragsparteien in diesen Fällen auf den Konkurrenzschutz verzichtet hätten.[166] Dabei wird aber sehr leichtfertig

---

ist seine Wirksamkeit einer AGB-Kontrolle gem. §§ 305 ff BGB zu unterziehen (vgl. § 310 Abs. 4 BGB). In diesem Fall ist darum besonders auf klare und verständliche Regelungen zu achten (§ 307 Abs. 1 BGB). Es darf ihnen kein Überrumpelungseffekt innewohnen. Sie dürfen keine Regelungen enthalten, die von den Erwartungen des Vertragspartners deutlich abweichen und mit denen den Umständen nach vernünftiger Weise nicht zu rechnen war ,vgl. § 305c BGB; BAG BB 2005, 1795 unter Verweis auf BGHZ 109, 197.

165 BAG AP BetrVG 1972, § 77 Tarifvorbehalt; Kittner/Zwanziger, § 18, Rn. 9 m.w.N.; a.A. GK-Kreutz, § 77 BetrVG, Rn. 83, 100.; BAG NZA 2003, 1097; NZA 2002, 872; NZA 1998, 661; NZA 1997, 951; NZA 1996, 948; ErfK-Kania, § 77 BetrVG, Rn. 40; Wiedemann-Wank, § 4 TVG, Rn. 546, 556; Berg/Platow/Schoof/Unterhinninghofen, § 4 TVG, Rn. 102; Schwarze, Was wird aus dem gewerkschaftlichen Unterlassungsanspruch?, RdA 2005, 159ff.; Kittner/Zwanziger, Arbeitsrecht, Handbuch für die Praxis, § 18, Rn. 9 m.w.N.; a.A. GK-Kreutz, § 77 BetrVG, Rn. 99ff. m.w.N. zum Streitstand; Richardi-Richardi, § 77 BetrVG, Rn. 260. Nach Hablitzel, Das Verhältnis von Tarif- und Betriebsautonomie im Lichte des Subsidiaritätsprinzips, NZA 2001, 467ff., führt ein Verstoß gegen die Sperrwirkung nicht zur Nichtigkeit der Betriebsvereinbarung, da die Vorschrift insoweit nur einen appellativen Charakter habe. Sein ergänzendes Argument, dass das BetrVG keine Bestimmung enthält, die ein Antragsrecht einer Gewerkschaft bei einem Verstoß gegen § 77 Abs. 3 BetrVG beinhalten würde, Indiz dafür sei, dass § 77 Abs. 3 BetrVG keine Nichtigkeitssanktion enthalten solle, trägt jedoch nicht, weil auch andere verfassungsrechtlich geschützte Positionen wie beispielsweise der eingerichtete und ausgeübte Gewerbebetrieb über §§ 832, 1004 BGB gesichert werden.

166 So Richardi-Richardi, § 77 BetrVG, Rn. 303. ErfK-Hanau/Kania, § 4 TVG, Rn. 48, lässt durch eine Tariföffnungsklausel generell die Regelungssperre des § 77 BetrVG beseitigen.

ein einseitiger, vorbehaltloser Verzicht auf die verfassungsrechtlich gesicherte Tarifautonomie unterstellt. Der Inhalt einer tariflichen Öffnungsklausel ist durch Auslegung zu ermitteln, dabei ist ein sehr enger Maßstab anzulegen, vgl. schon oben. Im Zivilrecht setzt der Verzicht den rechtsgeschäftlichen Willen voraus, ein Recht aufzugeben. An die Feststellung eines solchen Willens sind strenge Anforderungen zu stellen. Im Zweifel ist eine enge Auslegung geboten.[167] Auch bei scheinbar eindeutigen Erklärungen darf ein Verzicht erst angenommen werden, wenn sämtliche relevanten Begleitumstände berücksichtigt worden sind.[168] Würde man die Tarifvertragsparteien fragen, ob sie mit Öffnungsklauseln abweichend vom verfassungsrechtlich geschützten Tarifsystem beitragslose Ersatzgewerkschaften in tarifungebundenen Betrieben begünstigen wollten, würden diese wohl mit Fassungslosigkeit reagieren. Das gilt umso eher, wenn eine Öffnungsklausel eine Beteiligung der Tarifvertragsparteien vorsieht. Im Zweifel ist eine so weitgehende Reichweite darum abzulehnen. Dieterich/Hanau/Henssler/Oetker/Wank/Wiedemann weisen außerdem darauf hin, dass die Aufgabe, die sich bei tarifungebundenen Arbeitgebern stellt, sachlich anders gelagert sei. Der nicht tarifgebundene Arbeitgeber möchte nicht von einer Verbandsbindung im Rahmen der Vorgaben der Tarifvertragsparteien freigestellt werden, sondern eine generelle Möglichkeit zur betrieblichen Normsetzung der Arbeitsbedingungen erhalten.[169] Im Ergebnis steht damit dem tarifungebundenen Arbeitgeber keine Möglichkeit zur Verfügung, die Inhalte des betrieblichen Bündnisses für Arbeit rechtswirksam durch eine kollektive Betriebsvereinbarung zu verwirklichen.[170] Will er dies,

---

167 BGH NJW-RR 2000, 130; 1996, 237.

168 BGH NJW 2002, 1044.

169 Dieterich/Hanau/Henssler/Oetker/Wank/Wiedemann, Empfehlungen zur Entwicklung des Tarifvertragsrechts, RdA 2004, 65ff.

170 Fraglich ist, ob die unwirksamen Betriebsvereinbarungen durch Umdeutung entsprechend § 140 BGB auf individualrechtlicher Ebene Geltung erlangen können. Das ist unter engen Voraussetzungen in Fällen die Arbeitnehmer begünstigender Betriebsvereinbarungen bejaht worden BAGE 85, 208 (220); 82, 89 (96ff.). Das ist allerdings bei Bündnissen für Arbeit abzulehnen. Denn einmal ginge es um die Umdeutung einer Kollektiv- in eine Individualvereinbarung mit Parteiwechsel (Richardi-Richardi, § 77 BetrVG, Rn. 296.) und zum anderen liefe nicht nur § 77 Abs. 3 BetrVG ins Leere, sondern auch der individuelle Kündigungsschutz des Arbeitnehmers bei verschlechternden Arbeitsbedingungen, so im Ergebnis auch GK-Kreutz, § 77 BetrVG, Rn. 59. Darum wäre eine Umdeutung nur dann gerechtfertigt, wenn zweifelsfrei erkennbar ist, dass jeder einzelne Arbeitnehmer im Zweifel einzelvertraglich zu den schlechteren Arbeitsbedingungen verpflichtet sein will unabhängig von einzelvertraglichen Verpflichtungen der übrigen bzw. großer Teile der Belegschaft. Das wird bei der Konstellation eines betrieblichen Bündnisses für Arbeit, bei dem nicht nur einzelne Arbeitskosten, sondern die gesamten Personalkosten gemindert werden müssen, im Regelfall nicht vorliegen.

bleibt ihm nur der Beitritt in die Tarifvertragspartei. Erst dann ist der Weg frei, aufgrund einer bestehenden Öffnungsklausel oder aufgrund nachträglicher Genehmigung kollektive betriebliche Vereinbarungen wirksam zu implementieren.

Fraglich ist, ob allein dieser Umstand Anlass sein muss, die bisherige herrschende Meinung zur Reichweite des Tarifvorbehalts zu überdenken. Der Wortlaut des § 77 Abs. 3 BetrVG in seiner heutigen Fassung beschränkt den Tarifvorbehalt nicht ausdrücklich auf tarifgebundene Arbeitgeber, er ist offen.[171] Eine historische Auslegung dieser Vorschrift stützt jedoch die herrschende Meinung: § 77 Abs. 3 BetrVG entspricht bis auf redaktionelle Änderungen der Vorgängervorschrift § 59 BetrVG 1952. Die Einfügung in den vierten Teil des BetrVG geschah aus rechtssystematischen Gründen und die vom Wortlaut des § 59 BetrVG 1952 abweichende Formulierung soll verhindern, "dass der persönliche Geltungsbereich von Tarifverträgen auf einem anderen als dem hierfür vorgesehenen Weg der Allgemeinverbindlichkeitserklärung nach dem Tarifvertragsgesetz ausgedehnt wird."[172] Durch beide Vorschriften sollte festgelegt werden, dass die Lohnpolitik und die allgemeine Regelung der Arbeits- und Wirtschaftsbedingungen Aufgabe der Tarifvertragsparteien ist. Ihre Befugnis soll nicht dadurch ausgehöhlt werden, dass Arbeitgeber und Betriebsrat ergänzende oder abweichende Regelungen vereinbaren. Damit dient der Tarifvorbehalt der Funktionsfähigkeit der Tarifvertragsparteien. Ihr Monopol sichert ihre effektive Aufgabenerfüllung und ihren daraus resultierenden und dafür notwendigen Mitgliederbestand. Der Tarifvorbehalt wird deshalb als "Grundnorm der betriebsverfassungsrechtlichen Ordnung" bezeichnet.[173] Und es ergibt sich aus der Gesetzesbegründung kein Passus, der diesen breiten Wirkungskreis auf Tarifgebundene einengt. Auch während der Reform des Betriebsverfassungsgesetzes 2001 und dem Gesetzgebungsverfahren zu Reformen am Arbeitsmarkt 2003 sah man trotz der unterschiedlichen Meinungen in der Wissenschaft keinen Anlass für eine klarstellende Regelung.

Ein anderes Ergebnis muss jedoch eine teleologische Auslegung der Norm ergeben. Gesetze unterliegen nach Auffassung des Bundesverfassungsgerichts[174]

171 Ausdrücklich betont Bayreuther, Tarifautonomie als kollektiv ausgeübte Privatautonomie, S. 499, dass § 77 Abs. 3 BetrVG einer anderen Auslegung zugänglich sei und dass das angestrebte Ziel bereits durch eine Änderung der Rechtsprechung erreicht werden könne.

172 RegE, BT-Drucks. VI/1786, S. 47.

173 BAG AP BetrVG 1972 § 77 Tarifvorbehalt Nr. 2.

174 BVerfG v. 29.7. 2004, Az: – 1 BvR 737/00 –, zum RBerG. Soweit ersichtlich ist das Urteil nicht veröffentlicht. Darum wird hier der entscheidende Absatz im Wortlaut wiedergegeben. Fundstelle unter http://www.bverfg.de/entscheidungen/rk20040729_1bvr073700.html:

auch einem Alterungsprozess. Mit dem Wandel des Umfeldes sozialer Verhältnisse und gesellschaftspolitischer Anschauungen können sich auch Norminhalte ändern. Nur eine teleologische Reduktion des § 77 Abs. 3 BetrVG zugunsten einer Weiterentwicklung des kollektiven Arbeitsrechts auf der Betriebsebene käme der Rechtswirklichkeit und den Zielen des kollektiven Arbeitsrecht nach. Es fragt sich, ob die h. M.[175] noch einem zeitgemäßen Verständnis des Tarifvorbehalts entspricht, und ob nicht gerade die Thematik des betrieblichen Bündnisses für Arbeit bei nicht tarifgebundenen Unternehmen Anlass für eine Korrektur der Norminterpretation der h. M. sein sollte. Denn problematisch ist die Durchsetzung eines betrieblichen Bündnisses für Arbeit im Wege einzelvertraglicher Abänderung bei sog. Akkordstörern. Arbeitnehmer mit besserem Kündigungsschutz könnten sich unter Berufung auf ihre Schutzrechte bzw. auf die guten Aussichten der Nichtkündigung bei einer Sozialauswahl bei betriebsbedingten Kündigungen den Belastungen eines betrieblichen Bündnisses für Arbeit entziehen. Ihre Einbeziehung über Änderungskündigungen wäre mit unwägbaren Prozessrisiken für den Arbeitgeber belastet. Die Sanierung bzw. angestrebte Wettbewerbsfähigkeit drohen zu scheitern, wenn nicht alle das notwendige Opfer bringen. Der wirtschaftliche Erfolg eines betrieblichen Bündnisses für Arbeit setzt voraus, dass es

---

Was geschäftsmäßige Rechtsberatung im Sinne des Rechtsberatungsgesetzes ist, bedarf angesichts der generalklauselartigen Umschreibung der Abklärung im Einzelfall, die einerseits die durch das Gesetz geschützten Belange und andererseits die Freiheitsrechte des Einzelnen berücksichtigt und dabei auch den Veränderungen der Lebenswirklichkeit Rechnung trägt. Alle diese Gesichtspunkte sind bei der Gesetzesauslegung und der Rechtsanwendung zum Ausgleich zu bringen (vgl. BVerfGE 97, 12 <28>, zu Art. 12 GG). Dabei haben die Gerichte bei der Auslegung auch zu berücksichtigen, dass dieses Gesetz – wie andere Gesetze auch – einem Alterungsprozess unterworfen ist. Das Rechtsberatungsgesetz steht in einem Umfeld sozialer Verhältnisse und gesellschaftspolitischer Anschauungen, mit deren Wandel sich auch der Norminhalt ändern kann. Die Gerichte haben vor diesem Hintergrund zu prüfen, ob das Gesetz für alle Fälle, auf die seine Regelung abzielt, eine gerechte Lösung bereithält. Sie sind daher befugt und verpflichtet zu prüfen, was unter den veränderten Umständen "Recht" im Sinne des Art. 20 Abs. 3 GG ist (vgl. BVerfGE 82, 6 <12>). Dabei haben sie unter Anwendung der allgemein anerkannten Auslegungsmethoden – zu denen auch die teleologische Reduktion gehört (vgl. BVerfGE 35, 263 <279>; 88, 145 <166 f.>) – zu prüfen, ob die gesetzliche Regelung zwischenzeitlich lückenhaft geworden ist. Am Wortlaut einer Norm braucht der Richter dabei nicht Halt zu machen. Seine Bindung an das Gesetz (Art. 20 Abs. 3, Art. 97 Abs. 1 GG) bedeutet nicht Bindung an dessen Buchstaben mit dem Zwang zur wörtlichen Auslegung, sondern Gebundensein an Sinn und Zweck des Gesetzes. Sind mehrere Deutungen einer Norm möglich, so verdient diejenige den Vorzug, die den Wertentscheidungen der Verfassung entspricht (vgl. BVerfGE 8, 210 <220 f.>).

175 BAG AP BetrVG 1972, § 77 Tarifvorbehalt; Kittner/Zwanziger, § 18, Rn. 9 m.w.N.; a.A. GK-Kreutz, § 77 BetrVG, Rn. 83, 100.

vom größtmöglichen Teil der Belegschaft angenommen wird. Der Betriebsfrieden und die Motivation zu einem erfolgreichen Neubeginn im Wettbewerb in der Belegschaft, die bei mangelnder Solidarität von Akkordstörern gestört wären, verlangt, dass jeder in der Belegschaft seinen Anteil am Gesamtopfer bei den Personalkosten trägt. Die Regelungssperre des § 77 Abs. 3 BetrVG schaltet die Betriebsautonomie aus und verhindert damit gesamtbetriebliche Lösungswege im Interesse aller Arbeitnehmer. Darum wären die Ziele von kollektiven Regelungen zur Schaffung einheitlicher Arbeitsbedingungen und damit der Sicherung des Betriebsfriedens nur über Beitritte der Arbeitgeber in den zuständigen Arbeitgeberverband erreichbar. Nur dann wäre der Weg im Fall einer bestehenden zulässigen Öffnungsklausel zugunsten des Betriebsrats mit der Möglichkeit der Einbeziehung der sog. Außenseiter begehbar. Das würde faktisch zu einem verfassungswidrigen Zwangsbeitritt führen.[176] Denn Art. 9 Abs. 3 GG gewährleistet nicht nur das Recht des Einzelnen, gemeinsam mit anderen eine Koalition zu bilden, sondern auch die Freiheit des Fernbleibens, die sog. negative Koalitionsfreiheit mit seinem Charakter als verfassungsrechtlich geschütztes Freiheitsrecht.[177] Und da eine Gewerkschaft im Gegensatz zur Belegschaft und zum Betriebsrat streikberechtigt ist, muss der Arbeitgeber damit rechnen, dass die Vereinbarungen des betrieblichen Bündnisses für Arbeit stärker in Orientierung an den nicht gewollten Flächentarifvertrag und damit ungünstiger als vorgestellt ausfallen, dass härtere, professionellere Auseinandersetzungen drohen und dass höhere Konfliktkosten auf ihn zukommen werden. Das hat der Arbeitgeber, der bewusst eine Tarifbindung vermeiden wollte, gerade nicht gewollt, insbesondere wenn es sich um einen kleinen oder mittleren Betrieb handelt. Wenn Kittner[178] als Lösung einen vom Arbeitgeber initiierten Haustarifvertrag vorschlägt, kommt hinzu, dass auf diesem Weg die nicht tarifgebundenen Arbeitnehmer nicht kollektivrechtlich eingebunden wären. Eine betriebseinheitliche Geltung und Standardisierung der Arbeitsbedingungen ließe sich nicht erzielen. Die vollständige inhaltliche Übernahme eines Haustarifvertrags durch Betriebsvereinbarung mit der Folge, dass der Tarifvertrag auch auf nichtorganisierte Arbeitnehmer eines Betriebes ausgedehnt wird, ist unzulässig. Damit wird verhindert, dass der persönliche Geltungsbereich von Tarifverträgen auf einem anderen als dem hierfür vorgesehenen Weg der Allgemeinverbindlichkeit erweitert wird.[179] Es droht darum wieder eine Stö-

176 Vgl. Lambrich, Tarif- und Betriebsautonomie, S. 338.

177 BVerfGE 73, 261 (270); 50, 330 (367); Maunz/Dürig-Scholz, Art. 9 GG, Rn. 221, 226ff.; Pieroth/Schlink, Grundrechte (Staatsrecht II), Rn. 736.

178 Kittner/Zwanziger, Arbeitsrecht, Handbuch für die Praxis, § 18, Rn. 9.

179 BAG NZA 2002, 872; LAG Hamburg AuR 1996, 66; Berg/Platow/Schoof/Unterhinninghofen, § 4 TVG, Rn. 99; Fitting,/Engels/Schmidt/Trebinger/Linsenmaier, § 77 BetrVG, Rn. 98.

rung des Betriebsfriedens, die bei betrieblichen Bündnissen für Arbeit gerade vermieden werden soll. Die Gefahr von Akkordstörern bei betrieblichen Bündnissen für Arbeit auf der Betriebsebene und der in diesem Fall bestehenden ungleichen Belastung nur von Teilen der Belegschaft, die daraus drohenden Gefahren für den Betriebsfrieden, der daraus erwachsende Zwang des Arbeitgebers zum Verbandsbeitritt und der Gedanke der Betriebsautonomie, arbeitsrechtliche Probleme zu lösen, die die Belegschaft in ihrer Gesamtheit betreffen und deren Lösung deshalb eine strikte Gleichbehandlung erfordert, zeigt, dass § 77 Abs. 3 BetrVG in diesen Fällen nicht entgegenstehen darf.

Aus dieser Deutung folgt zugleich, dass die teilweise getroffene Entgegensetzung von sog. formellen (d. h. Arbeitsbedingungen, die die Ordnung und das Verhalten im Betrieb betreffen) oder sog. materiellen Arbeitsbedingungen (d. h. die im Synallagma von Leistung und Gegenleistung stehenden Elemente) in § 77 Abs. 3 BetrVG[180] zu eng ist, sondern dass vielmehr die Frage der individuellen oder aber kollektiven Regelungsbedürftigkeit und -betroffenheit maßgeblich sein muss.

Die außergewöhnliche Macht der Tarifvertragsparteien und der Tarifvorbehalt des § 77 Abs. 3 TVG sollten aber auch unabhängig von der Vereinbarung eines betrieblichen Bündnisses für Arbeit auf ihre Mitglieder beschränkt bleiben. Denn sie hätten nur dann auf Nichtmitglieder ausgedehnte, legitimierte Bindungswirkung, wenn die Tarifvertragsparteien durch den Gesetzgeber eine Machtdelegation wie bei Berufsverbänden mit einem öffentlichrechtlichen Status oder eine Beliehenen-Eigenschaft wie beim Technischen Überwachungsverein (TÜV) und ähnliche Organisationen hätten. Ein "Mandat von oben" widerspricht aber der historischen Einordnung des Tarifrechts. Die Tarifvertragsparteien sollen gerade staatsfern/staatsfrei agieren.[181] Darum ist auch der Alimentierungsgedanke, nach dem der Tarifvorbehalt zusätzlich einen hinreichenden Mitgliederbestand der Tarifvertragsparteien sichern soll, abzulehnen. Jede Koalition muss sich im Prozess der freien Verbandsbildung bewähren. Dass die Existenz einer Koalition von Art. 9 Abs. 3 GG geschützt wird, heißt nicht, dass ihr auch der Erfolg garantiert ist. Zwar ist Normzweck dieser Vorschrift, zu verhindern, dass eine betriebliche Konkurrenzordnung zum Tarifvertragssystem entsteht. Dadurch soll sichergestellt werden, dass die Tarifpolitik der Verbände nicht gestört wird.[182] Es gibt jedoch keine Bestandsgarantie, wenn sie wegen verfehlter Tarifpolitik oder aber auch wegen überzogener Arbeitskämpfe scheitert.[183]

---

180 S. dazu GK-Kreutz, § 77 BetrVG, Rn. 87ff.; Kittner/Zwanziger, Arbeitsrecht, Handbuch für die Praxis, § 18, Rn. 8.

181 BVerfGE 50, 290 (367); Maunz/Dürig-Scholz, Art. 9 GG, Rn. 154ff.; 163f.

182 BAGE 5, 226 (228); 14, 140 (144).

183 Rieble, Staatshilfe für Gewerkschaften, ZfA 2005, 245ff.

Gesetzlich wird der Schutz der Tarifvertragsparteien vor einem "plötzlichen Mitgliederschwund" durch den Grundsatz der Nachbindung, § 3 Abs. 3 TVG, gewährleistet. Die außergewöhnliche Macht der Tarifvertragsparteien und der Tarifvorrang entstehen und rechtfertigen sich allein aufgrund individueller selbstbestimmter Entscheidung, sie setzen wie jede andere nichtgesetzliche Bindung einen Akt der Privatautonomie als Regelungsbefugnis voraus, also das "Mandat von unten".[184] Picker spricht von der mandatarischen Natur der Tarifautonomie als Bündelung der Privatautonomien.[185] Diese Machtlegitimierung ist gleichzeitig eine Machtlimitierung, so dass nach hier vertretener Ansicht eine zeitgemäße Auslegung des § 77 Abs. 3 TVG bei fehlender Tarifbindung keine Anwendung findet.[186] Nur diese Lösung schafft rechtssichere Tatbestände.

Kreutz[187] weist darauf hin, dass auch erst die Berücksichtigung der Tarifbindung des Arbeitgebers eine rechtssichere Auskunft darüber gibt, welchem Geltungsbereich eines Tarifvertrags er unterliegt und mit welchen Regelungen er sich in Bezug setzen muss.

Trotz dieser überzeugenden Argumente ist die h. M. und ständige Rechtsprechung allerdings immer noch der Ansicht, dass die Sperrwirkung des § 77 Abs. 3 BetrVG auch bei nicht tarifgebundenen Arbeitgebern gilt.

Nach derzeitiger Rechtslage ist folglich die rechtswirksame Implementierung durch kollektive betriebsverfassungsrechtliche Regelungen durch § 77 Abs.3 BetrVG versperrt.

C. Betriebliche Bündnisse für Arbeit und Nachbindung

Möchte ein tarifgebundener Arbeitgeber ein betriebliches Bündnis für Arbeit rechtswirksam verwirklichen, kann er dies nicht ohne Beteiligung der Tarifparteien (vgl. oben). Soweit jedoch der geltende Tarifvertrag keine Öffnungsklausel

---

184 Ausführlich zur Entwicklung der Tarifautonomie von der traditionellen Delegationslehre zu privatrechtlichen Ansätzen vgl. Bayreuther, Tarifautonomie als kollektiv ausgeübte Privatautonomie, S. 49ff. und Picker, Die Tarifautonomie am Scheideweg von Selbstbestimmung und Fremdbestimmung, Festausgabe 50 Jahre Bundesarbeitsgericht, S. 795ff.

185 Picker, Die Tarifautonomie am Scheideweg von Selbstbestimmung und Fremdbestimmung, Festausgabe 50 Jahre Bundesarbeitsgericht, S. 795ff.

186 Eine Prüfung der Frage, ob diese Auslegung verfassungskonform ist, wird bei der verfassungsrechtlichen Bewertung einer klarstellenden Gesetzesnovellierung vorgenommen. Denn von mehreren nach einfachem Recht möglichen Auslegungsvarianten eines Gesetzes ist diejenige zu wählen, die der Verfassung am nächsten kommt (s. Wiedemann-Wank, § 4 TVG, Rn. 547).

187 GK-Kreutz, § 77 BetrVG, Rn. 100.

vorsieht, ein entsprechender Firmentarifvertrag und eine nachträgliche „Genehmigung“ durch Tarifvertrag scheitern, bleiben ihm nur zwei Möglichkeiten, der Austritt aus dem Arbeitgeberverband oder die Änderung seiner Mitgliedschaft in eine OT-Mitgliedschaft. Dann kann er nach der jetzigen Rechtslage das betriebliche Bündnis für Arbeit zwar nicht wie eigentlich sinnvoll kollektivrechtlich, dafür jedenfalls individualvertraglich wirksam implementieren (vgl. oben).

Ein Recht zur OT-Mitgliedschaft ist nur teilweise in den Verbandssatzungen der Arbeitgeberverbände vorgesehen, vgl. oben. Ein Recht zum Austritt ist jedoch regelmäßig vorgesehen, wobei die Kündigungsfrist entgegen der in § 39 Abs. 2 BGB vorgesehenen Maximalfrist von zwei Jahren vor dem Hintergrund der grundgesetzlich geschützten negativen Koalitionsfreiheit gem. Art. 9 Abs. 3 GG maximal ein halbes Jahr betragen darf.[188]

Nach den Grundsätzen über die außerordentliche Kündigung von Dauerrechtsverhältnissen kommt bei Vorliegen besonderer Umstände auch eine fristlose Kündigung der Vereinsmitgliedschaft in Betracht, soweit ein wichtiger Grund besteht.[189] Nach zutreffender Ansicht können jedoch die erwarteten wirtschaftlichen Belastungen aus einem unmittelbar bevorstehenden Tarifabschluss keine hinreichenden Gründe für eine außerordentliche Kündigung sein.[190]

Gleiches soll für einen außerordentlichen Verbandsaustritt mit dem gleichen Argument unmittelbar nach einem Tarifabschluss gelten. Anderenfalls würde der sich aus Art. 9 Abs. 3 GG ergebende Bestandsschutz der Koalitionen gefährdet werden, da vor oder nach einem Tarifabschluss immer mit Austrittswellen zu

---

188 Das ist für die Mitgliedschaft in einer Gewerkschaft entschieden worden: BGH DB 1977, 2226; DB 1981, 1403; Picot, Unternehmenskauf und Restrukturierung, I, Rn. 349 m.w.N. Es ist die Frage, ob und inwieweit Arbeitgeberverbände diesbezüglich den Gewerkschaften gleichzustellen sind. Der Verband ist beim Austritt insbesondere leistungsstarker Mitglieder erheblich schwerer betroffen als eine Gewerkschaft beim Austritt eines einzelnen Mitglieds. In Anlehnung an die Rechtsprechung des BGH (BGHZ 90, 280 >286<) zu Direktunterrichtsverträgen kommt Oetker bei Arbeitgeberverbänden darum auf eine Höchstfrist von einem Jahr. Diesen Bedenken ist beispielsweise Löwisch/Rieble, § 3 TVG, Rn. 46 m.w.N. nicht gefolgt. Für den Arbeitgeber müsse es möglich sein, sich der Befugnis seines Verbandes, für ihn Tarifverträge abschließen zu können, ebenso schnell zu entziehen wie der Arbeitnehmer.

189 BGHZ 9, 157 (162); Wiedemann-Oetker, § 3 TVG, Rn. 42; Löwisch/Rieble, § 3 TVG, Rn. 53; Oetker, Die Beendigung der Mitgliedschaft in Arbeitgeberverbänden als tarifrechtliche Vorfrage, ZfA 1998, 41ff..

190 LAG Düsseldorf AiB 1996, 232; ArbG Freiburg AiB 1996, 687; ArbG Leipzig AiB 1996, 685.

rechnen wäre.[191] Die Richtigkeitsgewähr und die Kartellwirkung des Tarifvertrags gingen verloren. Aus dem gleichen Grund wird auch die einvernehmliche Beendigung und der rückwirkende Austritt trotz der Kollision mit der Vereins- und Organisationsautonomie als unzulässig angesehen.[192] So hat das ArbG Berlin[193] entschieden, dass der "Blitzaustritt" trotz Vereinsautonomie eines wichtigen Grundes bedarf.

Zur Verdeutlichung der Problematik weist Oetker auf zwei Urteile hin. So lag einem Urteil des Arbeitsgerichts Freiburg[194]die Satzung eines Arbeitgeberverbandes zugrunde, die vorsah, dass die Mitgliedschaft durch ordentliche Kündigung mit einer Kündigungsfrist von sechs Monaten zum Ende des Kalenderjahres beendet werden konnte. Nach Wirksamwerden einer Tariferhöhung erklärte das Mitglied seinen Austritt, und durch Vorstandsbeschluss wurde die Mitgliedschaft rückwirkend für beendet erklärt. Nach Auffassung des Arbeitsgerichts Freiburg war der Austritt aus dem Verband unwirksam, weil die in der Satzung verankerte Frist nicht durch Einvernehmen abgekürzt werden könne. Beim Sachverhalt des Arbeitsgerichts Leipzig[195] eröffnete die Satzung des Arbeitgeberverbandes die Möglichkeit eines mit zeitlicher Verzögerung wirksam werdenden Austritts aus dem Verband. Der Arbeitgeber erklärte den sofortigen Austritt, der Geschäftsführer des Verbandes bestätigte den Austritt mit Schreiben vom selben Tag. Gleichwohl erklärte das Arbeitsgericht den sofortigen Austritt des Arbeitgebers für unwirksam.

Dass aber Arbeitgeberverbände ihre Vorstände durch Satzung ermächtigen können, mit austrittswilligen Mitgliedern Verträge solchen Inhalts zu schließen, ist zumindest vereinsrechtlich mit Blick auf § 39 Abs. 1 BGB unbedenklich. Danach ist die juristische Regel, dass die Mitglieder eingetragener Vereine jederzeit ihren Austritt erklären können. Nach Abs. 2 kann die Satzung dafür eine Frist bestimmen, aber in geeigneten Fällen auch ein einverständliches sofortiges Ausscheiden vorsehen.

---

191 So auch Berg/Platow/Schoof/Unterhinninghofen, § 3 TVG, Rn. 18; Buchner, Die tarifrechtliche Situation bei Verbandsaustritt und bei Auflösung eines Arbeitgeberverbandes, RdA 1997, 259*ff.*; a.A. Löwisch/Rieble, § 3 TVG, Rn. 55.

192 So auch Berg/Platow/Schoof/Unterhinninghofen, § 3 TVG, Rn. 19; a.A. für den Fall der einvernehmliche Aufhebung für die Zukunft unter Hinweis auf Art. 2 GG Wiedemann-Oetker, § 3 TVG, Rn. 42; Löwisch/Rieble, § 3 TVG, Rn. 60; auch ohne satzungsmäßige Grundlage Oetker, Die Beendigung der Mitgliedschaft in Arbeitgeberverbänden als tarifrechtliche Vorfrage, ZfA 1998, 41ff.

193 ArbG Berlin DB 2003, 1518.

194 AiB 1996, 687.

195 AiB 1996, 685.

Plander[196] weist dagegen darauf hin, dass bei dieser Handhabung eine das gewerkschaftliche Streikrecht in einer gegen Art. 9 Abs.3 GG verstoßenden Weise beeinträchtigt werde, denn ein funktionsfähiges Tarif- und auch Arbeitskampfsystem sei nicht gewährleistet.[197] Eine satzungsmäßige Möglichkeit des sofortigen Ausscheidens der Mitglieder des bestreikten Arbeitgeberverbandes würde im Extremfall durch einen plötzlichen Massenexodus das Streikziel und damit den Sinn des Streiks ad absurdum führen.

Art. 9 Abs. 3 GG bewahrt die Gewerkschaften aber nicht vor jedem Erschwernis. Es gehört zur Verbandshoheit jeder Tarifvertragspartei, unter Wahrung seiner Satzung Mitgliedschaften aufzuheben oder sich sogar aufzulösen. Die Gewerkschaften haben kein Recht darauf, dass der bestreikte Arbeitgeberverband in seiner Mitgliederstärke erhalten bleibt. Im Zweifel muss die Gewerkschaft von Ausscheidenden den Abschluss eines Haustarifvertrags fordern und diesen ggf. erstreiken.[198] Nach hier vertretener Ansicht ist daher bei einer entsprechenden Satzungsermächtigung ein sog. Blitzaustritt mit Zustimmung des Verbandsvorstands möglich.

Allerdings hat der Gesetzgeber auch beim rechtswirksamen Verbandsaustritt die Fortgeltung der Tarifbindung gem. § 3 Abs. 3 TVG zur Verhinderung der "Flucht aus den Tarifverträgen" festgelegt. Während dieser sog. Nachbindungsphase bleiben Arbeitgeber und Arbeitnehmer an den Tarifvertrag gebunden. Abweichende Vereinbarungen sind also nur im Rahmen bestehender Öffnungsklauseln oder zugunsten des Arbeitnehmers (§ 4 Abs. 3 TVG) möglich (vgl. oben). Hiernach bleibt die unmittelbare und zwingende Tarifbindung trotz eines Verbandsaustritts bestehen, bis der aktuelle Tarifvertrag endet.[199] Das gilt auch für Arbeitsverträge mit gewerkschaftlich organisierten Arbeitnehmern, die während der Nachbindungszeit erst abgeschlossen werden, und sogar, wenn der Arbeitnehmer erst während der Nachbindungsphase der Gewerkschaft beitritt.[200] Trotz wirksamen Verbandsaustritts ist der Arbeitgeber erst mit dem Ende der Nachbindung von dieser weitgehenden zwingenden Geltung des Tarifvertrages befreit.

---

196 Plander, Tarifflucht durch kurzfristig vereinbarten Verbandsaustritt, NZA 2005, 897ff.

197 BVerfGE 84, 212 (226,228); BVerfGE 57, 220 (245ff.); BVerfGE 50, 290 (368f.); BVerfGE 4, 96 (106ff.).

198 So auch Plander, Tarifflucht durch kurzfristig vereinbarten Verbandsaustritt, NZA 2005, 897ff.

199 BAG BB 2002, 1048; NZA 1994, 34; LAG Schleswig-Holstein BB 2005, 1912.

200 BAG BB 2002, 1048 unter Berufung auf BAG BB 1993, 2307.

Umstritten ist darum die Frage, wo bei länger laufenden Tarifverträgen die Grenze der theoretisch endlosen Dauer der Nachbindung liegt.[201]

Eine "ewige" Geltung würde sicherlich Art. 9 Abs. 3 GG zuwiderlaufen. Denn Art. 9 Abs. 3 GG gewährleistet nicht nur das Recht des einzelnen, gemeinsam mit anderen eine Koalition zu bilden, sondern auch die Freiheit des Fernbleibens, die sog. negative Koalitionsfreiheit mit seinem Charakter als verfassungsrechtlich geschütztes Freiheitsrecht.[202] Eine Ewigkeitsbindung entfällt deshalb, wenn die Tarifvertragsparteien deutlich zu erkennen geben, dass sie die Angelegenheit nicht mehr tariflich regeln wollen oder können. Daraus leitet Oetker ein Auskunftsrecht ab: Die Tarifvertragsparteien sind auf Nachfrage verpflichtet, innerhalb einer Frist, die der Frist für die ordentliche Kündigung des Tarifvertrags entspricht, positiv zu erklären, ob eine tarifliche Neuregelung angestrebt wird.[203]

Vor dem Hintergrund dieser Unsicherheit ist außerdem strittig, was im Falle einer nur teilweisen Änderung durch einen neuen Tarifvertrag geschieht.[204] Dazu hat das Bundesarbeitsgericht[205] klarstellend entschieden, dass jedwede Tarifänderung die Nachbindung beendet. Das können Inhalts-, Abschluss- und Beendigungsnormen sowie die betrieblichen und betriebsverfassungsrechtlichen Tarifnormen sein. Eine teilweise erfolgte Änderung eines Tarifvertrags ist dann auch hinsichtlich der unveränderten Bestimmungen relevant.[206] Nur diese Lösung sichert die notwendige Rechtsklarheit und wird dem Kompromisscharakter eines Tarifvertrags, in dem die einzelnen Regelungen in einem wirtschaftlichen Verhältnis stehen, gerecht.[207] Festzustellen ist jedenfalls, dass die Nachbindung, die für den Arbeitgeber von unbestimmter Dauer ist, die Vereinbarung von betrieblichen Bündnissen für Arbeit ohne Mitwirkung der Tarifvertragsparteien verhindert.

---

201 Vgl. Büdenbender, Tarifbindung trotz Austritts aus dem Arbeitgeberverband – eine notwendige oder korrekturbedürftige Regelung?, NZA 2000, 509 m.w.N.; Giesen in der Kommentierung zu BAG BB 2002, 1048; Oettker, Nachwirkende Tarifnormen und Betriebsverfassung, Festschrift für Schaub, 535ff. Urteile liegen soweit ersichtlich nicht vor.

202 BVerfGE 73, 261 (270); 50, 330 (367); Maunz/Dürig-Scholz, Art. 9 GG, Rn. 221, 226ff.; Pieroth/Schlink, Grundrechte (Staatsrecht II), Rn. 736.

203 Oettker, Nachwirkende Tarifnormen und Betriebsverfassung, Festschrift für Schaub, 535ff.

204 Gamillscheg, Die Differenzierung nach der Gewerkschaftszugehörigkeit, 727f.; Schwab, Mindestarbeitsbedingungen nach Verbandsaustritt des Arbeitgebers, BB 1994, 781.

205 BAG 1992, 1213; 2001, 1690.

206 BAG BB 2002, 1048; LAG Schleswig-Holstein BB 2005, 1912.

207 Löwisch/Rieble, § 3 TVG, Rn. 86.

Nichts anderes gilt für die Änderung einer normalen Mitgliedschaft in eine OT-Mitgliedschaft. Denn auch in diesem Fall gelten die Kündigungsfristen, etc. (vgl. oben) und die Nachbindung, so dass der Arbeitgeber auch bei dieser Vorgehensweise erst nach Beendigung der Nachbindungsphase die Gestaltungsmöglichkeiten eines tarifungebundenen Arbeitgebers hat.[208] Festzuhalten ist damit, dass auch nach der Änderung der Mitgliedschaft in eine OT-Mitgliedschaft betriebliche Bündnisse für Arbeit erst nach dem Ablauf der Nachbindung von unbestimmter und unvorhersehbarer Dauer rechtswirksam vereinbart werden können.

208 Streiten könnte man über die Tariffähigkeit von Verbänden mit OT-Mitgliedschaften, wenn die Tarifbindung satzungsmäßig auf einen Teil der Mitglieder beschränkt ist.

IV. Rechtssoziologische Untersuchung zur Erforderlichkeit einer Gesetzesänderung

Geklärt worden ist, inwieweit die jetzige Rechtslage die rechtswirksame Implementierung von betrieblichen Bündnisse für Arbeit bereits zulässt. Nun soll untersucht werden, ob es darüber hinaus sinnvoll und/oder erforderlich ist, durch Änderung und/oder Ergänzung der gesetzlichen Regelungen betriebliche Bündnisse für Arbeit in größerem Umfang zu ermöglichen. Zu fragen ist, ob und wie das geltende Recht zur Anpassung an die heutigen Wirtschafts- und Arbeitsbedingungen und zur Legalisierung der gängigen Rechtspraxis geändert werden sollte. Denn die wirtschaftlichen Bedingungen haben sich dauerhaft gewandelt, das geltende Recht genügt dem nicht und auch die Rechtspraxis entspricht der jetzigen Gesetzeslage nicht mehr. Dies soll im folgenden Abschnitt rechtssoziologisch untersucht und sowohl empirisch als auch rechtswissenschaftlich belegt werden

A. Der Wandel der Wirtschaftsbedingungen

Auslöser für Veränderungen im Arbeitsrecht sind immer auch veränderte Wirtschaftsbedingungen, denen die geltende Rechtslage nicht mehr gerecht wird. Die Wirtschaftlichen Bedingungen scheinen sich in Deutschland dauerhaft gewandelt zu haben.

1. Die Globalisierung

Besondere Auswirkung auf die deutsche Wirtschaftsstruktur hat nach Auffassung des Sachverständigenrats zur Begutachtung der gesamtwirtschaftlichen Entwicklung in seinem 41. Jahresgutachten 2004/2005 die internationale Arbeitsteilung.[209] Die Welt ist näher zusammengerückt. Den Unternehmen eröffnen sich neue, lukrative Märkte. Gleichzeitig sind den Unternehmen neue wettbewerbsfähige Konkurrenten erwachsen. Die Globalisierung macht auch nicht vor den heimischen Regionen der Klein- und Mittelbetriebe und vor kleinen Auftragsgrößen halt. Die deutschen Unternehmen treffen auf multinationale Wettbewerber mit unterschiedlichsten Wettbewerbsstärken und Globalisierungsstrategien. Unter-

---

209 So der Sachverständigenrat zur Begutachtung der gesamtwirtschaftlichen Entwicklung in seinem 39. Jahresgutachten 2002/2003 Ziffer 423 und in seinem 42. Jahresgutachten 2005/2006 Ziffer 25ff.

nehmen aus den sog. Schwellenländern, u. a. Südost-Asiens, aber auch die neuen osteuropäischen Anbieter stellen eine Bedrohung für viele Unternehmen in den etablierten Industriestaaten dar.

Darum wundert es nicht, dass ein Wettbewerb der Standorte ausgebrochen ist. Der Wirtschaftsstandort Deutschland steht auf dem Prüfstand. Die "Deutschen Kosten" finden ihren Benchmarkt auf dem Weltmarkt.[210] Die spezifisch deutsche Kombination aus hohen Löhnen, hohen Steuern und kurzen Arbeitszeiten machen den „Standort D" extrem unattraktiv. Das wurde wieder deutlich bei der EU-Osterweiterung zum 1.5.2004. Direkt vor der Haustür erstreckt sich ein riesiges Niedrigsteuergebiet mit Steuerbelastungsunterschieden bis zu 25 %, möglichen Personalkosteneinsparungen bis zu 50 % und z. T. gibt es dort Länder mit ähnlich günstigen oder sogar besseren Investitionsbedingungen.[211] Außerdem verlagert man seine Produktion dorthin, wo neue Abnehmer mit wachsender Nachfrage vorhanden sind. Großunternehmen praktizieren es bereits. Aber auch Mittelständler aus Schleswig-Holstein wie Sauer-Danfoss in Neumünster oder Dräger in Lübeck haben sich längst global aufgestellt und erzielen an ihren Stammsitzen nur einen Bruchteil ihrer Wertschöpfung.

Und es geht nicht nur um Produktion, sondern zunehmend auch um Forschung, Softwareentwicklung, Buchhaltung, Kundenbetreuung usw. Bei einer Umfrage der Arbeitsgemeinschaft Selbständiger Unternehmer (ASU) im Jahr 2005 unter knapp 350 Mitgliedern gaben immerhin 7 % zu Protokoll, eine Auslandserweiterung beschlossen zu haben, weitere 32 % denken darüber nach. Eine Umfrage des Wirtschaftsprüfungsunternehmens Ernst & Young unter 3.000 mittelständischen Unternehmen mit 30 bis 2.000 Beschäftigten von Mai 2005 ergab, dass 19 % der Befragten die Verlagerung von Produktionsstätten ins Ausland planen. Laut einer Studie der Deutschen Industrie- und Handelskammer (DIHK) nannten 45 % der Industrieunternehmen, die ihre Produktion oder Teile davon ins Ausland verlagern wollen, die zu hohen Arbeitskosten in Deutschland als Motiv. Für weitere 38 % sind hingegen die niedrigen Steuern und Abgaben ausländischer Standorte ausschlaggebend.

Das Kostensenkungspotenzial einschließlich der Faktoren Produktivität, Transportkosten und Finanzierungskosten ergibt folgende Übersicht.

---

210 Altvater/Mahnkopf, Grenzen der Globalisierung. Ökonomie, Ökologie und Politik in der Weltgesellschaft, S. 13ff.

211 Ergebnis einer Untersuchung der Wirtschaftsprüfungsgesellschaft Price Waterhouse Coopers (PWC) zu den Kostensenkungspotenzialen für ein deutsches Unternehmen durch Standortverlegung, abgedruckt in der hauseigenen Monatszeitschrift August 2004, S. 37.

Kostensenkungspotenzial für ein deutsches Unternehmen durch Standortverlegung[212]
(in Prozent der Gesamtkosten bei einem Lohnkostenanteil von 21 %)

Bulgarien	19
Estland	18
Slowakei	18,5
Ungarn	18
Tschechien	18,5
Polen	17
Deutschland (Ost)	7,5

Festzustellen ist ein relativer Rückgang gerade der Anteile des produzierenden Gewerbes seit einigen Jahrzehnten, der unter dem Schlagwort Deindustrialisierung einen drohenden Verlust der industriellen Basis Deutschlands an die Wand malen lässt.[213]

2. Das Angebot billiger Arbeitsleistungen im Inland

Einher gehen mit dieser Entwicklung neue Angebote billiger Arbeitsleistungen im Inland, die die Wirtschaftsstruktur in Deutschland beeinflussen. So ist seit dem Start der Ich-AG-Förderung im Januar 2003 ein weiterer billigerer Arbeitsmarkt entstanden. Seit der Existenzgründungszuschuss für die neuen Ich-AGs gem. § 421 Abs. 1 SGB III am 1.1.2003 in Kraft getreten ist, hat sich die Nachfrage nach dem neuen Programm entwickelt wie bei keinem anderen Förderinstrument im Gefolge der Hartz-Reformen. Bis Ende 2004 wurden nach Angaben der Bundesagentur für Arbeit rund 268 000 Ich-AGs gefördert. In 2005 vergrößerte sich der Teilnehmerbestand um rund 85 500 Personen.[214] Mit einer Förderdauer von bis zu drei Jahren werden selbst die Ich-AGs der ersten Stunde immer noch unterstützt.[215]

---

212 Quellen: Eurostat; Statistisches Bundesamt; Berechnungen Price Waterhouse Coopers.

213 So der Sachverständigenrat zur Begutachtung der gesamtwirtschaftlichen Entwicklung in seinem 41. Jahresgutachten 2004/2005 Ziffer 28.

214 So der Sachverständigenrat zur Begutachtung der gesamtwirtschaftlichen Entwicklung in seinem 42. Jahresgutachten 2005/2006 Ziffer 175.

215 Natürlich werfen die enormen Förderzahlen auch Fragen nach der Wirksamkeit dieses Instruments auf. Bis Ende 2004 wurden bereits rund 48.000 Abgänge aus der Förderung gezählt. Dazu eine Analyse aus dem Institut für Arbeitsmarkt- und Berufsforschung der Bundesagentur für Arbeit (IAB) in IAB-Kurzbericht, Ausgabe Nr. 2 v. 14.2.2005.

Ich-AGs führen zu erheblichen Wettbewerbsverzerrungen zulasten der konkurrierenden Kleinbetriebe. Denn Ich-AGs können aufgrund der staatlichen Fördermittel Leistungen zu Preisen anbieten, die für andere Betriebe nicht kostendeckend sind.

Das Gleiche gilt für die Auswirkungen durch das Überbrückungsgeld nach §§ 57, 58 SGB III. Mit dem Überbrückungsgeld werden Arbeitnehmer gefördert, die durch Aufnahme einer selbständigen Tätigkeit Arbeitslosigkeit beenden oder vermeiden wollen.[216] Rund 85.000 Personen erhielten in 2005 Überbrückungsgeld, mithin eine Zunahme von etwas mehr als 1.200 Personen gegenüber dem Vorjahr.[217]

Zwar haben Ich-AG und Überbrückungsgeld seit dem 1. Juli 2006 für Neugewährung keine gesetzliche Basis mehr, aber es wird an einem zeitnahen Ersatzinstrument, dem Gründungszuschuss, gearbeitet, dessen Voraussetzungen allerdings deutlich strenger sind. Er läuft bis zu 15 Monate, aber zur Gewährung ist nicht nur die Geschäftsidee, sondern auch die persönliche Eignung des Antragstellers bei Beginn und nochmals nach neun Monaten durch eine fachkundige Stelle nachzuweisen. Dieser konkurrierende, geförderte Arbeitsmarkt wird bleiben.

Und neue Formen der Schattenwirtschaft, wie Scheinselbständigkeit illegal Beschäftigter zur Umgehung protektionistischer Maßnahmen wie zielgerichtet das EntsendeG oder einen möglichen Mindestlohn, haben auf dem deutschen Arbeitsmarkt Einzug gefunden. Insgesamt ist die Schattenwirtschaft trotz aller Gegenmaßnahmen in den letzten Jahren in Deutschland stark angestiegen. Auch der Sachverständigenrat zur Begutachtung der gesamtwirtschaftlichen Entwicklung hält in seinem 41. Jahresgutachten 2004/2005, "wie die wenigen hierzu verfügbaren Studien nahe legen", die Schattenwirtschaft für die Veränderungen auf dem Arbeitsmarkt für relevant.[218] Laut Prognose 2005[219] beträgt das schattenwirtschaftliche Volumen immer noch rund 18 % am gesamten Bruttoinlandsprodukt. Nach Schätzungen könnten fünf Millionen Menschen in Vollzeit beschäftigt werden, wenn die gesamte Schattenwirtschaft in reguläre Arbeitsplätze umgewandelt werden würde.[220] Die Branchen sind unterschiedlich davon betroffen. Nach An-

---

216 Bei beiden Programmen ist ständig eine Richtlinienüberarbeitung, Gesetzesänderungen oder sogar ein Antrags-/Bewilligungsstopp und eine Ersetzung durch neue Modelle zu verfolgen.

217 So der Sachverständigenrat zur Begutachtung der gesamtwirtschaftlichen Entwicklung in seinem 42. Jahresgutachten 2005/2006 Ziffer 175.

218 So der Sachverständigenrat zur Begutachtung der gesamtwirtschaftlichen Entwicklung in seinem 41. Jahresgutachten 2004/2005 Ziffer 54.

219 Strotmann, Illegale Beschäftigung: Erste Erfolge erkennbar, S. 67.

220 www.warms.de/data/

gaben des Hauptverbandes der deutschen Bauindustrie e.V. hat beispielsweise in der Bauwirtschaft die illegale Konkurrenz die Beschäftigtenzahl halbiert. Der bundesweite Umsatz durch Schwarzarbeit wird auf 350 Milliarden Euro geschätzt. Durch eine Verdoppelung der gemeinsamen Kontrollen zwischen Zoll, Steuerfahndung und Polizei auf 7.400 im ersten Halbjahr 2005 stieg der aufgedeckte Schaden von 7,6 Millionen Euro auf 12,7 Millionen Euro an nicht gezahlten Versicherungsbeiträgen und hinterzogenen Steuern.[221] Relevant für den Arbeitsmarkt ist der davon ausgehende Kostendruck auf die legalen Anbieter. Durch die Umgehung der Steuern und Abgaben ist der relative Preis eines Gutes in der Schattenwirtschaft billiger als in der offiziellen Wirtschaft. Die wesentlich niedrigeren Preise in der Schattenwirtschaft und ihre Akzeptanz in der Bevölkerung – über die Hälfte der deutschen Bevölkerung ist Umfragen zufolge grundsätzlich bereit, Schattenwirtschaft nachzufragen, wenn sich die Gelegenheit bietet[222] – führen zu einem unfairen Wettbewerb mit der offiziellen Wirtschaft.

Auch die seit Mai 2004 stattgefundene EU-Osterweiterung mit der Freizügigkeit für Selbständige gem. Art. 43, 49 EG-Vertrag wird erhebliche Auswirkungen auf die deutsche Wirtschaft haben. Die geplante EU-Richtlinie über Dienstleistungen im Binnenmarkt, die letztendlich den Weg frei machen soll für einen ungehinderten grenzüberschreitenden Wettbewerb in allen 25 EU-Mitgliedstaaten, sieht zwar nicht mehr die Geltung des Herkunftslandprinzips vor. Danach würden für ausländische Dienstleister, die einen Auftrag in Deutschland durchführen, die tariflichen, sozialen und arbeitsrechtlichen Bestimmungen seines Heimatlandes gelten, nicht aber die, an die sich die ansässigen Wettbewerber zu halten haben. Nach dem inzwischen gefundenen Kompromiss bleibt das deutsche Arbeitsrecht tabu: Wer in Deutschland Dienste anbietet, muss sich an die geltenden Vorgaben für Arbeitsschutz und -zeit halten. Das gilt aber nicht für die Löhne.

Die hochlohnlastigen deutschen Unternehmen sind unter Druck geraten. Gerade die Unterschiede der Lohnkosten im Vergleich zu den Beitrittsländern sind beträchtlich. Die aktuellen Arbeitskosten pro Stunde liegen – je nach Beitrittsland – bei lediglich 10 bis 35 % des deutschen Niveaus. Nach Angaben von Eurostat liegt der durchschnittliche Bruttojahresverdienst 2003 in der Industrie und im Dienstleistungssektor in Deutschland bei 40.375 Euro und in Polen beispielsweise bei 6.434 Euro. Die höchsten Löhne und die kürzesten Arbeitszeiten passen nicht mehr zur Realität des hiesigen Arbeitsmarkts. Gerade in Grenzbereichen zum Osten sieht sich beispielsweise das Handwerk einem Preiswettbewerb ausgesetzt, dem nur über Lohnanpassungen standzuhalten ist. Ein Branchenschutz findet gegenwärtig nur im Bereich des EntsendeG statt.

221 Vgl. www.zoll-stoppt-schwarzarbeit.de
222 Dazu Schneider, Arbeitsmarkt im Schatten, S. 11.

3. Dauerhafte Strukturveränderungen

Das neue Phänomen aufgrund der strukturellen Veränderungen in den Wirtschaftsbedingungen durch die drohende Notwendigkeit von Standortverlagerungen und den drohenden Wettbewerb mit Konkurrenten, die eine günstigere Personalkostenstruktur haben, ist, dass pausenlos, selbst bei einer allgemeinen Verbesserung der Konjunktur, ein regional und sektoral unterschiedlicher Personalkostendruck besteht. Die veränderten Wirtschaftsbedingungen der deutschen Wirtschaft in den letzten Jahren sind in ihrer Auswirkung nicht nur als Konjunktur-, sondern gleichzeitig als Strukturkrise einzuordnen, die den Arbeitsmarkt auf Dauer verändert haben. Seit Mitte der neunziger Jahre ist das Bild der Wirtschaft in Deutschland geprägt von hoher Wettbewerbsintensität, Überkapazitäten und Preisdumping. Deutschland befand sich in einer anhaltenden Phase niedriger gesamtwirtschaftlicher Zuwachsraten und seit Beginn des neuen Jahrhunderts sogar in einer Stagnationsphase, die erst seit Mitte des Jahres 2003 durch eine unterschiedlich verlaufende konjunkturelle Belebung abgelöst wurde. Eine ähnlich hartnäckige Phase der deutschen Volkswirtschaft war zuletzt zu Beginn der achtziger Jahre zu bemerken.[223]

Der jetzt zu beobachtende Aufschwung hat aber, wie die letzten drei vorangegangenen Aufschwünge, eine Besonderheit. Was sich in den Konjunkturverläufen der Nachkriegszeit nicht zeigte, ist, dass sich trotz der verbesserten gesamtwirtschaftlichen Entwicklung die Lage auf dem Arbeitsmarkt verschlechtert hatte.[224] Es ist leider, wie auch jetzt wieder, zu beobachten, dass die Arbeitslosigkeit in jeder der vergangenen Rezessionen angestiegen ist, sich aber in den anschließenden guten Jahren der deutschen Wirtschaft nicht nennenswert zurückgebildet hat. Folge ist, dass die Volkswirtschaft in die nächste Rezession mit einem höheren Sockel an Arbeitslosigkeit eintritt. Die Arbeitslosigkeit steigt schubweise an, dies gilt unabhängig von der ostdeutschen Beschäftigungsproblematik.[225] Die o. g. strukturell veränderten Wirtschaftsbedingungen führten und führen trotz einer verbesserten Konjunktur weiterhin zu betriebswirtschaftlichen Krisen in den Unternehmen mit bis zu jährlich fast 40.000 Unternehmensinsolvenzen[226], an die

223 So der Sachverständigenrat zur Begutachtung der gesamtwirtschaftlichen Entwicklung in seinem 41. Jahresgutachten 2004/2005 Ziffer 11.

224 So der Sachverständigenrat zur Begutachtung der gesamtwirtschaftlichen Entwicklung in seinem 41. Jahresgutachten 2004/2005 Ziffer 14.

225 So der Sachverständigenrat zur Begutachtung der gesamtwirtschaftlichen Entwicklung in seinem 39. Jahresgutachten 2002/2003 Ziffer 423 und in seinem 42. Jahresgutachten 2005/2006 Ziffer 2 und 183.

226 Quelle: Statistiken des Statistischen Bundesamts: 2002: 37 620; 2003: 39 470; 2004: 39 270; erste Halbjahr 2005 geschätzt 18 700 Unternehmensinsolvenzen. Zu den Un-

400.000 Unternehmensliquidationen[227] und erfordern Investitionszurückhaltung und die Anpassung von Betriebsgröße, Beschäftigtenzahl und Kostenstruktur. So stieg beispielsweise in der Bauwirtschaft nach Angaben des Hauptverbandes der deutschen Bauindustrie e.V. seit 1995 die Zahl der Kleinbetriebe mit weniger als 20 Beschäftigten deutlich an. Im Jahr 2003 machten diese bereits 88,7 % im Vergleich mit 1995 mit 77,5 % aus. Die Zahl der Betriebe mit 20 bis 49 Beschäftigten sank im Vergleich zu 1995 um 6,8%.

Der durch Unternehmensinsolvenzen der Abteilung Wirtschafts- und Konjunkturforschung der Wirtschaftsauskunftei Creditreform geschätzte Gesamtarbeitsplatzverlust betrug: 2002: 590.000; 2003: 613.000; 2004: 605.000 und erstes Halbjahr 2005: 269.000 Arbeitnehmer.

Zur weiteren Bestimmung der tendenziellen Entwicklung insolvenzbedingter Arbeitsplatzverluste kann die Zahl der Anträge auf Insolvenzgeld dienen. Insolvenzgeld wird beantragt, wenn ein Insolvenzantrag bei Gericht eingereicht wurde und der Lohn bzw. das Gehalt nicht mehr für die letzten drei Monate bis zur Insolvenzeröffnung ausgezahlt wurde. In den ersten beiden Monaten 2005 wurden insgesamt 79.030 Anträge gestellt. Das deutet auf eine hochgeschätzte Zahl von ca. 480.000 bedrohten Arbeitsplätzen hin.[228]

Folgende Übersicht zeigt noch einmal sehr anschaulich, dass die Arbeitslosenquote[229] in Deutschland in den letzten Jahren nicht mehr gesunken ist.

---

ternehmensinsolvenzen zählen auch die freien Berufe, Einzelunternehmen und Kleingewerbetreibende.

227 Quelle: Institut für Mittelstandsforschung Bonn: 2000: 394.300; 2003: 393.800; 2004: 416.200 Unternehmensliquidationen.

228 Quelle: Halbjahresbericht 2005 der Abteilung Wirtschafts- und Konjunkturforschung der Wirtschaftsauskunftei Creditreform.

229 Strittig ist, inwieweit die internationale Arbeitsteilung/ Globalisierung/ Standortwettbewerb zur Arbeitslosenstatistik beigetragen haben. Es reicht nicht aus zu untersuchen, ob sich in Unternehmen, die eine grenzüberschreitende Investition getätigt haben, die Anzahl der Arbeitsplätze erhöht oder verringert hat. Vielmehr wäre zu quantifizieren, wie sich die Beschäftigtensituation in denselben Unternehmen entwickelt hätte, wenn diese Direktinvestition im Ausland nicht erfolgt wäre. Im sog. worst case wäre das eine oder andere Unternehmen ansonsten insolvent geworden. Die methodische Schwierigkeit liegt somit darin, die verschiedenen hypothetischen Situationen zu modellieren und mit der tatsächlichen Situation zu vergleichen. Auf der Grundlage eines umfragebasierten Datensatzes für die Jahre 1990 bis 2001, der 660 deutsche und österreichische Unternehmen umfasst und mit 2 200 Investitionsprojekten wertmäßig rund 80 % aller Auslandsinvestitionen in die neuen EU-Mitgliedsländer sowie der Russischen Föderation und der Ukraine abdeckt, kommt eine Studie der Deutschen Bundesbank zu dem Resultat, dass damit ein vergleichsweise geringer Verlust an Arbeitsplätzen verbunden war. Eine zweite, aktuelle Studie mit Blick auf deutsche Direktinvestitionen kommt zu einem weniger positiven Befund. Schätzungen der Arbeitsnachfrage der deutschen Mutterunternehmen deuten darauf hin, dass Lohnstei-

Die Arbeitslosenquote in Deutschland[230]

	2001	2002	2003	2004
Bundesagentur für Arbeit	9,4	9,8	10,5	10,5
Quote der off. und verd.	12,9	13,4	13,8	13,8
EU-standard. Quote	7,8	8,7	9,6	9,8

Zu den verdeckt Arbeitslosen zählen zum einen subventioniert Beschäftigte und zum anderen Teilnehmer an sonstigen arbeitsmarktpolitischen Maßnahmen wie etwa zur Weiterbildung oder zur Vorwegnahme des Ruhestands, wenn die betreffenden Personen durch die Teilnahme nicht mehr als arbeitslos registriert werden.

In 2005 ist die Zahl der registrierten Arbeitslosen durch die sich aus der Einführung des Arbeitslosengelds II ergebenden Sondereffekte beeinflusst worden. Es sind bisher nicht als arbeitslos registrierte, aber erwerbsfähige Bezieher der Sozialhilfe hinzugerechnet worden. Die registrierte Arbeitslosigkeit ist auch dadurch gestiegen, dass Personen, die im Rahmen der vorruhestandsähnlichen Regelung des § 428 SGB III Arbeitslosenhilfe bezogen haben, ohne als arbeitslos zu gelten, sich aufgrund des völligen Wegfalls der Leistung wieder als arbeitssuchend melden. Für 2005 war eine Prognose darum unsicher. Vom Sachverständigenrat zur Begutachtung der gesamtwirtschaftlichen Entwicklung wurde sie in seinem 41. Jahresgutachten 2004/2005 ebenfalls auf 10,5 %, für die Quote der offenen und verdeckten Arbeitslosigkeit allerdings nur noch auf 13,4 % geschätzt.[231] In seinem 42. Jahresgutachten 2005/2006[232] kommt der Sachverständigenrat jetzt für die registrierte Arbeitslosigkeit auf 11,8 % und für 2006 auf 11,6 %. Trotz gewisser Anzeichen einer Entspannung zeigt sich der Arbeitsmarkt in Deutschland nach wie vor in schlechter Verfassung.

---

gerungen im Inland zu einer Beschäftigungserhöhung in den Auslandsunternehmen führen, Becker/Ekholm/Jäckle/Muendler, Location Choice and Employment Decisions od German Multinationals, Working Paper, zitiert nach Sachverständigenrat zur Begutachtung der gesamtwirtschaftlichen Entwicklung in seinem 41. Jahresgutachten 2005/2006 Ziffer 205.

230 Quelle: Sachverständigenrat zur Begutachtung der gesamtwirtschaftlichen Entwicklung in seinem 41. Jahresgutachten 2004/2005 Tabelle 30.

231 Sachverständigenrat zur Begutachtung der gesamtwirtschaftlichen Entwicklung in seinem 41. Jahresgutachten 2004/2005 Ziffer 450.

232 So der Sachverständigenrat zur Begutachtung der gesamtwirtschaftlichen Entwicklung in seinem 42. Jahresgutachten 2005/2006 Ziffer 27.

Die dauerhafte Veränderung der wirtschaftlichen und damit auch der arbeitsrechtlichen Bedingungen wird besonders deutlich an der Entwicklung der Löhne, der Arbeitszeit und der Beschäftigungsform. Die Entwicklung der Löhne als wesentlichster Betriebskostenfaktor passte sich den wirtschaftlichen Veränderungen an. Die Tarifauseinandersetzungen werden grundsätzlich vor allem durch die Entwicklung der Preise und der Arbeitsproduktivität geprägt. Die Summe beider Parameter bildet den sog. neutralen Verteilungsspielraum, dessen Ausschöpfung durch entsprechende gewerkschaftliche Tarifforderungen die Gewähr dafür bietet, dass die Beschäftigten an der allgemeinen Wirtschaftsentwicklung gleichgewichtig partizipieren können. Dieser neutrale Verteilungsspielraum hat sich in Deutschland seit 2001 um den Faktor 2,0 in 2002, um den Faktor 1,8 in 2003, um den Faktor 1,9 in 2004, um den Faktor 2,8 und in 2005 um den prognostizierten Faktor 1,4 erhöht.[233] Effektiv konnte er aber in diesen Jahren nie durch eine Steigerung der Nominallöhne voll ausgenutzt werden. Der Ausschöpfungsgrad, also der Saldo aus Nominallohnentwicklung und neutralem Verteilungsspielraum, blieb in 2001 bis 2003 um jeweils 0,3 %, in 2004 sogar um 2,7 % zurück.[234] Auf die wirtschaftlichen Veränderungen reagierte man erkennbar mit geringen Lohnzuwachsraten. Das zeigt auch die folgende Übersicht durch einen Vergleich der Entwicklung der Tariflöhne, Effektivlöhne, Arbeitnehmerentgelte und der Lohnstückkosten.

Tariflöhne, Effektivlöhne, Arbeitnehmerentgelt, Lohnstückkosten

	2001	2002	2003	2004
1. Tariflohn auf Stunden-basis (%)	1,9	2,7	1,9	1,3
2. Bruttolöhne und Gehälter je Arbeitsstunde (%)	2,7	2,1	1,2	0,2
3. Lohndrift (1. minus 2.)	+ 0,8	- 0,6	- 0,7	- 1,1
4. Arbeitnehmerentgelt je Arbeitnehmerstunde (%)	2,5	2,1	1,6	0,2
5. Arbeitsproduktivität je Erwerbstätigenstunde (5)	1,4	1,5	0,7	1,1
6. Lohnstückkosten (4. minus 5.)	1,1	0,6	0,9	- 0,9

Quelle: Deutsche Bundesbank (2005); Statistisches Bundesamt (2005)

233 Quelle: Europäische Kommission, Statistischer Anhang der Frühjahrsprognose 2005 zur Europäischen Wirtschaft (europa.eu.int/com/economy finance/publications/euro pean economy/2005/ee205en.pdf).

234 Quelle: Europäische Kommission, Statistischer Anhang der Frühjahrsprognose 2005 zur Europäischen Wirtschaft (europa.eu.int/com/economy finance/publications/euro pean economy/2005/ee205en.pdf).

Die Lohndrift, also das Unterbieten der Tariflöhne, und die Abnahme der Lohnstückkosten zeigen neben der oben begründeten Bescheidenheit bei der Nutzung der jährlichen Verteilungsspielräume den Beitrag der Arbeitnehmer durch Lohnenthaltung in Deutschland zur Stärkung der deutschen Wirtschaft. Auch für die jüngste Vergangenheit kann der Tariflohnpolitik ein beschäftigungsfreundlicher Kurs bescheinigt werden. Im Jahr 2005 stiegen die nominalen tariflichen Stundenlöhne aufgrund neu abgeschlossener Tarifverträge und der in den früheren Tarifverträgen für das Jahr 2005 vereinbarten Tariferhöhungen gesamtwirtschaftlich betrachtet um 1,2 % gegenüber einem Verteilungsspielraum für das Jahr 2005 in Höhe von aufgerundet 1,8 %.[235] Damit haben die Tarifvertragsparteien auch in 2005 den Verteilungsspielraum nicht ausgeschöpft.[236]

Diese Bereitschaft der Arbeitnehmer, auf die wirtschaftlichen Veränderungen der letzten Jahre Rücksicht zu nehmen, zeigt sich auch in der Entwicklung der tariflichen und der effektiven Arbeitszeit in Deutschland. Seit der endgültigen Umsetzung der 35-Stunden-Woche in der westdeutschen Metallindustrie im Jahre 1995 ist das Thema Arbeitszeitverkürzung aus den Tarifauseinandersetzungen verschwunden. Die tarifvertraglich vereinbarten Wochenarbeitszeiten liegen seither weitgehend konstant bei durchschnittlich 37,4 Stunden in Westdeutschland und 39 Stunden in Ostdeutschland. Die Spannbreite der tariflichen Wochenarbeitszeiten variiert dabei zwischen 35 und 40 Stunden im Westen und 37 und 40 Stunden im Osten.[237] Demgegenüber haben allerdings die effektiven Arbeitszeiten seit Mitte der 90er Jahre wieder deutlich zugenommen und liegen gegenwärtig bei Vollzeitbeschäftigten im Durchschnitt bei knapp 40 Stunden.[238] Nach Berechnungen des Instituts für Arbeitsmarkt- und Berufsforschung (IAB), Nürnberg, vom Mai 2004[239] hat zwischen den Jahren 1992 und 2003 die tarifliche Arbeitszeit um - 2,0 % abgenommen, während der Rückgang der tatsächlichen Arbeitszeit nur - 0,2 % betrug. Im Einzelfall finden sich regionale und unter den

---

235 So der Sachverständigenrat zur Begutachtung der gesamtwirtschaftlichen Entwicklung in seinem 42. Jahresgutachten 2005/2006 Ziffer 266.

236 Im europäischen Vergleich blieben die Nominallöhne in Deutschland aber trotz ihres beschäftigungsfreundlichen Kurses vergleichsweise hoch: Beispielsweise im Industrie- und Dienstleistungssektor betrug der durchschnittliche Bruttojahresverdienst 2003 – wie bereits oben erwähnt – nach Angaben von Eurostat in Deutschland 40.375 Euro und in Polen beispielsweise 6.434 Euro, aber in den Niederlanden 36.600, in Frankreich 28.068, in Italien 21.494 und in Spanien 19.220 Euro.

237 Lehndorff, Zurück zur 40-Stunden-Woche? – Wirksamkeit und Krise der tariflichen Arbeitszeitregulierung, WSI-Mitteilungen, 2004, 306-312.

238 Lehndorff, Zurück zur 40-Stunden-Woche? – Wirksamkeit und Krise der tariflichen Arbeitszeitregulierung, WSI-Mitteilungen, 2004, 306-312.

239 S. Sachverständigenrat zur Begutachtung der gesamtwirtschaftlichen Entwicklung in seinem 41. Jahresgutachten 2004/2005 Kasten 14.

Wirtschaftszweigen sektorale Unterschiede. Und wachsende Teile bisher vergüteter Arbeitszeit werden weder durch Geld noch durch entsprechenden Freizeitausgleich abgegolten. Unbezahlte Mehrarbeit findet in gut jedem fünften Betrieb statt.[240] Das durchschnittliche Volumen der nicht abgegoltenen Überstunden wird je Beschäftigten auf 0,9 Stunden pro Woche beziffert. In jedem dritten Betrieb mit Arbeitszeitkonten verfallen Teile der angesammelten Zeitguthaben.[241]

Es zeigt sich auch ein Wandel der Beschäftigungsformen. Dazu die folgende Statistik zur Entwicklung der Erwerbsfähigkeit nach Stellung im Beruf sowie nach Art des Arbeitsverhältnisses und der normalerweise geleisteten Arbeitszeit.

Entwicklung der Erwerbsfähigkeit nach Stellung im Beruf sowie nach Art des Arbeitsverhältnisses und der normalerweise geleisteten Arbeitszeit[242]

	Früheres Bundesgebiet						Neue Bundesländer					
	Männer			Frauen			Männer			Frauen		
	1985	**1991**	**2003**	**1985**	**1991**	**2003**	**1985**	**1991**	**2003**	**1985**	**1991**	**2003**
Ausgestaltung der abhängigen Beschäftigung (Anteilen in vH)												
Art der ausgeübten Tätigkeit												
Vollzeit	98,6	97,7	93,3	71,1	65,7	55,3		98,8	94,3		82,4	73,5
Teilzeit	1,4	2,3	6,1	28,7	34,3	44,7		1,2	5,7		17,5	26,6
Normale Arbeitszeit												
Mehr als 31 Stunden	98,6	97,6	93,1	71,6	65,9	54,1		98,9	94,1		85,3	72,8
Bis 31 Stunden	1,4	2,4	6,9	28,4	34,1	45,9		84,6	75,5		73,3	59,6

Das Konzept des Normalarbeitsverhältnisses war charakteristisch für die Arbeitsbedingungen in den Nachkriegsjahrzehnten. Darunter wird im engeren Sinn eine unbefristet und abgesehen vom Beamtenverhältnis typischerweise sozialversicherungspflichtige Vollzeitbeschäftigung verstanden. Ihm zuzurechnen sind die Arbeitnehmer mit einer im Regelfall geleisteten Arbeitszeit von mehr als 31 Stunden. Bezogen auf alle abhängig Beschäftigten sind ihre Anteile recht ähnlich.

Befristete, geringfügige oder in Leiharbeit angesiedelte Beschäftigungsverhältnisse gelten als atypische Formen abhängiger Beschäftigung. Zwar ist in Deutschland das Beschäftigungsverhältnis bei einem Verleihunternehmen regelmäßig eine unbefristete, sozialversicherungspflichtige Vollzeittätigkeit und somit gemäß der Definition ein Normalarbeitsverhältnis, doch angesichts der empirisch

240 Seifert, Vom Gleitzeit- zum Langzeitkonto, WSI-Mitteilungen, 2005, 308-313.
241 Seifert, Vom Gleitzeit- zum Langzeitkonto, WSI-Mitteilungen, 2005, 308-313.
242 Quelle: Sachverständigenrat zur Begutachtung der gesamtwirtschaftlichen Entwicklung in seinem 41. Jahresgutachten 2004/2005 Tabelle 33

beobachteten kurzen Dauer von Beschäftigungsverhältnissen in der Leiharbeitnehmerbranche wäre eine derartige Zuordnung nicht sachgerecht.

Die Statistik zeigt, dass zwischen den Jahren 1991 und 2003 der Anteil der Normalarbeitsverhältnisse im engeren Sinn in beiden Gebietsständen deutlich von etwa drei Vierteln auf rund zwei Drittel zurückging. Diese abnehmende Bedeutung von Normalarbeitsverhältnissen kann als Ausweichreaktion auf die Unberechenbarkeit der wirtschaftlichen Veränderungen aus dem System der sozialen Sicherung und der arbeitsrechtlichen Regelungen bei Normalarbeitsverhältnissen gedeutet werden. Der Strukturwandel hin zu einer Dienstleistungsgesellschaft, in der die Unternehmen im Mittel kleinere Größen aufweisen, die flexiblere Beschäftigungsformen bevorzugen, wird diesen Prozess begünstigt haben.[243] Die Entwicklung geht dahin, dass der Kernbereich der Beschäftigungsverhältnisse, der durch umfangreiche Arbeitnehmerrechte, einen hohen Grad der sozialen Absicherung und im Allgemeinen eine bessere Vergütung gekennzeichnet ist, geringer wird und ein Randbereich, in dem diese Merkmale weniger ausgestaltet sind, von den Arbeitgebern als Flexibilisierungschance genutzt und von den Arbeitnehmern akzeptiert werden.

Eine Berechnung des Statistischen Bundesamts über die Veränderungen in der Erwerbstätigkeit gegenüber dem Jahr 2000[244] bestätigt diesen Trend: Um 25 % (für 2006 um geschätzte 30 %) haben die geringfügig Beschäftigten zugenommen. Um 11 % (für 2006 um geschätzte 13 %) haben die Teilzeitbeschäftigten zugenommen. Um 8 % (für 2006 um geschätzte 10 %) haben die Vollzeitbeschäftigten abgenommen. Insgesamt zeigt sich, dass der Arbeitsmarkt dort, wo er trotz der allgemeinen Verbesserung der Konjunktur auf die strukturellen Veränderungen der Wirtschaftsbedingungen reagieren muss, weil es den Unternehmen nicht gelingt, neue Märkte zu erschließen und alternative Arbeitsplätze zu schaffen, aufgrund der Marktgegebenheiten zu Entlassungen, Lohnanpassungen und höherer Flexibilität in der Art der Beschäftigung gezwungen ist, dass Belegschaften und Betriebsräte mit einem rigiden Kostenmanagement konfrontiert werden.

4. Zwischenergebnis

Kennzeichnend für die heutigen wirtschaftlichen Bedingungen ist ein dauerhafter Wettbewerbs- und damit einhergehender Personalkostendruck. In den letzten Jahren standen Entlassungen und der Personalabbau bedingt durch Personalkos-

243 So auch der Sachverständigenrat zur Begutachtung der gesamtwirtschaftlichen Entwicklung in seinem 41. Jahresgutachten 2004/2005 Kasten 13.

244 Spiegel, Heft 52/2005, S. 73.

tendruck, Standortver- und zusammenlegungen und sogar Stilllegungen oder alternativ Outsourcing auch in Zeiten der Konjunkturerholung im Brennpunkt unternehmerischer Entscheidungen. Es gibt keine Zeiten mehr und wird es auch in absehbarer Zukunft nicht mehr geben, in denen der Personalkostendruck im Allgemeinen nachlassen wird. Ausgenommen sind nur wenige Betriebe, die nicht oder noch nicht so stark dem Wettbewerb ausgesetzt sind. Denn die Regionen und Branchen sind vom Wettbewerb unterschiedlich betroffen, es gibt in derselben Branche Regionen mit hoher und geringerer Arbeitslosigkeit. Die Nachfrage verlagert sich auf andere Qualitäten, einigen Branchen gelingen Prozessinnovationen, eine Reihe von Unternehmen sind bei Produktinnovationen erfolgreich, andere führen rechtzeitig Organisationsneuerungen durch. Branchen und Betriebe der Branchen haben unterschiedliche Produktivitätsentwicklungen. Die Regelung der Arbeitsverhältnisse muss diesem differenzierten Bild entsprechen und diesen Bewegungen folgen.[245] Kurzfristige, marktgerechte und maßgeschneiderte betriebliche Anpassungen sind in allen Wirtschaftsbereichen notwendig geworden.

B. Die Starrheit der Flächentarifverträge

Ein starres System der Flächentarifverträge, das allen tarifgebundenen Betrieben innerhalb eines Verbandes dieselben Bedingungen diktiert, gleichgültig ob es Konzerne sind oder Kleinstbetriebe, ob sie in einer Großstadt liegen oder auf dem Land, ob sie ertragsstark sind oder nahe der Insolvenz, ob die Belegschaft motiviert und betriebswirtschaftlichen Eckpunkten aufgeschlossen ist oder nicht, lässt keinen hinreichenden Spielraum für betriebsspezifische Flexibilität und Differenzierung, die notwendig sind, um den oben dargestellten gewandelten wirtschaftlichen Bedingungen zu begegnen.

Die Tarifvertragsparteien sind gar nicht in der Lage, für jedes denkbare Problem auf Unternehmens-, Betriebs- oder Abteilungsebene eine maßgeschneiderte Lösung im Tarifvertrag vorzusehen, zumal für Deutschland Verbandstarifverträge mit großem Geltungsbereich typisch sind. Jeder Betrieb unterliegt gerade nicht ein und denselben Mindestbedingungen. Dieses in den 80er und frühen 90er Jahren erfolgreiche Instrument der Sozial- und Volkswirtschaftspolitik wird den neuen Herausforderungen allenfalls in dem Wettbewerb nicht so stark ausgesetzten Branchen noch gerecht und greift immer weniger in den Krisenbranchen und

245 Beispielhaft waren die hochsymbolischen Vereinbarungen bei Siemens und DaimlerChrysler für die Nutzung betrieblicher Bündnisse für Arbeit zur Verbesserung von Kostenstruktur, Wettbewerbsfähigkeit und Rendite auch bei profitablen Unternehmen.

Krisenregionen und in durch individuelle Fehlentscheidungen ausgelösten Krisen. Die durch den Flächentarifvertrag vermittelte Gleichstellung der beteiligten Arbeitgeber und damit ihre kartellähnliche Wirkung stand schon immer in einem Spannungsverhältnis zu den konkreten markt- und betriebswirtschaftlichen Bedingungen auf betrieblicher Ebene. Dieses Spannungsverhältnis hat sich durch die gewandelten wirtschaftlichen Bedingungen vergrößert und in Einzelfällen sogar verschärft.

Dem regional und sektoral unterschiedlichen Anpassungsdruck auf die Arbeitnehmer kann man nur einzelfallorientiert/betriebsnah/dezentral/maßgeschneidert standhalten, indem vor Ort nicht nur eine Innovationen gegenüber aufgeschlossene Belegschaft gefördert und die Produktivität laufend technologisch gesteigert wird, sondern zielgenau und schnellstmöglich an den bestehenden Wettbewerb die Lohnkosten angepasst, der Arbeitseinsatz volumenorientiert flexibilisiert und die Belegschaft ständig qualifiziert wird. Der Flächentarifvertrag allein kann dies nicht leisten.

C. Die Probleme des Personalabbaus

Entsteht Personalkostendruck für einen Betrieb, dann ist die klassische Lösung der Personalabbau. Zur Personalkostenanpassung wird mit Entlassungen, Standortver- und zusammenlegungen und sogar Stilllegungen oder alternativ Outsourcing reagiert. Dazu ist festzuhalten, dass der von der Unternehmensleitung damit verbundene betriebsbedingte Personalabbau grundsätzlich durchsetzbar ist. Denn die unternehmerische Entscheidung des Arbeitgebers für den Personalabbau ist gerichtlich nur auf Willkür hin zu überprüfen. Der Arbeitgeber ist auf Grund seiner Berufsfreiheit nach Art. 12 Abs. 1 GG grundsätzlich bis an die Grenze der Willkür berechtigt, seine betrieblichen Aktivitäten einzuschränken. Hierzu gehört zweifellos genauso das Recht, sein Unternehmen aufzugeben bzw. die Festlegung, an welchem Standort oder von welchem Vertragspartner welche arbeitstechnischen Zwecke verfolgt werden.[246] Durch die Rechtsprechung ist anerkannt, dass selbst ein blühender Betrieb, z.B. wegen Krankheit, Alter oder Unlust, sich nicht länger am Markt geschäftlich zu betätigen, stillgelegt werden kann. Erst die Umsetzung der vom Unternehmen geplanten Maßnahmen, insbe-

246 BGH DB 2002, 2276; Ehlers, Personalabbau in schwierigen Zeiten. Ein Plädoyer für einen Beschäftigungspakt und die Mediation, NJW 2003, 2337ff. Jüngst hat das LAG Baden-Württemberg, NZA-RR 2005, 195, entschieden, dass der Entschluss zu einer möglichen "Standortflucht" noch nicht die Rechte des Betriebsrats auslöst. Voraussetzung ist der Einstieg in die Umsetzung.

sondere wenn sie mit einem Personalabbau verbunden sind, berührt das Arbeitsrecht.

Der klassische Personalabbau hat unterschiedliche rechtliche Rahmenbedingungen je nachdem, ob es sich um Kleinbetriebe oder Betriebe mit oder ohne Betriebsrat handelt. Auf die Gesamtthematik insbesondere auf Streitfragen des Kündigungsschutzes wird im Zusammenhang mit dieser Arbeit nur insoweit eingegangen, dass deutlich werden soll, inwieweit der Umgang mit diesen rechtlichen Rahmenbedingungen des Personalabbaus rechtlich und tatsächlich problematisch ist. Auch soll der durch das Kündigungsrecht gewährleistete ausdifferenzierte Schutz der Arbeitnehmer nicht in Frage gestellt werden. Es soll lediglich gezeigt werden, dass nur der Personalkostenabbau durch ein betriebliches Bündnis für Arbeit der gewandelten Wirtschaftsstruktur mit dem kennzeichnenden Personalkostendruck gerecht wird, da die klassische Lösung des Personalabbaus zur schlichten Kostenreduzierung aufgrund der großen Problembelastung nicht interessengerecht ist. Es geht um die Begründung des Strategiewechsels zu "anders, i. d. R. billiger, länger und flexibler beschäftigen, statt entlassen".

1. Das Risiko von Kündigungsschutzklagen

Beim Personalabbau durch Kündigungen hat der Arbeitgeber das Risiko von zeit- und kostenaufwendigen Kündigungsschutzprozessen zu tragen. Er trägt das Risiko der rechtsfehlerhaften Kündigung, insbesondere bezüglich der richtigen Auswahl des zu kündigenden Personals. Er muss diesbezüglich unterschiedlichen Anforderungen genügen.

Am geringsten ist der Konfliktstoff noch im sog. Kleinbetrieb (§ 23 Abs.1 KSchG[247]). Unter Beachtung der Kündigungsfristen einschließlich der Zugangsproblematik des Kündigungsschreibens, eines besonderen Kündigungsschutzes beispielsweise bei Schwangerschaft oder wegen Schwerbehinderung und der Schriftform ist eine Entlassung möglich.

Die Auswahl unterliegt nur den Schranken der §§ 242, 138 BGB. Treu und Glauben bilden allen Rechten, Rechtslagen und Rechtsnormen eine entsprechende inhaltliche Begrenzung.[248] Die zivilrechtlichen Generalklauseln gewährleisten den durch Art. 12 Abs. 1 GG gebotenen Mindestschutz der Arbeitnehmer auf Erhalt ihres Arbeitsplatzes.[249] Es gehört zum Minimum einer sozialstaatlich ausgestalteten Berufsfreiheit der Arbeitnehmer, willkürliche und grundlose Kündigun-

247 Zur Beweislast für das Tatbestandsmerkmal "Kleinbetrieb" BAG AuR 2005, 418f.
248 BAG DB 1994, 2190.
249 BVerfGE 97, 169 (175).

gen auszuschließen.[250] Die grundsätzlich bestehende Kündigungsfreiheit des Arbeitgebers wird darum inhaltlich durch die Frage begrenzt, ob einem verständigen Arbeitgeber eine Rücksichtnahme i. S. v. § 241 Abs. 2 BGB in der Weise zuzumuten ist, dass er eine Kündigung des Arbeitsverhältnisses unterlässt. Eine Auswahlentscheidung muss sich wenigstens auf Erwägungen stützen, die erkennen lassen, dass die Belange des Arbeitnehmers nicht völlig unberücksichtigt geblieben sind.

Das BVerfG[251] hebt vier Punkte hervor, die den Mindestschutz ausmachen: Es muss Schutz vor willkürlichen oder auf sachfremden Motiven beruhenden Kündigungen bestehen. Bei einer unter mehreren Arbeitnehmern erforderlichen Auswahl ist ein gewisses Maß an sozialer Rücksichtnahme erforderlich. Ein durch langjährige Mitarbeit verdientes Vertrauen in den Fortbestand des Arbeitsplatzes ist zu berücksichtigen. Eine abgestufte Darlegungs- und Beweislast im Prozessrecht muss gewährleistet sein. Zwar darf nach Ansicht des Gerichts der verfassungsrechtliche Mindestkündigungsschutz nicht dazu führen, dass dem Arbeitgeber im Kleinstbetrieb praktisch die im Kündigungsschutzgesetz vorgegebenen Maßstäbe der Sozialwidrigkeit auferlegt werden. Die Anforderungen an die Auswahlentscheidung müssen geringer als die des Kündigungsschutzes sein.

Unter Berücksichtigung der neuesten Rechtsprechung des Bundesarbeitsgerichts[252] gelten nunmehr folgende Vorgaben für die Auswahlentscheidung in Kleinstbetrieben: Die Auswahlentscheidung bezieht sich immer auf vergleichbare Arbeitnehmer. Vergleichbar sollen danach Arbeitnehmer sein, die austauschbar sind. Dies richtet sich in erster Linie nach arbeitsplatzbezogenen Merkmalen und damit nach der ausgeübten Tätigkeit. Die Kündigung soll erst dann rechtswidrig sein, wenn die sozialen Belange der Arbeitnehmer völlig unberücksichtigt bleiben. Es muss evident sein, dass der Arbeitgeber einen erheblich weniger schutzbedürftigen vergleichbaren Arbeitnehmer als den gekündigten weiter beschäftigt. Das Vorliegen einer evident höheren Schutzbedürftigkeit bedeutet allerdings noch nicht automatisch die Rechtswidrigkeit der Kündigung. In einem weiteren Schritt ist zu prüfen, ob betriebliche Interessen es rechtfertigen, die sozialen Belange des betroffenen Arbeitnehmers unberücksichtigt sein zu lassen. Damit kann der Arbeitgeber seiner Auswahlentscheidung in stärkerem Maße wirtschaftliche und persönliche Gründe zugrunde legen, als dies im Rahmen des Kündigungsschutzgesetzes möglich wäre. Hinzu kommt, dass im Kleinstbetrieb dem Arbeitnehmer die sog. Darlegungs- und Beweislast für die Treuewidrigkeit der Kündi-

---

250 GK-Etzel, § 1 KSchG, Rn. 19; Stein, Mindestkündigungsschutz außerhalb des KSchG – Praktische Fragen der Darlegungs- und Beweislast, DB 2005, 1218ff. m.w.N.

251 BVerfGE 97, 169 (175).

252 BAG RdA 2002, 99.

gung obliegt. Insgesamt bleibt jedoch festzuhalten, dass auch im Kleinstbetrieb Rechtsunsicherheiten aufgrund der dargestellten Anforderungen bestehen.

Rechtsunsicherheiten werden zusätzlich dadurch begründet, dass der Arbeitgeber seit der Erhöhung des Schwellenwertes auf mehr als 10 Arbeitnehmer (§ 23 KSchG) nach Neueinstellungen oft eine gespaltene kündigungsrechtliche Situation zu beachten hat. Die neu eingestellten Arbeitnehmer unterliegen einem lifo-Verfahren (last in, first out), wenn die alten Arbeitnehmer nach altem Recht aufgrund des Bestandsschutzes für am 31. Dezember 2003 beschäftigte Arbeitnehmer Kündigungsschutz nach dem KSchG genossen hatten. Erst wenn der Schwellenwert von 10,25 überschritten wird, muss eine Sozialauswahl zwischen allen Arbeitnehmern stattfinden. Dieser Bestandsschutz geht auch dann verloren, wenn nach dem 31. Dezember 2003 die Zahl der Alt-Arbeitnehmer vorübergehend auf den alten Schwellenwert von 5,0 oder darunter gesunken war, weil ab dem Zeitpunkt nicht mehr als fünf Arbeitnehmer beschäftigt werden, deren Arbeitsverhältnis vor dem 1. Januar 2004 begonnen hatte.[253]

Im Fall eines Outsourcing, das einen Betriebsübergang i. S. d. § 613a BGB darstellt, [254] wären zusätzlich die Informationspflichten des § 613a Abs. 5 BGB zu beachten. Nach § 613a Abs. 6 BGB hat der vom Übergang seines Arbeitsverhältnisses betroffene Arbeitnehmer ein Widerspruchsrecht gegen eine Übernahme seines Arbeitsverhältnisses durch den Übernehmer. Um dieses Widerspruchs-

---

253 Außerdem ist § 147a SGB III zu beachten. Gerade in der jüngeren Vergangenheit haben viele Unternehmen in Deutschland aufgrund der schlechten wirtschaftlichen Lage Arbeitsverhältnisse mit älteren Arbeitnehmern vorzeitig beendet. Das erschwert § 147a SGB III. Danach droht dem Arbeitgeber die Verpflichtung, der Bundesagentur vierteljährlich das gezahlte Arbeitslosengeld zuzüglich der Sozialversicherungsbeiträge für die Zeit nach der Vollendung des 58. Lebensjahres, längstens für 24 Monate, zu erstatten. Voraussetzung ist, dass der Arbeitnehmer innerhalb der letzten vier Jahre vor dem Tag der Arbeitslosigkeit mindestens 24 Monate in einem Versicherungspflichtverhältnis gestanden hat und die Beendigung des Arbeitsverhältnisses nach der Vollendung des 56. Lebensjahres vorgenommen wurde. Diese Vorschrift begegnet nicht verfassungsrechtlichen Bedenken, BVerfG DB 1990, 325.
Grundsätzlich hat der Arbeitgeber zusätzlich gem. § 2 Abs. 2 Ziff. 3 SGB III zu beachten und darauf hinzuweisen, dass sich der gekündigte Arbeitnehmer unverzüglich nach Kenntnis der Beendigung seines Arbeitsverhältnisses arbeitssuchend melden muss, die sog. Arbeitslosmeldung. Allerdings hat er nach gegenwärtiger Rechtsprechung bei Unterlassen des Hinweises nicht mit einem Schadensersatzanspruch des Arbeitnehmers zu rechnen, LAG Düsseldorf BB 2005, 888; BB 2005, 2196; LAG Schleswig-Holstein BB 2005, 2196

254 Darüber werden gerade im Fall des Outsourcing seit nunmehr 30 Jahren heftige Diskussionen und gerichtliche Auseinandersetzungen geführt. Nach der Rechtsprechung (EuGH NZA 1997, 433; BAG NZA 2002, 620) kommt es für das Vorliegen eines Betriebsübergangs im Fall des Outsourcing darauf an, ob eine auf Dauer angelegte, funktionsfähige wirtschaftliche Einheit unter Wahrung ihrer Identität übergeht.

recht sinnvoll ausüben zu können, hat der Gesetzgeber durch Absatz 5 den Arbeitgeber verpflichtet, die einzelnen betroffenen Arbeitnehmer in Textform zu unterrichten, wann, aus welchem Grund und mit welchen rechtlichen und wirtschaftlichen Folgen der Übergang ihrer Arbeitsverhältnisse stattfindet. Es wird Aufgabe der zukünftigen Rechtsprechung sein, zu klären, wie weit die Unterrichtungspflicht geht und ob die Ausschlussfrist für den Widerspruch auch bei inhaltlich fehlerhafter oder unvollständiger Unterrichtung zu laufen beginnt. Gegebenenfalls könnte noch nach Jahren widersprochen werden. Insgesamt ist festzustellen, dass auch der sog. kleine Unternehmer nicht ohne die Last rechtlicher Probleme seine Personalkapazitäten anpassen kann.

Auch in größeren Unternehmen ist der Konfliktstoff nur scheinbar gering. Für eine rechtsfehlerfreie Kündigung bei betriebsbedingten Kündigungen hat der Arbeitgeber insbesondere die soziale Rechtfertigung § 1 Abs. 2 KSchG und die soziale Auswahl § 1 Abs. 3 KSchG zu beachten.

Da eine Kündigung gem. § 1 Abs. 2 Satz 1 KSchG nur dann sozial gerechtfertigt ist, wenn dringende betriebliche Erfordernisse vorliegen, muss ein geplanter Personalabbau das Tatbestandsmerkmal der „Dringlichkeit“ erfüllen. Die Voraussetzung der „Dringlichkeit“ ist dann erfüllt, wenn es dem Unternehmen nicht möglich ist, die betriebliche Lage durch andere Maßnahmen auf technischem, organisatorischem oder wirtschaftlichem Gebiet als durch eine Kündigung zu bereinigen.[255] Typische Alternativlösungen lägen vor, wenn die geplante Stellenreduzierung durch andere zumutbare Maßnahmen, wie etwa Abbau von Überstunden und – soweit rechtlich durchführbar – Streichung von Gratifikationen und übertariflichen Zulagen, zu vermeiden wäre. Der Arbeitgeber hat auch zu prüfen, ob die geplante betriebswirtschaftliche Zielsetzung ersatzweise durch Einführung von Kurzarbeit, Arbeitsstreckung oder Produktion auf Halde ohne Personalabbau erreicht werden kann.[256] Diese Möglichkeiten machen es notwendig, das unternehmerische Konzept und insbesondere die Kündigung unter dem Grundsatz der Verhältnismäßigkeit[257] zu überprüfen. Dies bedeutet: Die Maßnahme muss geeignet sein, den erstrebten Zweck der Kostenentlastung bzw. der Gewinnsteigerung zu erreichen. Es muss das den Betroffenen am wenigsten belastende Mittel gewählt werden (ultima-ratio-Prinzip). Das mit der Maßnahme bezweckte Ziel muss im Verhältnis zu den von ihr ausgehenden Beeinträchtigungen stehen (Proportionalität). Dabei ist jedoch die Justiziabilität unternehmerischer Entscheidungen sehr eng auszulegen. Denn das gestaltende unternehmerische Konzept darf

255 BAG NJW 1998, 627 und jüngst 2003, 2117.
256 BAG DB 1964, 958.
257 BAG NZA 1999, 1157; NZA 1999, 1098; NZA 1999, 1095; DB 1990, 1773; Kittner /Zwanziger, Arbeitsrecht, Handbuch für die Praxis, § 92, Rn. 7ff.

nicht gefährdet werden. Es kann vom Arbeitgeber nicht verlangt werden, alternative Maßnahmen zu ergreifen, die zu einer dauerhaft höheren Kostenbelastung führen, zumal das Arbeitsgericht dafür naturgemäß keine Haftung übernehmen kann.[258]

Insbesondere in der sozialen Auswahl liegen jedoch die Unsicherheiten. Der Arbeitgeber muss vergleichbare Arbeitnehmergruppen bilden.[259] Eine Sozialauswahl muss bezogen auf alle Arbeitnehmer im Betrieb durchgeführt werden, soweit diese vergleichbare Tätigkeiten ausführen. Bereits dabei ist risikoträchtig, welche Arbeitnehmer in die Sozialauswahl einzubeziehen sind. Häufig machen Arbeitgeber den Fehler, die Sozialauswahl nur unter den Arbeitnehmern durchzuführen, die in einer bestimmten Abteilung oder in einem bestimmten Bereich arbeiten. Dabei ist zusätzlich abzuklären, inwieweit ein Arbeitgeber bei der Gruppenbildung oder wegen freier Arbeitsplätze betriebsübergreifend denken muss.

Dann sind bei der Sozialauswahl notwendig die vier Kriterien Alter, Betriebszugehörigkeit, Unterhaltspflichten und Schwerbehinderung zu berücksichtigen (§ 1 Abs. 3 Satz 1 KSchG). Sie stehen gleichrangig nebeneinander.[260] Ist eines dieser vier Kriterien nicht berücksichtigt, ist die Sozialauswahl fehlerhaft und sämtliche Kündigungen können unwirksam sein. Ist nur ein Arbeitnehmer von einer Kündigung verschont geblieben, obgleich er aufgrund gegebener Vergleichbarkeit und geringerer sozialer Schutzbedürftigkeit hätte gekündigt werden müssen, können sich alle Arbeitnehmer, die statt seiner eine Kündigung bekommen haben, hierauf berufen. Nach dem Gesetzeswortlaut können alle Gesichtspunkte, die die individuelle Betroffenheit eines Arbeitnehmers durch die Kündigung charakterisieren, neben den vorgenannten Kriterien berücksichtigt werden: beispielsweise Gesundheitszustand, Schwangerschaft und Stillzeiten, Eigenschaft als Alleinerziehender, Pflegebedarf bei Angehörigen oder Vermittelbarkeit auf dem Arbeitsmarkt. Diese zusätzlichen Kriterien dürfen aber nur sehr vorsichtig berücksichtigt werden, sie dürfen nicht die vier Hauptkriterien überlagern. Der Arbeitgeber trägt das Risiko, wenn die von ihm vorgenommene erweiterte Sozialsicht nicht akzeptiert wird und gekündigte Arbeitnehmer sich darauf berufen.[261] Es lässt sich allerdings nicht pauschal beantworten, welchem Indikator die größere Wertigkeit zukommt. Der Arbeitgeber hat insoweit einen „gewissen Bewertungsspielraum", der es ihm bei der Bewertung des Einzelfalls ermöglicht, in einem Fall dem einen Kriterium, in einem anderen Fall einem anderen Kriterium einen höheren Stellenwert einzuräumen.

---

258 BAG NZA 1995, 1157.

259 BAG NZA 1987, 755; 1985, 64; Kittner/Zwanziger, Arbeitsrecht, Handbuch für die Praxis, § 92, Rn. 32ff.

260 BAG EzA § 1 KSchG Soziale Auswahl Nr. 49.

261 ErfK-Ascheid, § 1 KSchG, Rn. 490.

So hatte ein Arbeitgeber die Entscheidung zwischen einem 37-jährigen zweifachen Familienvater und dessen 57-jährigen Kollegen zu treffen. Er entschied sich zugunsten des Familienvaters. Vom Arbeitsgericht Frankfurt (Az.:1 Ca 5048/02, nicht veröffentlicht) musste er sich dann sagen lassen, er habe eine fehlerhafte soziale Auswahl getroffen. Die geringeren Chancen des älteren Arbeitnehmers auf dem Arbeitsmarkt wogen nach Ansicht der Richter schwerer als die Unterhaltspflichten. Es ist aber nicht ausgeschlossen, dass ein anderes Gericht wegen der Unterhaltspflichten die soziale Schutzbedürftigkeit höher einschätzen würde.

Dabei ist diese Betrachtung sehr abstrakt. Unterhaltspflichten können auch bestehen, ohne dass tatsächlich geleistet wird, wie häufig gegenüber unterhaltsberechtigten getrennt lebenden oder geschiedenen Eltern. Die Rechtsprechung hat, soweit ersichtlich, noch nicht entschieden, worauf es hier ankommt. Fraglich ist auch, welche bekannten oder erfahrbaren Aspekte der Arbeitgeber berücksichtigen muss, beispielsweise nicht bekannte Unterhaltspflichten gegenüber nichtehelichen Kindern oder konkrete Möglichkeiten des Arbeitplatzwechsels.

§ 1 Abs. 3 Satz 1 KSchG verlangt erleichternd eine „ausreichende" Berücksichtigung sozialer Gesichtspunkte. Dem ist Genüge getan, wenn der Arbeitgeber die endgültige Auswahlentscheidung auf der Grundlage einer Punktetabelle trifft, die die vier o. a. Hauptsozialindikatoren angemessen und ausgewogen berücksichtigt. Die Zulassung von Punktetabellen bei Massenentlassungen steht nicht im Widerspruch zur Ablehnung von Tabellen bei Einzelkündigungen. Die Fülle der sozialen Daten kann bei Massenentlassungen anders als durch Punktetabellen gar nicht überschaubar ausgewertet werden. Deshalb sind vielfältige Punkteschemata möglich.[262] Allerdings haben solche Systeme nicht eine unwiderlegliche Vermutung der ausgeglichenen Berücksichtigung aller Interessen für sich. Der Arbeitgeber darf diese Punktetabellen nur auf die individuelle Belegschaft angepasst übertragen, um seiner Verpflichtung zur Bewertung einer sozialen Auswahl nachzukommen.

Außerdem hat der Arbeitgeber die Möglichkeit, nach § 1 Abs. 3 Satz 2 KSchG Leistungsträger überhaupt nicht in die Sozialauswahl einzubeziehen. Leistungsträger sind dann von der Sozialauswahl ausgenommen. Voraussetzung ist die Erforderlichkeit der Weiterbeschäftigung, weil beispielsweise die Umsetzung einer großen Anzahl von Arbeitnehmern innerhalb verschiedener Abteilungen des Betriebes den ordnungsgemäßen Betriebsablauf ernsthaft gefährden

262 Punkteschemata, die vor der Gesetzesänderung zum 1.1.2004 einer gerichtlichen Überprüfung standgehalten haben: BAG NZA 1990, 729; NZA 1996, 473.

kann[263] oder sich der Arbeitnehmer durch besondere Kenntnisse und Fähigkeiten auszeichnet.[264] Führen diese Faktoren zu einer Gefährdung eines geordneten Betriebsablaufs, hat der Arbeitgeber die Möglichkeit, dem nach sozialen Gesichtspunkten an sich privilegierten Arbeitnehmer zu kündigen. Es steht dem Arbeitgeber frei, ob er Gründe nach § 1 Abs. 3 Satz 2 KSchG gegenüber einer Sozialauswahl geltend machen will. Daher können sich Arbeitnehmer nicht auf diese Gründe berufen und die Herausnahme aus der Sozialauswahl verlangen.[265]

Nach der gleichen Vorschrift kann die Personalstruktur abweichend von der Sozialauswahl berücksichtigt werden. Dies gilt aber nur insoweit, als nur so eine vorhandene Struktur wie ein bestehender "Alters-Mix", "Geschlechter-Mix" oder "Mix" zwischen ausgebildeten und ungelernten Arbeitnehmern erhalten werden kann, beispielsweise weil die hohe Wertigkeit der Faktoren Betriebszugehörigkeit und Lebensalter nach dem Ausscheiden großer Teile der Belegschaft eine Vergreisung der Restbelegschaft bewirken würde.[266] Insgesamt bleibt festzuhalten, dass einem qualifizierten Fachanwalt die richtige soziale Auswahl vielleicht möglich sein wird, dass einem vom operativen Geschäft eingebundenem Arbeitgeber aber Fehler drohen.[267]

Bei Massenentlassungen hat der Arbeitgeber bei Entlassungen ab einer in § 17 KSchG abgebildeten Größenordnung außerdem die Problematik der Anzeigepflicht der beabsichtigten Entlassungen gegenüber der Agentur für Arbeit zu beachten. Entsprechend der Vorschrift muss vor Durchführung einer bestimmten, je nach Betriebsgröße unterschiedlichen Zahl von Entlassungen in einem Zeitraum von 30 Kalendertagen ein Anzeigeverfahren gegenüber der Agentur für Arbeit erfolgen.[268] Eine weitere Erschwernis hat jüngst der EuGH (Az.: C-188/03)[269] bei Massenentlassungen gebracht. Nach dem Bundesarbeitsgericht reichte es bisher aus, dass die nach § 17 KSchG notwendige Massenentlassungsanzeige bis zum Wirksamwerden der Kündigung geschah. Es konnte also bereits vorher die Kündigungsfrist in Gang gesetzt werden. Nach dem EuGH muss das Entlassungsvorhaben nun bereits vor Ausspruch der Kündigung angezeigt werden. Un-

263 Dörner/Luczak/Wildschütz, Arbeitsrecht in der anwaltlichen und gerichtlichen Praxis, D/ Rn. 1139.

264 Berkowsky, Die betriebsbedingte Kündigung, S. 88.

265 Ascheid/Preis/Schmidt, § 1 KSchG, Rn. 734.

266 Dörner/Luczak/Wildschütz, Arbeitsrecht in der anwaltlichen und gerichtlichen Praxis, D/ Rn. 1136; Röder/Krieger, (Mehr) Rechtssicherheit bei betriebsbedingten Kündigungen? – Der praktische Umgang mit Altersgruppen und Namensliste, DB 2005, 2578ff.

267 Der Gemeinschaftskommentar zum KSchG und zu sonstigen kündigungsschutzrechtlichen Vorschriften, 7. Aufl. 2004, umfasst 3.356 Seiten.

268 Opolony, Die anzeigepflichtige Entlassung nach § 17 KSchG, NZA 1999, 791.

269 NZA 2005, 213.

terbleibt die Anzeige oder ist diese unwirksam, wird das Arbeitsverhältnis durch die entsprechende Kündigung nicht aufgelöst.[270] Dadurch wird sich die Kündigungsabwicklung weiter verzögern. Dem ist der zweite Senat des Bundesarbeitsgerichts grundsätzlich gefolgt. Er hat im Entscheidungsfall die Regelung des § 17 KSchG richtlinienkonform ausgelegt. Danach muss nunmehr die Anzeige bei der Agentur für Arbeit rechtzeitig vor dem Ausspruch der Kündigung erfolgen. Ob eine nicht rechtzeitige Anzeige zur Unwirksamkeit der Kündigung führt oder auch weiterhin nur die Entlassung nicht vollzogen werden kann, hat der Senat dahinstehen lassen.[271]

In Betrieben mit Betriebsrat ist noch § 102 BtrVG zu beachten.[272] Aber auch in betriebsratslosen Betrieben sind womöglich Anhörungspflichten zu beachten. In neuerer Zeit hat sich in der Rechtsprechung eine Richtung entwickelt, die im Fall der Kündigung in einem betriebsratslosen Betrieb die Anhörung des Betroffenen für notwendig hält, weil das Korrektiv der Betriebsratsanhörung fehlt. Fehle diese Anhörung, werde – wie bei § 102 BetrVG – die Rechtsfolge der Unwirksamkeit der Kündigung ausgelöst.[273] Diese Rechtsfortbildung ergäbe sich aus der Fürsorgepflicht des Arbeitgebers, dem Gebot von Treu und Glauben nach § 242 BGB, die Art. 1, 2 Abs. 1 und 12 GG sowie dem das Arbeitsrecht beherrschenden Verhältnismäßigkeitsgrundsatz. Die bisherige Rechtsprechung des Bundesarbeitsgerichts, wonach der Arbeitgeber "einsame" Kündigungsentscheidungen

---

270 BAG DB 2000, 2175; NJW 1982, 2839; Kittner/Zwanziger, Arbeitsrecht, Handbuch für die Praxis, § 100, Rn. 17. Der Arbeitnehmer hat ein Wahlrecht. Er kann auch die Kündigung hinnehmen und seinen Arbeitsplatz verlassen.

271 BAG v. 23.3.2006 – 2 AZR 343/05, Presseinformation. Vgl. dazu auch den Vorlagebeschluss an den EuGH durch ArbG Berlin, BB 2006, 724, und zum Begriff Entlassung in §§ 17, 18 KSchG LAG Berlin, BB 2006, 724.

272 Grundsätzlich unzulässig ist es, bei Massenentlassungen im Sozialplan mit dem Ziel einer schnellen Rechts- und Planungssicherheit eine Prämie zu gewähren, wenn ein Arbeitnehmer auf eine Kündigungsschutzklage verzichtet, BAG DB 1984, 723. Ein Sozialplan dient dem Ausgleich oder der Milderung wirtschaftlicher Nachteile, die den entlassenen Arbeitnehmern entstehen. Dies hat nichts mit dem Interesse des Arbeitgebers an einer schnellen Umsetzung seines Personalabbaus zu tun. Die Verknüpfung von Sozialplanleistung mit einem Klageverzicht verstößt daher gegen den betriebsverfassungsrechtlichen Gleichbehandlungsgrundsatz. Nur unter Einschränkungen bei nicht erkennbarer Missbräuchlichkeit ist es den Betriebsparteien erlaubt, den betroffenen Arbeitnehmern einen finanziellen Anreiz zu schaffen, eine Kündigung zu akzeptieren. Auf einen Missbrauch deutet, wenn von dem eigentlich für den Sozialplan verfügbaren Finanzvolumen ein Teil für die Prämie abgezweigt wird oder wenn die Leistungen des Sozialplans nicht deutlich höher sind als die Prämie, BAG steuer-journal.de 2005, 41.

273 ArbG Gelsenkirchen EzA Nr. 41 zu § 242 BGB; bestätigt durch ArbG Gelsenkirchen NZA-RR 1999, 134.

fällen konnte, stellten keinen angemessenen Ausgleich der Interessen von Arbeitgeber und Arbeitnehmer dar. Auch aus dieser ungewissen Entwicklung der Rechtsprechung drohen Unsicherheiten im Kündigungsprozess.

Abschließend soll noch auf die tatsächliche Bedeutung von Kündigungsschutzklagen eingegangen werden. Bei Auswertung der Literatur kommt es zu unterschiedlichen Ergebnissen. Nach einer Studie[274] im Zeitraum von Juli bis September 2001 durch Infratest Sozialforschung in Zusammenarbeit mit dem Wirtschafts- und Sozialwissenschaftlichen Institut (WSI) in der Hans Böckler Stiftung durch Befragung von 2.407 Personen, die im Zeitraum zwischen September 1999 und November 2000 ein Arbeitsverhältnis beendet hatten, sind die Ursache von 2/5 aller Beendigungen von Arbeitsverhältnissen die Kündigung durch den Arbeitgeber. Die Mehrheit ist betriebsbedingt. Nach der Studie gab nur etwa jeder vierte der gekündigten Arbeitnehmer an, dass der Betriebs- bzw. Personalrat über die Kündigung informiert worden sei. In der Mehrheit der Fälle (56 %) existierte kein Betriebsrat. Aber auch in den Fällen mit Arbeitgeberkündigung und vorhandenem Betriebs- bzw. Personalrat zeigen sich nach den Aussagen der Befragten Lücken in der betrieblichen Informationspolitik. In 60 % der Fälle berichteten die betroffenen Beschäftigten, dass die betriebliche Interessenvertretungen von der beabsichtigten Kündigung informiert wurden, 30 % wissen nicht, ob eine solche Information erfolgte, und 10 % gaben an, dass der Betriebs- bzw. Personalrat nicht informiert wurde. In den Fällen, in denen ein Betriebs- bzw. Personalrat existierte und auch über die Kündigung informiert war, hat dieser lediglich maximal einem Viertel aller Arbeitgeberkündigungen widersprochen. Trotzdem entschließen sich nur 11 % der Betroffenen zu einer Klage. Bei betriebsbedingten Kündigungen kommen Klagen sogar seltener (8 %) vor als bei den personen- bzw. verhaltensbedingten (12 %).

Dieser festgestellte relativ geringe Widerstand durch betriebliche Interessenvertretungen und die betroffenen Arbeitnehmer selbst gegen Kündigungen und insbesondere die betriebsbedingten Kündigungen lässt sich durch eine weitere Studie[275] belegen. Nur die Hälfte der befragten Arbeitgeber gab an, im Befragungszeitraum zwischen 1998 und 2003 zumindest eine Kündigung ausgesprochen zu haben, aber nur gegen ca. 15 % von diesen haben die Betroffenen Kündigungsschutzklage erhoben. Zu ähnlichen Ergebnissen scheint die jüngste Studie[276] auf der Grundlage einer in den Jahren 2003 bis 2005 bei allen Arbeits- und

274 S. Bielenski/Hartmann/Pfarr/Seifert, Die Beendigung von Arbeitsverhältnissen: Wahrnehmung und Wirklichkeit, AuR 2003, 81ff.

275 Pfarr/Ullmann/Bradke/Schneider/Kimmich/Bothfeld, Der Kündigungsschutz zwischen Wahrnehmung und Wirklichkeit, S. 47, 48, 58.

276 Höland/Kahl/Zeibig, Wirklichkeit und Wahrnehmung des Kündigungsschutzes in den Arbeitsgerichten, WSI-Mitteilungen 2005, 561-567.

Landesarbeitsgerichten in Deutschland durchgeführten empirischen Untersuchung zu "Kündigungspraxis und Kündigungsschutz aus Sicht des arbeitsgerichtlichen Verfahrens" zu gelangen. Sie kommt für jedes Jahr auf geschätzte rund 6 Mio. Beendigungen von Arbeitsverhältnissen.[277] Davon sind ca. ein Drittel Arbeitgeberkündigungen (32 %), ein Drittel Arbeitnehmerkündigungen (39 %) und der Rest betrifft andere Arten von Auflösungen (Fristablauf, Aufhebungsvertrag u. ä.).[278] Von den Arbeitgeberkündigungen betreffen zwei Drittel (65 %) die hier interessierenden betriebsbedingten Kündigungen.[279]

Das zeigt in einem Zeitvergleich, dass die Kündigungen aus betriebsbedingten Gründen zugenommen haben. Im Jahr 1978 machten betriebsbedingte Kündigungen lediglich ein Drittel von allen Arbeitgeberkündigungen aus.[280] Grund für diese Entwicklung sind wahrscheinlich die o. g. negativen Veränderungen der ökonomischen Rahmenbedingungen. Die Klagequote gegen betriebsbedingte Kündigungen, also das Verhältnis der klagenden zu gekündigten Arbeitnehmern, bewegte sich in den Jahren 1998-2003 zwischen 11 % und 15 %[281], also pro Jahr maximal rund 100.000 Klagen. Auf ein ungefähr gleiches Ergebnis kommt eine statistische Auswertung der in 2004 bei den Arbeitsgerichten eingereichten Klagen.[282] Sie kommt auch auf ungefähr 150.000 Kündigungsschutzklagen, davon zwei Drittel gegen betriebsbedingte Kündigungen und eine Klagequote in 2004 von 16 %.

Die selbst durchgeführte Befragung vom Herbst 2005 (Schlussstand: 21.10.2005) bei den Mitgliedern des Unternehmerverbandes Arbeitsgemeinschaft

---

277 Bielenski, Wie viele Arbeitgeberkündigungen gibt es in Deutschland? Ein Vergleich von Daten aus unterschiedlichen Quellen, unveröffentlichtes Manuskript von Infratest Sozialforschung, 2003, München, S. 1-18, errechnet allein 2 Mio. Arbeitgeberkündigungen (S. 17);
Pfarr/Ullmann/Bradke/Schneider/Kimmich/Bothfeld, Der Kündigungsschutz zwischen Wahrnehmung und Wirklichkeit, S. 47, 48, 58., errechnen einen Anteil von 32 % Arbeitgeberkündigungen unter allen Beendigungen. Dann ergeben sich insgesamt rund 3 Mio. Beendigungen.

278 Pfarr/Ullmann/Bradke/Schneider/Kimmich/Bothfeld, Der Kündigungsschutz zwischen Wahrnehmung und Wirklichkeit, S. 47, 48, 58.

279 Höland/Kahl/Zeibig, Wirklichkeit und Wahrnehmung des Kündigungsschutzes in den Arbeitsgerichten, WSI-Mitteilungen 2005, 563; Pfarr/Ullmann/Bradke/Schneider/Kimmich/Bothfeld, Der Kündigungsschutz zwischen Wahrnehmung und Wirklichkeit, S. 51.

280 Falke/Höland/Rhode/Zimmermann, Kündigungspraxis und Kündigungsschutz in der Bundesrepublik Deutschland, Bd. 2, S. 962.

281 Höland/Kahl/Zeibig, Wirklichkeit und Wahrnehmung des Kündigungsschutzes in den Arbeitsgerichten, WSI-Mitteilungen 2005, 563.

282 Grotmann-Höfling, Die Arbeitsgerichtsbarkeit 2004 im Licht des Statistik, AuR 2005, 398ff.

selbständiger Unternehmer (ASU), mit heute rund 3.500 Eigentümer- und Familienunternehmern, die 1,7 Mio. Mitarbeiter beschäftigen, aus allen Branchen und Betriebsgrößen kommen und so schwerpunktmäßig den unternehmerischen Mittelstand bis zum Kleinunternehmen, aber auch größere Unternehmen repräsentieren, ergab eine höhere Klagehäufigkeit. Ca. ein Drittel der Befragten gaben an, in mehr als 30 % der Fälle Kündigungsschutzprozesse gehabt zu haben. Im Einzelnen ergab sich folgende Auswertung, allerdings ist in der Befragung nicht zwischen personen- bzw. verhaltensbedingten Kündigungen und betriebsbedingten Kündigungen unterschieden worden:

Wenn Sie in der Vergangenheit Personal kündigen mussten – wie oft kam es zu Kündigungsschutzprozessen?	
Antwortmethode: einzelne Antwort / Kriterienselektion: Gesamtansicht Anzahl der Teilnehmer 294	
In weniger als 10 Prozent der Fälle	**28.6% (84)**
In 10 bis 20 Prozent der Fälle	**9.2% (27)**
In 20 bis 30 Prozent der Fälle	**6.8% (20)**
In mehr als 30 Prozent der Fälle	**29.9% (88)**
Wir hatten bisher keine Kündigungsschutzklagen	**24.8% (73)**

Diese Steigerung könnte darauf hinweisen, dass generell der Kündigungsprozess für Arbeitgeber konfliktreicher wird.

Die Auswertung der Befragten nach der Größe gemessen am Umsatz ergab Folgendes:

Wenn Sie in der Vergangenheit Personal kündigen mussten – wie oft kam es zu Kündigungsschutzprozessen?			
Antwortmethode: einzelne Antwort / Kriterienselektion: Umsatz in Euro			
	bis 2	**2 bis 10**	**über 10 Mio.**
Anzahl der Teilnehmer insgesamt 294	**74**	**117**	**103**
In weniger als 10 Prozent der Fälle	**27,0 % (20)**	**29,1 % (34)**	**29,1 % (30)**
In 10 bis 20 Prozent der Fälle	**2,7 % (2)**	**10,3 % (12)**	**12,6 % (13)**
In 20 bis 30 Prozent der Fälle	**2,7 % (2)**	**7,7 % (9)**	**8,7 % (9)**
In mehr als 30 Prozent der Fälle	**14,9 % (11)**	**31,6 % (37)**	**38,8 % (40)**
Wir hatten bisher keine Kündigungsschutzklagen	**50 % (37)**	**21,4 % (25)**	**10,7 % (11)**

Danach beklagen bei den kleineren Unternehmen eine Klagequote von über 30 % nur 14,9 % der Gruppe. Das könnte darauf hinweisen, dass in kleineren Unternehmen der Kündigungsprozess friedlicher abläuft. Das wird bestätigt durch die Auswertung nach dem Kriterium der Mitarbeiterzahl:

Wenn Sie in der Vergangenheit Personal kündigen mussten – wie oft kam es zu Kündigungsschutzprozessen?			
Antwortmethode: einzelne Antwort / Kriterienselektion:			
	bis 49	**50 bis 499**	**über 500**
Anzahl der Teilnehmer insgesamt 294	**164**	**109**	**21**
In weniger als 10 Prozent der Fälle	**27,7 % (47)**	**23,9 % (26)**	**52,4 % (11)**
In 10 bis 20 Prozent der Fälle	**7,3 % (12)**	**8,3 % (9)**	**28,6 % (6)**
In 20 bis 30 Prozent der Fälle	**4,9 % (8)**	**10.1 % (11)**	**4,8 % (19)**
In mehr als 30 Prozent der Fälle	**23,2 % (38)**	**44,0 % (48)**	**9,5 % (2)**
Wir hatten bisher keine Kündigungsschutzklagen	**34,8 % (57)**	**13,8 % (15)**	**4,8 % (1)**

Hier fällt aber ergänzend auf, dass die Unternehmen mit einer Mitarbeiterzahl von über 500 kaum mit Kündigungsschutzprozessen rechnen müssen. Das könnte mit einer zu vermutenden größeren Professionalität, u. U. aber auch damit zu begründen sein, dass in diesen Fällen vermehrt auf die Alternativlösung betriebliches Bündnis für Arbeit ausgewichen wird. Tatsächlich sind der Kenntnisstand (66,7 %) und die Zahl der implementierten betrieblichen Bündnisse für Arbeit (42,9 %) nach der dazu erfolgten Befragung[283] bei ihnen am höchsten.

Bei einer Unterscheidung der Befragten nach der Branchenzugehörigkeit ergab sich folgendes Ergebnis:

Wenn Sie in der Vergangenheit Personal kündigen mussten – wie oft kam es zu Kündigungsschutzprozessen?			
Antwortmethode: einzelne Antwort / Kriterienselektion:			
	Handel	**prod. Gewerbe**	**Dienstleist.**
Anzahl der Teilnehmer insgesamt 294	**40**	**125**	**116**
In weniger als 10 Prozent der Fälle	**25,0 % (10)**	**31,2 % (39)**	**25,0 % (29)**
In 10 bis 20 Prozent der Fälle	**10,0 % (4)**	**8,0 % (10)**	**11,2 % (13)**
In 20 bis 30 Prozent der Fälle	**7,5 % (3)**	**11,2 % (14)**	**2,6 % (3)**
In mehr als 30 Prozent der Fälle	**47,5 % (19)**	**32,8 % (41)**	**21,6 % (25)**
Wir hatten bisher keine Kündigungsschutzklagen	**10,0 % (49)**	**16,8 % (21)**	**37,9 % (44)**

Signifikant ist die hohe Belastung mit Kündigungsschutzprozessen bei den Arbeitgebern im Handel.

Nach den Ergebnissen der o. g. jüngsten umfassenden Studie[284] auf der Grundlage einer in den Jahren 2003 bis 2005 bei allen Arbeits- und Landesar-

283 S. 127f.

284 Höland/Kahl/Zeibig, Wirklichkeit und Wahrnehmung des Kündigungsschutzes in den Arbeitsgerichten, WSI-Mitteilungen 2005, 561-567.

beitsgerichten in Deutschland durchgeführten empirischen Untersuchung zu "Kündigungspraxis und Kündigungsschutz aus Sicht des arbeitsgerichtlichen Verfahrens" werden nach Schätzung der Richter und Richterinnen aller Arbeits- und Landesarbeitsgerichten im Bundesgebiet in erster Instanz 11 % und in zweiter Instanz 30 % durch streitiges Urteil erledigt.[285] Die Aktenanalysen bei allen Arbeits- und Landesarbeitsgerichten im Bundesgebiet ergaben, dass Arbeitgeber in Kündigungsklageverfahren, die durch streitiges Urteil erledigt werden, in erster Instanz in 60 % der Fälle den Prozess verlieren, in zweiter Instanz in rund 51 % der Fälle.[286] Betrachtet man nur diejenigen Streitigkeiten, denen betriebsbedingte Kündigungen zugrunde lagen, so unterlag der Arbeitgeber in erster Instanz nur noch in 51 % der Fälle, in zweiter Instanz nur noch in 46 % der Fälle. Das lässt die Aussage zu, dass die Arbeitgeber nicht so häufig vor den Arbeitsgerichten verlieren, wie allgemein vermutet wird.

Trotzdem ist an sich bereits diese Relation erschreckend. An sich müsste in einer dem Gedanken der Rechtssicherheit verpflichteten Rechtsordnung die Gewähr für eine höhere Trefferquote gegeben sein. Und das ist nur die halbe Wahrheit. In diesen Verfahren um betriebsbedingte Kündigungen werden in erster Instanz immerhin 65 % der Verfahren, in zweiter Instanz 51 % der Verfahren durch gerichtlichen Vergleich beendet. Dabei sehen immerhin 18 % die Beendigung des Arbeitsverhältnisses zu einem späteren Zeitpunkt vor, was zu Vergütungsnachzahlungen führt. Außerdem finden in den nicht streitig entschiedenen Verfahren zusätzlich Klagrücknahmen, i.d.R. ebenfalls Vergleiche statt. Bei diesen Vergleichen über betriebsbedingte Kündigungen werden häufig Abfindungen gezahlt und zwar in 85 % der Vergleiche. Schließen Arbeitgeber und Arbeitnehmer im Laufe eines arbeitsgerichtlichen Kündigungsklageverfahrens einen Vergleich über betriebsbedingte Kündigungen, so werden Abfindungshöhen von durchschnittlich 0,5 Bruttomonatsgehältern pro Beschäftigungsjahr vereinbart. Das sind durchschnittlich 10.516 Euro.[287] Abfindungshöhen von diesem Umfang können gerade Kleinst- und Kleinbetriebe über die Maßen belasten. Über den Verfahrensgang bestehen also im Ergebnis überwiegend Unsicherheiten sowohl über den rechtlichen Ausgang und wie auch über die daraus resultierenden finanziellen Belastungen.

Die Unsicherheiten des Verfahrensausgangs belegt auch eine weitere Bewertung. Nach Einschätzung der befragten Richterinnen und Richter der ersten In-

---

285 Höland/Kahl/Zeibig, Wirklichkeit und Wahrnehmung des Kündigungsschutzes in den Arbeitsgerichten, WSI-Mitteilungen 2005, 563, Fn. 3.

286 Höland/Kahl/Zeibig, Wirklichkeit und Wahrnehmung des Kündigungsschutzes in den Arbeitsgerichten, WSI-Mitteilungen 2005, 563.

287 Höland/Kahl/Zeibig, Wirklichkeit und Wahrnehmung des Kündigungsschutzes in den Arbeitsgerichten, WSI-Mitteilungen 2005, 564.

stanz lag der Anteil der voraussichtlich unwirksamen Kündigungen, die den Abfindungsvergleichen zugrunde lagen, bei ca. 50 %.[288] Das spricht nicht für einen ergebnissicheren Umgang der Arbeitgeber in den Kündigungsverfahren. In einer weiteren Studie[289] fällt auf, dass insgesamt gut 30 % der 326 befragten Unternehmen auf die Frage zur Einschätzung der Rechtsprechungstendenz zum Arbeitsrecht antworteten, keinen Überblick zu haben. 68 von ihnen gaben zu, keine Kenntnisse über die Urteile des für sie zuständigen Arbeitsgerichts zu haben. 32 Unternehmen, die Kenntnisse über die Urteile haben, sahen sich jedoch nicht in der Lage, die Tendenz der Urteile zu bewerten. Diese Ergebnisse machen es plausibel, dass die betriebsbedingte Kündigung und insbesondere die Sozialauswahl in der betrieblichen Praxis häufig als schwierig und rechtlich riskant oder sogar als unberechenbar wahrgenommen werden. Auf die Frage nach Problemen bei der Durchführung betriebsbedingter Kündigungen gaben nur 24 % der vom WSI interviewten Personalverantwortlichen an, keine Probleme gehabt zu haben. Daraus folgt, dass drei Viertel der Befragten Probleme mit der Durchführung betriebsbedingter Kündigungen hatten.[290]

Das zeigt, dass es eine große Abweichung zwischen den tatsächlichen Problemen mit dem Arbeitsrecht und seiner tatsächlichen Akzeptanz gibt. Das Arbeitsrecht ist unübersichtlich und auch kompliziert. Es ist in vielen verschiedenen Gesetzen geregelt und wird in großen Teilen durch die Rechtsprechung der Arbeitsgerichtsbarkeit ergänzt und konkretisiert. Beschäftigte zu entlassen bedeutet für Unternehmen die Pflicht, komplizierte Vorgaben erfüllen zu müssen. Das Arbeitsrecht hat bei den Arbeitgebern keinen guten Ruf. Es ist nicht nur so, dass die Arbeitgeber in großem Maße zugeben, das Arbeitsrecht nicht zu überblicken, sondern, wie die politische Diskussion zeigt, meldet die Mehrheit arbeitsrechtliche Reformen an, wobei eine Veränderung des Kündigungsschutzes eine Spitzenposition belegt. Insgesamt ist die Aussage gerechtfertigt, dass, obwohl das Kündigungsrecht in seiner praktischen Bedeutung für die Arbeitgeber als verlorener Kündigungsschutzprozess nur begrenzt ist, das Kündigungsverfahren aber den Unternehmer sowohl finanziell als auch emotional belastet und der Umgang mit ihm durch auffällige Unsicherheiten geprägt ist.

Noch einmal soll aber darauf hingewiesen werden, dass nicht der Sinn und Zweck des differenziert ausgewogenen Kündigungsschutzrechts in Frage gestellt werden soll, sondern es soll gezeigt werden, dass die Lösung über ein betriebli-

288 Höland/Kahl/Zeibig, Wirklichkeit und Wahrnehmung des Kündigungsschutzes in den Arbeitsgerichten, WSI-Mitteilungen 2005, 564.

289 Alewell/ Koller, Arbeitsrechtliche Ressourcen und Einschätzungen in Personalabteilungen deutscher Unternehmen, BB 2002, 990ff.

290 Pfarr/Ullmann/Bradke/Schneider/Kimmich/Bothfeld, Der Kündigungsschutz zwischen Wahrnehmung und Wirklichkeit, S. 109.

ches Bündnis für Arbeit zur Begegnung der gewandelten Wirtschaftsstruktur gegenüber dem Personalabbau zu bevorzugen ist. Es geht um den Strategiewechsel des Arbeitgebers zu „anders“, i. d. R. billiger, länger und flexibler beschäftigen, statt kündigen, der durch Gesetzesänderungen möglich gemacht werden muss.

2. Die Unattraktivität des Aufhebungsvertrages, §§ 144, 128, 143 und 143a SGB III

Als kosten- und zeitsparende Alternative zur Kündigung von Arbeitsverhältnissen mit einer anschließend zu erwartenden gerichtlichen Auseinandersetzung boten sich zum Personalabbau Aufhebungsverträge an. Gegenstand eines Aufhebungsvertrags sind u. a. folgende Regelungen: Abfindungszahlung entspr. §§ 9, 10 KSchG i. V. m. §§ 3 Ziffer 9, 24, 34 EStG, ggf. Vorruhestandsregelung[291], Erteilung eines qualifizierten Zeugnisses, u. U. Freistellung von der Arbeitsleistung unter Anrechnung auf Urlaubsansprüche und etwaige Freizeitausgleichsansprüche wegen Überstunden bis zum Beendigungstermin, Wettbewerbsverbot, ggf. Erledigungsklausel, die sich auf sämtliche finanziellen Ansprüche der Parteien aus dem Arbeitsverhältnis und seiner Beendigung bezieht. Ein Aufhebungsvertrag hat damit für den Arbeitgeber den Vorteil, dass er das Arbeitsverhältnis ohne Einhaltung von Kündigungsfristen, ohne Berücksichtigung von Kündigungsschutzvorschriften und ohne Beteiligung des Betriebsrats beenden kann. Es ist allerdings zu beachten, dass der Aufhebungsvertrag hinsichtlich sämtlicher Abreden, die für die Auflösung des Arbeitsverhältnisses von Bedeutung sind, der Schriftform (§ 623 BGB) bedarf. Eine nur mündlich erfolgte Aufhebung ist nichtig, so dass das Arbeitsverhältnis weiterbesteht (§§ 125, 139 BGB). Es gibt keine Heilungsmöglichkeit.

Nach der Schuldrechtsreform ist auch zu bedenken, dass eine am Wortlaut des § 312 BGB orientierte Auslegung und auch seine teleologische Interpretation, den Verbraucher/Arbeitnehmer vor Überrumpelung und dem Abschluss von

---

291 Das zugrundeliegende Modell: Einverständliches Ausscheiden älterer, i.d.R. ab Erreichen des Alters von 57 Jahren und vier Monaten, Arbeitnehmer, vereinbarte Aufstockung des nachfolgenden 32monatigen Bezugs von Arbeitslosengeld und mit Erreichen des 60. Lebensjahres der Übergang in Rente wegen Arbeitslosigkeit. Dieses Modell hat an Attraktivität verloren, da sich die rechtlichen Rahmenbedingungen durch die Anhebung der Antragsaltersgrenze und die Rentenabschläge (§§ 237, 237a, 77 SGB VI) und durch das Gesetz zu Reformen am Arbeitsmarkt hinsichtlich der Bezugsdauer beim Arbeitslosengeld (§§ 127 Abs. 2, 434l Abs. 1, 117 SGB III) und einer verschärften Erstattungspflicht des Arbeitslosengeldes durch den Arbeitgeber (§§ 147a, 434l Abs. 1 und Abs. 4 SGB III) erheblich verschlechtert haben.

Verträgen an Orten zu bewahren, an denen er sich Vertragsverhandlungen nur schwer entziehen kann, dem Arbeitnehmer ein zweiwöchiges Widerrufsrecht (§ 355 BGB) gewährt.[292] Ein Verzicht auf das Widerrufsrecht ist nicht möglich (§ 312f BGB). Bei mangelhafter Belehrung droht sogar ein unbefristetes Widerrufsrecht (§ 355 Abs. 3 Satz 3 BGB). Nach der Entscheidung des Bundesarbeitsgerichts v. 27.11.2003[293] wird davon allerdings nicht der im Personalbüro unterzeichnete Aufhebungsvertrag erfasst. Das ist keine untypische Umgebung, in der ein Überraschungsmoment droht. Außerdem kommen die allgemeinen Bestimmungen über die Anfechtung wegen arglistiger Täuschung, wegen Irrtums oder wegen Drohung in Betracht.[294] Dabei sind Irrtümer über die Rechtsfolgen[295] und das Bestehen einer Schwangerschaft[296] als Motivirrtümer unbeachtlich, nicht hingegen eine Drohung mit rechtsgrundloser Kündigung[297] oder einer Strafanzeige[298].

Unattraktiv ist aber insbesondere, dass eine Schadensersatzpflicht wegen mangelhafter Aufklärung droht (§§ 280 Abs. 1, 241 Abs. 2 BGB). Zwar ist es grundsätzlich Aufgabe des Arbeitnehmers, sich vor Abschluss eines Aufhebungsvertrages über die weiteren rechtlichen Folgen (Auswirkungen auf Mutterschutz, Arbeitslosengeld[299], betriebliche Altersversorgung und die steuerliche Behandlung einer Abfindung[300]) Klarheit zu verschaffen.[301] Etwas anderes gilt jedoch dann, wenn er sich ausdrücklich beim Arbeitgeber danach erkundigt hat. Dann ist der Arbeitgeber auf Grund seiner Fürsorgepflicht zur Auskunft verpflichtet und haftet für die Folgen von Fehlern, die ihm dabei unterlaufen sind, im Wege des

---

292 Ablehnend LAG Brandenburg BB 2003, 1281.

293 NZA 2004, 597.

294 Dörner/Luczak/Wildschütz, Arbeitsrecht in der anwaltlichen und gerichtlichen Praxis, D/Rn. 1746 ff.

295 BAG NZA 1988, 837; 1996, 811.

296 BAG DB 1983, 1663.

297 BAG NZA 2000, 27; Kittner/Zwanziger, Arbeitsrecht, Handbuch für die Praxis, § 104, Rn. 63 ff. m.w.N.

298 LAG Stuttgart BB 1967, 1421.

299 Nach einer Verfügung der BfA hat der Abschluss eines Aufhebungsvertrags für Arbeitnehmer in der Regel zur Folge, dass diese beim Arbeitslosengeld eine Sperrfrist (gem. § 144 Abs. 3 Nr. 3 SGB III sind dies regelmäßig 12 Wochen. ggf. 3 bzw. 6 Wochen) erhalten.
Daneben kann es zu einer Verkürzung des Leistungszeitraums um ¼ (§ 128 Abs. 1 Nr. 4 SGB III) oder zu einem Ruhen der Ansprüche wegen der Zahlung von Arbeitsentgelt (§ 143 SGB III) oder einer Entlassungsentschädigung(§ 143 a SGB III) kommen.

300 Vgl. dazu §§ 24, 34 EStG und BAG BB 2003, 2464 zur Bewertung einer Nettozusage.

301 BAG DB 2002, 2387; BAG DB 2001, 286; BAG DB 1989, 2492.

Schadensersatzes. Der Arbeitgeber kann sich allerdings dadurch entlasten, dass er den Arbeitnehmer an die für die Auskunft zuständigen Stellen verweist. Das Bundesarbeitsgericht verlangt von einem Arbeitgeber auch dann unaufgefordert eine Auskunft, wenn der Mitarbeiter ihr erkennbar bedarf. Das gilt beispielsweise bei einer drohenden beträchtlichen Verringerung einer Zusatzversorgung.[302] Schließlich hat das Bundesarbeitsgericht entschieden, dass aufgrund einer umfassenden Interessenabwägung im Einzelfall Hinweis- und Aufklärungspflichten entstehen können, wenn die Initiative zum Abschluss eines Aufhebungsvertrags vom Arbeitgeber ausgeht.[303] Der Arbeitgeber soll sich in diesem Fall vergewissern müssen, ob sein Angebot in seinen rechtlichen Konsequenzen den Vorstellungen der Parteien entspricht. Ist der Arbeitnehmer offensichtlich nicht ausreichend informiert, soll ihn der Arbeitgeber auf die sozial- und steuerrechtlichen Konsequenzen hinweisen müssen. Insbesondere die Gefahren der §§ 144, 128, 143 und 143a SGB III (Sperrfrist für die Zahlung des Arbeitslosengeldes, Verkürzung des Leistungszeitraums und ggf. Ruhensanordnung bei Abfindung und Auflösung des Arbeitsverhältnisses vor Ablauf der ordentlichen Kündigungsfrist) bedeuten für den Arbeitnehmer, der nach Aufhebung des Arbeitsvertrags Arbeitslosengeld beantragt, i. d. R. ein böses Erwachen. Denn die Dienstanweisungen der Bundesanstalt für Arbeit unterstellen bei einvernehmlicher Lösung des Arbeitsverhältnisses im Ergebnis eine sog. schädliche Vorfeld-Absprache und stellen in den für den Bezug von Arbeitslosengeld auszufüllenden Formularen diesbezüglich dezidierte Fragen. Die Voraussetzungen für die Anerkennung eines den Aufhebungsvertrag rechtfertigenden Grundes für das Nichtabwarten der Arbeitgeberkündigung haben sich zunehmend verschärft (DA 1.532). Der Arbeitnehmer wird darum einen angebotenen Aufhebungsvertrag nur annehmen, wenn er keine sozialversicherungsrechtlichen Nachteile zu erwarten hat.

Zunehmend wird darum versucht, die sozialversicherungsrechtlichen Nachteile durch einen Abwicklungsvertrag zu vermeiden. Er ist im Gegensatz zum Aufhebungsvertrag dadurch gekennzeichnet, dass er nicht die Auflösung des Arbeitsvertrages, sondern lediglich die Folgen einer arbeitgeberseitigen Kündigung regelt. Er enthält die Einigung, dass der Arbeitsvertrag mit der erfolgten Kündigung sein Ende finden soll und enthält ansonsten die üblichen Regelungen wie in einem Aufhebungsvertrag. Ob der Abwicklungsvertrag geeignet ist, die sozialversicherungsrechtlichen Nachteile auszuhebeln, ist zu verneinen, wenn im Vorfeld dieser Weg abgesprochen wurde.[304] Generell wird sogar nach aktueller Rechtsprechung durch den Abschluss eines Abwicklungsvertrags unterstellt, dass

302 BAG NZA 2001, 206.
303 BAG NZA 2004, 606.
304 BSG BB 1996, 1510.

der Arbeitnehmer auf die Geltendmachung des Kündigungsschutzes verzichtet und damit einen wesentlichen Beitrag zur Herbeiführung seiner Arbeitslosigkeit leistet. Das BSG stellt mit seiner Entscheidung v. 18.12.2003[305] die Fälle des Aufhebungsvertrags und des Abwicklungsvertrags gleich. Die sozialversicherungsrechtlichen Nachteile können auch bei Gestaltung über einen Abwicklungsvertrag nur durch das Vorliegen eines wichtigen Grundes vermieden werden.

Die gleichen Bedenken bestehen gegen die Praxis, dem Arbeitnehmer zur Aushebelung sozialversicherungsrechtlichen Nachteile parallel zur Kündigung in einem Schreiben bestimmte Leistungen unter dem Vorbehalt zuzusagen, dass keine Kündigungsschutzklage erhoben wird. Die Sperrzeit knüpft nach der Rechtsprechung des BSG[306] an ein aktives Verhalten des Arbeitnehmers an. Dazu reicht nach h. M. die Hinnahme von ausgehandelten/schlüssig oder direkt geforderten Versprechungen aus.

Einen anderen Ausweg bietet ein vor dem Arbeitsgericht geschlossenen Vergleich über die Beendigung des Arbeitsverhältnisses.[307] Der Unterschied zum Auf- und Abwicklungsvertrag besteht lediglich darin, dass der Arbeitnehmer eine Kündigungsschutzklage gegen die zur Beendigung des Arbeitsverhältnisses führende Kündigung fristgerecht erhoben hat Ob der durch die Neufassung des § 278 Abs. 6 ZPO, die seit dem 1.9.2004 in Kraft ist, eröffnete Weg rechtssicher ist, ist zu bezweifeln. § 278 Abs. 6 ZPO sieht neben dem gerichtlichen Vergleichsvorschlag auch die Möglichkeit vor, dass die Parteien des Rechtsstreits dem Gericht einen schriftlichen Vergleichsvorschlag unterbreiten.[308] Die Durchführungsanweisung der Bundesagentur für Arbeit, Stand 28. Erg. Lfg. 01/2004, Punkt 144.27, sieht aber ausdrücklich vor, dass sog. Vorfeldabsprachen, d.h. vor Einreichung der Kündigungsschutzklage erzielte Verständigungen zwischen Arbeitgeber und Arbeitnehmer mit dem Ziel der gerichtlichen Absicherung, bei rechtswidrigen Kündigungen generell zur Sperrfrist führen.

Ein Auflösungsvertrag klassischer Art als Aufhebungs- bzw. Abwicklungsvertrag ist also wegen der Gefahren aus §§ 144, 128, 143 SGB III nur noch eingeschränkt empfehlenswert! Dargestellt werden müsste der wichtige Grund. Darum sollten zumindest in einer Präambel möglichst konkrete Angaben zur besonderen Entlassungssituation gemacht werden.

---

305 BSG NZA 2004, 661. Nach BSG DStR 2005, 1326 fällt darunter auch die auf Wunsch des bisherigen Arbeitnehmers geschlossene Aufhebungsvereinbarung.

306 BSG NZG 2003, 221.

307 Durchführungsanweisung der Bundesagentur für Arbeit, Stand 28. Erg. Lfg. 01/2004, Punkt 144.27.

308 Zu den formalen und materiell-rechtlichen Hürden beim Vergleichsschluss nach § 278 Abs. 6 ZPO vgl. Nungeßer, Vergleichen vergleichsweise schwierig, NZA 2005, 1027ff.

Künftig dürfte § 1a KSchG[309] darum zu großer praktischer Bedeutung kommen. Denn nach dieser Bestimmung hat ein aus betrieblichen Gründen gekündigter Arbeitnehmer einen gesetzlichen Anspruch auf Zahlung einer Abfindung, wenn er keine Kündigungsschutzklage erhebt. Die Abfindung beträgt 0,5 Bruttomonatsgehälter je Beschäftigungsjahr. Dabei werden mehr als sechs Monate zu einem Jahr aufgerundet. Es handelt sich um ein Mindestangebot. Dies ist ein gesetzlich vorgesehenes Verfahren, die Probleme um die sozialversicherungsrechtlichen Nachteile auszuhebeln. Allerdings scheint die Problematik um den § 147a SGB III (Erstattungspflicht bei der nicht sozial gerechtfertigten Entlassung älterer Arbeitnehmer) nicht erleichtert worden zu sein. Außerdem ist es die Frage, wie zukünftig die Arbeitsrichter reagieren werden, wenn der Arbeitnehmer trotzdem Klage erhebt. Das gesetzlich vorgesehene Angebot könnte als Richtwert oder aber als Einstiegsangebot für eine gerichtliche "Basarverhandlung" auf erhöhter Basis gewertet werden. Sperrfrist auslösend würde es sein, wenn für das Angebot des Arbeitgebers zur Bedingung gemacht wird, dass der Arbeitnehmer die Klagefrist verstreichen lässt. Das tatsächliche Verstreichenlassen würde dann wohl als schädliches, aktives Verhalten eingeordnet werden. Die Rechtsprechung bleibt abzuwarten. Festzuhalten ist jedoch, dass die klassischen Beendigungsvereinbarungen ihre Attraktivität für den Personalkostenabbau als kosten- und zeitsparende Alternative zur Kündigung verloren haben.

3. Kosten, Zeitverlust und bürokratischer Aufwand bei Interessenausgleich/ Sozialplan

Besonders kostenaufwändig, zeitaufwändig und bürokratisch aufwändig ist die Lage, wenn sich Arbeitgeber und Betriebsrat[310] im Fall einer Betriebsänderung i.S.v. § 111 BetrVG gegenüberstehen.

Eine solche liegt immer dann vor, wenn die Zweckbestimmung des Betriebes, seine Organisation, sein Standort oder seine technischen und organisatorischen

---

309 So auch Kramer, Sperrzeit als Hindernis für Beendigungsvereinbarungen, AuR 2004, 402ff.

310 Ein nach Beginn der Durchführung einer Betriebsänderung gewählter Betriebsrat hat keinen Einfluss BAG DB 1993, 385; NZA 1993, 420; BB 1982, 1423; a.A. LAG Thüringen NZI 2003, 561.
Der Arbeitgeber muss dann bei der Umsetzung seiner Pläne weder einen Interessenausgleich versuchen noch einen Sozialplan abschließen. Er hat nur gegenüber den Arbeitnehmern auf einer Mitarbeiterversammlung seiner allgemeinen Unterrichtungspflicht über die wirtschaftliche Lage und Entwicklung des Unternehmens nachzukommen. Möglich ist natürlich ein freiwilliger Sozialplan.

Abläufe in nennenswertem Umfang verändert werden. Ein Mitwirkungsrecht des Betriebsrats begründen derartige Veränderungen, wenn sie mit wesentlichen Nachteilen für die gesamte Belegschaft oder erhebliche Teile der Belegschaft verbunden sind. Dabei genügt es, dass der Eintritt dieser Nachteile möglich erscheint. Unter eine solche Betriebsänderung fallen grundsätzlich Personalabbau aufgrund der Einschränkung, Verlegung und Stilllegung des ganzen Betriebs oder von wesentlichen Betriebsteilen, aufgrund eines Zusammenschlusses mit anderen Betrieben oder einer Spaltung.[311] Bei schlichten Entlassungsaktionen ist Voraussetzung, dass dem Betrieb mehr als 20 Arbeitnehmer angehören und dass der Schwellenwert von § 17 KSchG erreicht wird, wobei aber in größeren Betrieben mindestens 5 % der Belegschaft betroffen sein müssen.[312] Das beginnt beispielsweise in Betrieben mit in der Regel mehr als 20 und weniger als 60 Arbeitnehmern ab 6 Entlassungen. Darunter fällt auch eine stufenweise Durchführung, wenn sie auf einer einheitlichen unternehmerischen Planung beruht.[313] Eine solche Betriebsänderung macht dann die Verhandlung über einen Interessenausgleich und über einen Sozialplan erforderlich.[314]

Der Interessenausgleich ist das Instrument zur Abmilderung der geplanten Betriebsänderung selber, § 112 Abs. 1 Satz 1 BetrVG. Verhandlungsgegenstand ist, ob, wann und wie, insbesondere in welchem Ausmaß die geplante Betriebsänderung durchgeführt werden soll.[315] Mit Hilfe des Interessenausgleichs wird versucht, die zum Teil gegenläufigen Interessen von Arbeitgeber und Betriebsrat in Einklang zu bringen. Ziel ist es, Nachteile für den Arbeitnehmer zu vermeiden oder gemildert eintreten zu lassen, ohne dass daraus eine grundlegende Beeinträchtigung der wirtschaftlichen Belange des Unternehmers resultiert. Ein Interessenausgleich hat somit häufig zum Inhalt: Wie auf Basis der Entscheidung einer geplanten Betriebsänderung das Ausmaß und der Zeitablaufplan der anstehenden Maßnahmen zu koordinieren ist; dass die geplante Betriebsänderung zwar durchgeführt wird, aber für den weiteren Erhalt des Betriebs an dem betreffenden Standort eine Garantie abgegeben werden muss; gegebenenfalls eine Beschrän-

---

311 Vgl. die Rechtsprechungsübersicht von Hunhold zu Interessenausgleich, Nachteilsausgleich und Sozialplan in NZA-RR 2004, 561ff und NZA-RR 2005, 57ff.

312 BAG EzA § 242 BGB Betriebliche Übung Nr. 46.

313 BAG AP Nr.1 zu § 112 BetrVG 1972 Namensliste.

314 Insgesamt ist festzuhalten, dass eine Betriebsänderung mit einem geplanten Personalabbau durch den Betriebsrat nicht verhindert werden kann. Durch die betriebsverfassungsrechtlichen Regelungen besitzt der Betriebsrat aber Mitbestimmungs- und Mitwirkungsrechte, die es ihm ermöglichen, den Interessen der Arbeitnehmerschaft besonderen Nachdruck zu verleihen, die Stilllegung zu verzögern und hohe Kosten zu verursachen.

315 BAG NZA 1995, 89; 1989, 186; 1988, 203; Röder/Baeck, Interessenausgleich und Sozialplan, S. 10.

kung der Zahl der zu entlassenden Arbeitnehmer[316]; nach welchen Auswahlrichtlinien eine soziale Auswahl der zu entlassenden Arbeitnehmer durchzuführen ist; [317] gegebenenfalls die Festlegung der Arbeitnehmer, denen nach Durchführung der Sozialauswahl gekündigt werden soll, in einer Namensliste;[318] die Vereinbarung zum Abschluss eines Sozialplans oder die Gestaltung einer Modifikation der unternehmerischen Planung in zeitlicher, quantitativer und qualitativer Hinsicht (statt Totalstilllegung nur Teilstilllegung, Reduzierung des geplanten Personalabbaus).[319]

Der Interessenausgleich ist nicht erzwingbar und kommt letztlich nur durch eine freiwillige Einigung des Arbeitgebers und des Betriebsrats zustande. Der Betriebsrat hat also beim Interessenausgleich kein Mitbestimmungs-, sondern nur ein Mitwirkungsrecht. Gem. § 92a BetrVG ist aber auf Vorschläge des Betriebsrats zur Beschäftigungssicherung einzugehen.

Der Arbeitgeber muss sich um den Interessenausgleich bemühen. Sollte der Betriebsrat nicht von selbst tätig werden, hat der Arbeitgeber seinerseits die Initiative zur Aufnahme von Verhandlungen über einen Interessenausgleich zu ergreifen.[320] Allein bei nachgewiesenen Bemühungen für das Zustandekommen des Interessenausgleichs kann der Arbeitgeber die geplante Betriebsänderung durchführen, ohne Sanktionen befürchten zu müssen.

---

316 Ein geschlossener Interessenausgleich kann Entlassungen trotz einer Zusage des Arbeitgebers, auf betriebsbedingte Kündigungen zu verzichten, nicht verhindern, da sie nicht erzwingbar ist. Wie sich aus § 113 Abs. 1 BetrVG ergibt, kann bei Vorliegen eines zwingenden Grundes, wie beispielsweise Zuspitzung der wirtschaftlichen Krise, von einem Interessenausgleich abgewichen werden. Ein Anspruch des Betriebsrats auf Erfüllung des Interessenausgleichs und damit auf Unterlassung von Kündigungen, kann nicht begründet werden, BAG DB 1992, 380, Das Gesetz will mit dieser Vorschrift ein Mindestmaß an Unternehmerfreiheit im Fall von Betriebsänderungen sichern. Anderer Ansicht sind GK-Fabricius/Oetker, §§ 112, 112a BetrVG, Rn. 62; Fitting,/Engels/Schmidt/Trebinger/Linsenmaier, §§ 112, 112a BetrVG, Rn. 51, § 112 BetrVG, Rn. 45; ErfK-Kania, §§ 112, 112a BetrVG.

317 BAG EzA Nr. 28 zu § 1 KSchG. Nach BAG BB 2005, 2819 ist eine Punktetabelle zur sozialen Auswahl auch dann eine nach § 95 Abs. 1 BetrVG mitbestimmungspflichtige Auswahlrichtlinie, wenn sie der Arbeitgeber nicht generell auf alle künftigen betriebsbedingten Kündigungen, sondern nur auf konkret bevorstehende Kündigungen anwenden will.

318 § 1 Abs. 5 KSchG, der es ermöglicht, dass die einvernehmlich getroffene Sozialauswahl vom Arbeitnehmer nur noch auf grobe Fehlerhaftigkeit überprüft werden kann.

319 Röder/Baeck, Interessenausgleich und Sozialplan, S. 10.

320 BAG AP Nr. 11 zu § 113 BetrVG; NZA 1986, 100; 1985, 400; Däubler/Kittner/Klebe, §§ 113 BetrVG, Rn. 11; a.A. Röder/Baeck, Interessenausgleich und Sozialplan, S. 11 f.; Dörner/Luczak/Wildschütz, Arbeitsrecht in der anwaltlichen und gerichtlichen Praxis, I/ Rn. 1749.

Untersagt sind so lange alle Maßnahmen, die das „Ob" und „Wie" der Betriebsänderung vorwegnehmen, wie z. B. der Ausspruch von Kündigungen[321] oder die Vornahme von Versetzungen. Nach der Rechtsprechung des BAG[322] sind für einen ausreichenden Versuch eines Interessenausgleichs folgende Kriterien zu erfüllen: Der Arbeitgeber hat mit dem Betriebsrat über einen Interessenausgleich zu verhandeln. Wird eine Einigung erzielt, gilt für den Fortgang des Verfahrens § 112 Abs. 1 BetrVG, wird keine Einigung erreicht, ist die Einigungsstelle anzurufen (§112 Abs. 2 BetrVG).

Das Einschalten der Agentur für Arbeit ist freiwillig. Wird diese nur von einer Seite angerufen, muss sich die andere nicht darauf einlassen. Der Nachteil des Einigungsstellenverfahrens ist darin zu sehen, dass bereits die Errichtung[323] der Einigungsstelle sich u. U. sehr lang hinauszögern kann und das Beratungsverfahren zeitlich unbegrenzt ist. Die Einigungsstelle hat nochmals die Verständigung der Betriebsparteien anzustreben. In den Verhandlungen sind die genannten Meinungsverschiedenheiten zu analysieren und zu beraten, wie ein Einvernehmen erzielt werden kann. Hierbei kann auch die Agentur für Arbeit als kompetenter Berater herangezogen werden. Zum Erreichen eines maximalen Erfolgs sind dem Betriebsrat sämtliche Unterlagen zur Einsicht zur Verfügung zu stellen. Er kann auch einen Sachverständigen hinzuziehen.[324] Ist trotzdem keine Einigung möglich, gilt der Interessenausgleich zumindest als versucht. Zum späteren Nachweis des Versuchs eines Interessenausgleichs ist es zweckmäßig, den Beginn der Beratungen schriftlich niederzulegen und über die Beratungen genaue und ausführliche Aufzeichnungen anzufertigen. Sinnvoll sind beiderseits gebilligte Niederschriften.

Widersetzt sich der Arbeitgeber diesem Verfahrensablauf, der in komplexen Fällen sechs bis zehn Monate dauern kann und nicht umsonst ist, riskiert er die Sanktionierung seiner Handlungen. Folgende Sanktionsmöglichkeiten hat der Gesetzgeber vorgesehen, wenn der Arbeitgeber versucht, durch Kündigungen, Aufhebungsverträge, Abordnung/Versetzungen, Veräußerung von Produktionsmitteln, Abziehen von Material oder Betriebsmitteln, Verlagerung der Aufträge o. ä. im Vorgriff auf einen Interessenausgleich vollendete Tatsachen zu schaffen:

321 BAG NZA 1989, 31; ZInsO 2002, 1153; 2003, 960.

322 BAG AP Nr. 11 zu § 113 BetrVG; NZA 1986, 100; 1985, 400.

323 Bei fehlender Einigung hat der Arbeitgeber zunächst das langwierige Verfahren des § 98 ArbGG bis zu einer Entscheidung des LAG über die Besetzung der Einigungsstelle zu durchlaufen. Da dies bereits als eine Art Eilverfahren ausgestaltet ist, ist für eine Beschleunigung im Wege einer einstweiligen Verfügung kein Raum (so auch ArbG Siegburg DB 2002, 278).

324 Fitting/Engels/Schmidt/Trebinger/Linsenmaier, §§ 112, 112a BetrVG, Rn. 46.

Ordnungs-/Zwangsgeld gem. § 23 Abs. 3 BetrVG (bis zu 10.000 Euro),[325] Geldbuße gem. §121 BetrVG (bis zu 10.000 Euro), bei Behinderung Freiheitsstrafe bis zu einem Jahr oder Geldstrafe gem. 119 Abs. 1 Nr. 2 BetrVG, Nachteilsausgleich gem. § 113 BetrVG.

Für die Praxis von sehr großer Bedeutung ist die Frage, ob der Betriebsrat die Durchführung einer Betriebsänderung vor Abschluss des Interessenausgleichs durch eine einstweilige Verfügung verhindern kann. Insbesondere geht es hier um die Frage, ob der Betriebsrat im Fall der geplanten Betriebsänderung einen im Weg der einstweiligen Verfügung durchsetzbaren Anspruch auf Unterlassung von betriebsbedingten Kündigungen bis zum Abschluss des Interessenausgleichsverfahrens hat. Dadurch versucht der Betriebsrat den Ausspruch der Kündigungen bei beabsichtigten Massenentlassungen hinauszuschieben. Dagegen ist der Unternehmer regelmäßig daran interessiert, die Kündigungen so rechtzeitig auszusprechen, dass unter Beachtung der maßgeblichen Kündigungsfristen die Arbeitsverhältnisse im Wesentlichen mit dem Zeitpunkt des Abschlusses der Betriebsänderung enden.

Die Frage, ob dem Arbeitgeber die Durchführung von Betriebsänderungen und damit der Ausspruch von betriebsbedingten Kündigungen untersagt werden kann, ist in Rechtsprechung und Literatur heftig umstritten. Aufgrund der widerstreitenden Interessen der Betriebsparteien kamen die ArbG bzw. LAG in der Praxis zu unterschiedlichen Ergebnissen.[326] Den Unterlassungsanspruch verneint haben bisher u. a. die LAGe Baden-Württemberg[327], Düsseldorf[328], Schleswig-Holstein[329] und Sachsen[330]. Den Unterlassungsanspruch bejaht haben dagegen das LAG Hamburg[331], LAG Bremen[332], LAG Thüringen[333], das LAG Frankfurt/Main[334], sowie mittlerweile auch das LAG Hamm[335]. Das BAG kann das

325 Dörner/Luczak/Wildschütz, Arbeitsrecht in der anwaltlichen und gerichtlichen Praxis, I/Rn. 1837 ff.; Richardi, Die neue Betriebsverfassung. Ein Grundriss, § 6, Rn. 20 f.; Fitting/Engels/Schmidt/Trebinger/Linsenmaier, § 111 BetrVG, Rn. 119; a.A. Picot/Schnitker, Arbeitsrecht bei Unternehmenskauf und Restrukturierung, II/Rn. 330.

326 Eine sorgfältige Auseinandersetzung dazu s. Bruns, Zum Unterlassungsanspruch des Betriebsrats bei Betriebsänderungen, AuR 2003, 15ff.; Ernst, Rechtsprechung zur einstweiligen Verfügung wegen Betriebsänderung und zu deren Gegenstandswert, AuR 2005, 19ff.

327 DB 1986, 805.

328 DB 1984, 511; 1997, 1286.

329 LAGE Nr. 11 zu § 111 BetrVG.

330 AuR 2003, 35.

331 AuR 1982, 389.

332 LAGE Nr. 7 zu § 23 BetrVG.

333 LAGE BetrVG 1972 § 111 Nr. 17.

334 DB 1983, 613; BB 1988, 68.

Problem nicht klären, weil es im einstweiligen Rechtsschutz nicht eingeschaltet ist (§ 92 Abs. 1 Satz 2 i.V.m. § 85 Abs. 2 ArbGG).[336] Es bleibt abzuwarten, wie es die Rechtsprechung bewerten wird, dass auch bei der jüngsten Reform des BetrVG diese strittige Frage nicht gesetzlich gelöst wurde. Bedingt durch die unterschiedliche Handhabung in der Praxis hat sich jeder Arbeitgeber auf einen Versuch des Betriebsrats, seine Interessen im Wege der einstweiligen Verfügung durchzusetzen, einzustellen und entsprechend gesetzesgemäß und nachweisbar das Interessenausgleichsverfahren zu betreiben.

Der im Gegensatz zum Interessenausgleich bei Überschreiten der Schwellenwerte des § 112a Abs. 1 BetrVG erzwingbare Sozialplan hat nach § 112 Abs. 1 Satz 2 BetrVG nicht die geplante Betriebsänderung und die daraus folgenden personellen Maßnahmen, insbesondere Entlassungen, zum Gegenstand, sondern lediglich den Ausgleich und die Milderung wirtschaftlicher Nachteile, die von solchen Maßnahmen für die Arbeitnehmer ausgehen. In Betracht kommen insbesondere Abfindungen oder Transferleistungen (Überführung in Transfergesellschaften, Qualifizierungsmaßnahmen usw.). Nach der Rechtsprechung besteht keine absolute Höchst- oder Mindestgrenze für diese Sozialplanleistungen. Das Bundesarbeitsgericht hat schematischen Grenzen für Sozialplanleistungen stets eine klare Absage erteilt und jeweils auf die Umstände des Einzelfalls abgestellt.[337] Für die Untergrenze bemisst sich der Ausgleichs- und Minderungsbedarf nach den für die Betroffenen entstehenden Nachteilen.[338] Insgesamt ist bei der Bemessung des Gesamtbetrags der Sozialplanleistungen darauf zu achten, dass der Fortbestand des Unternehmens und die nach Durchführung der Betriebsänderung verbleibenden Arbeitsplätze nicht gefährdet werden. Für die wirtschaftliche Vertretbarkeit kommt es auf die objektiven Umstände an[339], wie sie zum Aufstellungszeitpunkt tatsächlich vorliegen. Die "große Unbekannte" ist die Dauer der Arbeitslosigkeit, also die Frage, für welchen Zeitraum diese Nachteile vermutlich eintreten werden. Bei einem wenig leistungsstarken Unternehmen kann im Fall der Entlassung eines großen Teils der Belegschaft auch eine einschneidende Belastung bis an den Rand der Bestandsgefährdung vertretbar sein.[340]

Ist die finanzielle Leistungsfähigkeit umstritten, taucht oftmals die Frage auf, ob der Betriebsrat einen Wirtschaftsprüfer mit der Überprüfung des Unternehmens beauftragen darf. Das ist zu verneinen. Denn der Unternehmer ist nur zur

---

335 Unter Aufgabe der früheren Rechtsprechung NZA-RR 1997, 343 jetzt NZA-RR2004, 80.

336 Richardi, Die neue Betriebsverfassung. Ein Grundriss, § 25 Rn. 54.

337 BAG DB 2005, 397; BAG DB 2004, 193.

338 BAG DB 2005, 397.

339 Dazu Däubler/Kittner/Klebe, §§ 112, 112a BetrVG, Rn. 94ff.

340 BAG DB 2004, 193.

Vorlage von Unterlagen verpflichtet, die er hat. Er ist nicht verpflichtet, weitere Unterlagen zu erstellen oder erstellen zu lassen.[341] Die Frage der mangelnden Glaubwürdigkeit hinsichtlich der vom Unternehmer eingereichten Zahlen und Daten kann der Betriebsrat allerdings durch die Auswahl des ihm zustehenden Beraters nach § 111 Satz 2 BetrVG oder durch gegebenenfalls zusätzliche Hinzuziehung eines Sachverständigen gem. § 80 Abs. 2 Satz 3 BetrVG klären.[342] Denn nach § 111 Satz 2 BetrVG ist § 80 Abs. 3 BetrVG ausdrücklich nicht ausgeschlossen worden.

Kommt eine Einigung über einen erzwingbaren Sozialplan nicht zustande, so entscheidet die Einigungsstelle, die vom Unternehmer oder Betriebsrat angerufen werden kann, verbindlich über die Aufstellung eines Sozialplans (§ 112 Abs. 4 BetrVG). Der Einigungsstelle wird die Aufgabe übertragen, eine Regelung herbeizuführen, ob und welche Nachteile der von der geplanten Betriebsänderung betroffenen Arbeitnehmer ausgeglichen oder gemildert werden sollen.

Interessenausgleich und Sozialplan dienen der Gewähr eines Mindestschutzes der betroffenen Arbeitnehmer und sollen ganz allgemein nicht in Frage gestellt werden. Zu beachten ist jedoch, dass Interessenausgleich und Sozialplan als repressive Instrumente des Betriebsrates zur Verzögerung und Erschwerung geplanter Betriebsänderungen genutzt werden können. Denn im Fall der Betriebsänderung haben Arbeitgeber und Betriebsrat gegenläufige Interessen. Der Arbeitgeber will den Personalabbau schnellstmöglich, billigstmöglich und rechtssicher realisieren. Er will hohen Kostenbelastungen und langen Verhandlungsdauern entgegenwirken. Bei Bekanntgabe und Verzögerung der geplanten Betriebsänderung droht, dass sich eventuell schon bestehende Umsatz- und Absatzschwierigkeiten vergrößern werden. Häufig verlangen sogar die Banken eine schnelle Realisierung des Personalkostenabbaus als kostenentlastende Maßnahme. Die Verhandlungsposition des Betriebsrats ist insbesondere dadurch geprägt, für die vom Personalabbau betroffenen Arbeitnehmer möglichst günstige finanzielle Regelungen zu erreichen und die verbleibenden Beschäftigungsverhältnisse in möglichst hoher Zahl zu sichern. Die Stärke seiner Verhandlungsposition hängt davon ab, um welche Zeitspanne er den Personalabbau hinauszögern und wie er die Umsetzung für den Arbeitgeber kostenungünstig gestalten kann. Bei diesem Prozess der ordnungsgemäßen Beteiligung des Betriebsrats wird gerade die unerfahrene Geschäftsleitung die schlechte Erfahrung machen, dass ein Personalabbau kein Selbstgänger ist, dass sich bei einem nicht kooperativen Be-

---

341 BAG AP Nr. 94 zu § 99 BetrVG; LAG Hamm NZA 1986, 651; Picot/Schnitker, Arbeitsrecht bei Unternehmenskauf und Restrukturierung, II/Rn. 239.

342 Däubler/Kittner/Klebe, § 112 BetrVG, Rn. 91; Fitting/Engels/Schmidt/Trebinger/Linsenmaier, § 112 BetrVG, Rn. 183.

triebsrat die Realisierung des Personalabbaus durch die Verpflichtung zur rechtzeitigen und umfassenden Unterrichtung und Beratung, zur Ansprache des richtigen Verhandlungspartners bei Bestehen eines Gesamtbetriebsrats, zu Einigungsversuchen über einen Interessenausgleich schnell auf über ein Jahr hinziehen kann, dass sie u. U. durch einen nicht zu vermeidenden Sozialplan, Nachteilsausgleichsansprüche gemäß § 113 BetrVG bei fehlerhaftem Vorgehen, die Möglichkeit des Betriebsrats zur Herbeiziehung eines Beraters gemäß §§ 80 Abs. 3, 111 BetrVG teurer als gedacht und damit für die Gesamtliquidität des Unternehmens belastend wird und dass ein hoher bürokratischen Aufwand (Einschaltung der Agentur für Arbeit, Beratung mit dem Rechtsanwalt, Gerichtsverfahren, Verhandlungstermine) droht.

4. Streik

Neben den klassischen Problemen bei der Durchführung des Personalabbaus, Kündigungsschutzprozesse und aufwendige Verhandlungen mit dem Betriebsrat, hat ein entlassender Arbeitgeber heutzutage auch mit einem dadurch ausgelösten Streik zu rechnen.

In jüngster Zeit ist es in der Praxis zu beobachten, dass die Gewerkschaften parallel zu den Verhandlungen über einen geplanten Stellenabbau den Abschluss eines Ergänzungs- bzw. Haustarifvertrags[343], im Ergebnis eines "tariflichen Sozialplans", verlangen, in dem u. a. eine Verlängerung der Kündigungsfristen, vom Arbeitgeber finanzierte Qualifizierungsmaßnahmen, Einführung, Dauer und Finanzierung von Transfergesellschaften sowie Zahlung von umfangreichen Abfindungen festgeschrieben werden sollen. Das LAG Niedersachsen[344] sowie das LAG Schleswig-Holstein[345] haben entschieden, dass es für eine Gewerkschaft grundsätzlich möglich sein soll, anlässlich einer bevorstehenden Betriebsänderung einen derartigen tariflichen Sozialplan mittels Arbeitskampf gegen einen einzelnen Arbeitgeber zu erzwingen. Der Streikgegenstand, so das LAG Schleswig-Holstein, bestimme sich nach dem Streikbeschluss und nicht nach sonstigen Erklärungen und Publikationen, in denen sich die Gewerkschaft für die Standorterhaltung eingesetzt hatte. Ein solcher Streik sei grundsätzlich zulässig, wenn es nur um die Folgeregelungen einer Betriebsänderung ginge.

---

343 Zur Definition s. Fn. 2.

344 BB 2004, 2191.

345 DB 2003, 1336. So auch Wolter, Standortsicherung, Beschäftigungssicherung, Unternehmensautonomie, Tarifautonomie, RdA 2002, 218ff.

Gegen die genannte Rechtsprechung bestehen allerdings rechtliche Bedenken: Für die Wahrung der berechtigten Interessen der Arbeitnehmer hat der Gesetzgeber in den §§ 111, 112 BetrVG bereits ein Verfahren vorgesehen, wonach die sozialen Folgen auf der Betriebsebene geregelt werden. Würde man daneben auch den Gewerkschaften ein Streikrecht im Zusammenhang mit einer konkreten Betriebsänderung mit dem Charakter eines betriebsbedingten Situationsstreiks[346] zubilligen, so läge hierin ein Eingriff in den Kernbereich der verfassungsrechtlich gewährleisteten Unternehmensautonomie.[347]

Eine Klarheit unter Einschränkungen hat jetzt das Bundesarbeitsgericht[348] gebracht. Danach kann gegenüber einem verbandsangehörigen Arbeitgeber ein Firmentarifvertrag mit Hilfe eines Streiks erzwungen werden. Voraussetzung für die Nicht-Rechtswidrigkeit des Streiks ist aber neben den allgemeinen Grundsätzen zum Streik[349] und Warnstreik[350], wie Erhebung einer Forderung, Scheitern

---

346 Begriff von Reichold, Zulässigkeitsgrenzen eines Arbeitskampfs zur Standortsicherung, BB 2004, 2814ff.

347 So Hohenstatt/Schramm, Erstreikbarkeit von "tariflichen Sozialplänen", DB 2004, 2214ff. und Bauer/Steffen, "Firmentarifsozialplan" als zulässiges Ziel eines Arbeitskampfes, NZA 2004, 1019ff.

348 BAG DB 2003, 1116.

349 Der Deutsche Gewerkschaftsbund hat eine Richtlinie zur Führung von Arbeitskämpfen verfasst. Mit ihr sollen übereilte Entschlüsse zum Arbeitskampf verhindert werden. Weitere Regelungen befinden sich in den Satzungen der im DGB zusammengeschlossenen Gewerkschaften. Eine Gewerkschaft leitet den Streik mit einem Beschluss ein, wenn die Voraussetzungen zur Durchführung eines Streiks, insbesondere das Scheitern von Verhandlungen (vgl. BAG DB 1988, 1952; 1991, 2295) und ggf. Warnstreiks (vgl. dazu BAG DB 1984, 2563; 1988, 1952), gegeben sind. In einem zweiten Schritt wird die Durchführung einer Urabstimmung beschlossen. Dieser Streikbeschluss ist für die rechtliche Bewertung der Streikziele von entscheidender Bedeutung (s.o. zum Streikrecht für "tarifliche Sozialpläne" BAG DB 2003, 1116; LAG Niedersachsen BB 2004, 2191 sowie das LAG Schleswig-Holstein DB 2003, 1116). In einem dritten Schritt werden die Gewerkschaftsmitglieder aufgefordert, an einer Urabstimmung teilzunehmen. Danach findet die Urabstimmung statt. An dieser Urabstimmung nehmen nur die Gewerkschaftsmitglieder des Betriebes teil, der bestreikt werden soll. Eine Beteiligung von Außenseitern, die z.B. in den Gesetzesvorschlägen der FDP von 1984 und 2003 gefordert wurde, wäre systemfremd und ist darum nicht erforderlich (so auch Berg/Platow/Schoof/Unterhinninghofen, AKR, Rn. 109). Die meisten Gewerkschaften haben in ihren Satzungen festgelegt, dass eine qualifizierte Mehrheit (in der Regel 75 % der Mitglieder) dem Streik zustimmen muss, damit er stattfinden kann. Nach der Urabstimmung muss gemäß den Richtlinien der Streikbeschluss durch das zuständige Organ der Gewerkschaft genehmigt werden. In einem vorletzten Schritt ergeht der Streikbefehl der Gewerkschaft an die Mitglieder und die Aufforderung zur Streikbeteiligung an die Nichtmitglieder. Es beginnt die tatsächliche Arbeitsniederlegung.

der Verhandlungen (ultima-ratio-Prinzip), insbesondere, dass, wenn sich der Streik auf die Regelungsmaterie des Verbandstarifvertrags richtet, die Friedenspflicht eingehalten wird und dass sich der Streik nicht auf eine gesetzeswidrige tarifliche Regelung richtet. Das Fehlen einer dieser Voraussetzungen führt zur Rechtswidrigkeit des gesamten Streiks.[351] Haben die Tarifvertragsparteien eine bestimmte Sachmaterie erkennbar umfassend geregelt, ist davon auszugehen, dass sie diesen Bereich der Friedenspflicht unterwerfen und für die Laufzeit des Tarifvertrags die kampfweise Durchsetzung weiterer Regelungen unterbinden wollen, die in einem sachlichen Zusammenhang mit dem befriedeten Bereich stehen.[352]

Bei einem Streik gegenüber einem verbandsangehörigen Arbeitgeber mit dem Ziel eines "tariflichen Sozialplans", in dem u. a. eine Verlängerung der Kündigungsfristen, vom Arbeitgeber finanzierte Qualifizierungsmaßnahmen, Einführung, Dauer und Finanzierung von Beschäftigungs- und Qualifizierungsgesellschaften sowie Zahlung von umfangreichen Abfindungen festgeschrieben werden sollen, muss darum festzustellen sein, dass die verlangten zusätzlichen Belastungen nicht mit bereits tariflich geregelten wirtschaftlichen Belastungen verbunden sind und tarifrechtlich regelbare Forderungen sind.

So würden besondere Kündigungsschutzregeln in einem Verbandstarifvertrag jeden Arbeitskampf um Sonderkündigungsschutz bei konkreten Betriebsstilllegungen sperren.[353] Überdies kann bereits die Forderung des Arbeitgeberverbandes, mit der Gewerkschaft über bestimmte Materien im Verbandstarifvertrag zu verhandeln, den Arbeitskampf um diese Regelungsmaterie sperren, weil unter dem Gesichtspunkt der Verhältnismäßigkeit dem einzelnen Arbeitgeber jetzt die Vorteile der Nutzung seiner Verbandszugehörigkeit nicht genommen werden dürfen.[354]

Bei einem Streik gegenüber einem nicht verbandsangehörigen Arbeitgeber mit dem Ziel eines "tariflichen Sozialplans" ist nur zu prüfen, ob die Gewerkschaft mit diesen Forderungen rechtswidrige Ziele verfolgt. Nach der ständigen

350 S. dazu Berg/Platow/Schoof/Unterhinninghofen, AKR, Rn. 103ff. Warnstreiks sind nach Ablauf der Friedenspflicht rechtlich zulässig (BAG DB 1988, 1952; BAG DB 1984, 2563). Sie sind auch während der noch laufenden Tarifverhandlungen zulässig, sobald die Gewerkschaft die Verhandlungsmöglichkeiten ohne begleitende Arbeitskampfmaßnahmen als ausgeschöpft ansieht. Das kann auch zwischen angesetzten Verhandlungsterminen sein. Rechtliche Grenzen für die Dauer und Wiederholung gibt es nicht. Allerdings unterliegen auch Warnstreiks dem ultima-ratio-Prinzip und setzen einen satzungsgemäßen Warnstreikbeschluss voraus.

351 BAG DB 1977, 2226; 1981, 1403.

352 BAG DB 2003, 1116; 1959, 114.

353 BAG DB 2003, 1116.

354 Meyer, Beschäftigungssichernde Tarifverträge, ZTR 2005, 394ff.

Rechtsprechung können Arbeitskämpfe nur zur Durchsetzung tarifvertraglich regelbarer Ziele geführt werden.[355] Tariflich regelbar ist die Streikforderung, wenn sie zulässiger Inhalt eines Tarifvertrages sein könnte.[356] Das liegt vor, wenn der Gegenstand des Streiks in einem unmittelbaren Zusammenhang zu den Arbeitsbeziehungen zwischen Arbeitnehmern und Arbeitgebern steht. Das können Inhalts-, Abschluss- und Beendigungsnormen sein. Darüber könnte man zumindest bei den Zielen Einführung, Dauer und Finanzierung von Transfergesellschaften sowie Zahlung von umfangreichen Abfindungen streiten, weil es typische Sozialplanregelungen sind.

Problem bleibt aber, wann ein Eingriff in den Kernbereich der verfassungsrechtlich gewährleisteten Unternehmensautonomie vorliegt. Das LAG Hamm[357] hatte unlängst über einen angedrohten Streik zu entscheiden, durch den der Arbeitgeber dazu veranlasst werden sollte, in einem paritätisch zusammengesetzten Beratungsausschuss Alternativen zur beabsichtigten Standortverlagerung zu prüfen. Die Gewerkschaft hatte für den Fall, dass es bei der Verlagerung bleiben würde, Abfindungen und Umzugsbeihilfen gefordert. Das LAG hielt den Streik für rechtswidrig, weil die Gewerkschaft, wie aus dem Urabstimmungstext ersichtlich, den Arbeitgeber habe unter Druck setzen wollen, um die Standortentscheidung rückgängig zu machen.

Das Problem wird allgemein als Grenzfrage zwischen der Tarifautonomie gegenüber der freien Unternehmerentscheidung behandelt.[358] Unstreitig zum tariffreien Bereich gehören Entscheidungen über Preispolitik, Kreditaufnahmen hinsichtlich Kreditgeber und -höhe, Gründung neuer und Erweiterung bestehender Betriebe. Unstreitig der Tarifmacht unterliegen Entscheidungen, die Arbeit, Lohn und Beschäftigung unmittelbar berühren. Für den Bereich der sozial relevanten Unternehmerentscheidungen, die als Grauzone zwischen unternehmerischen und die Arbeitsbedingungen betreffenden Entscheidungen einzuordnen sind, werden vielfach tarifrechtliche Regelungen für zulässig[359], ihre kampfweise Durchsetzung hingegen als unzulässig erachtet.[360] Das Bundesarbeitsgericht[361] gibt keine eindeutige Antwort. Einerseits weist es die Entscheidung "ob, was und wo herge-

355 BAG DB 2003, 1116; 1978, 1647; 1985, 601.

356 Vgl. Zöllner/Loritz, Arbeitsrecht: Ein Studienbuch, 1998, S. 459.

357 NZA-RR 2000, 535. Dazu ausführlich Wolter, Standortsicherung, Beschäftigungssicherung, Unternehmensautonomie, Tarifautonomie, RdA 2002, 218ff.

358 Ausführlichst dazu Kühling/Bertelsmann, Tarifautonomie und Unternehmerfreiheit, NZA 2005, 1017ff.; Franzen, Standortverlagerung und Arbeitskampf, ZfA 2005, 315ff.

359 A.A. Biedenkopf, Gutachten für den 46. Deutschen Juristentag (1966), Bd.I, S. 160ff.

360 So etwa Gamillscheg, Kollektives Arbeitsrecht, Bd. 1, 1997, S. 339ff.

361 BAG NZA 1990, 886.

stellt wird", der Unternehmensautonomie zu. Andererseits betont es, dass sich der Regelungsauftrag des Art. 9 Abs. 3 GG auch auf die Steuerung der unternehmerischen Sachentscheidung erstrecke, wenn sich deren Folgen für die Arbeitnehmer derart belastend auswirken, dass sich die sozialen Folgen nicht oder nicht hinreichend trennen lassen. Damit umfasst die Betätigungsgarantie der Gewerkschaften aber grundsätzlich auch eine mittelbare Einflussnahme auf die unternehmerische Entscheidung. Sie ist gegenüber sozialpolitischen Entwicklungen auf dem Arbeitsmarkt offen. Mit Kühling/Bertelsmann[362] ist die Sachnähe der Stilllegungs- und Standortfrage wegen ihrer Auswirkungen auf die Beendigung von Arbeitsverhältnissen so dicht den der Tarifautonomie zugehörigen Arbeitsbedingungen zuzuordnen, dass Standortentscheidungen grundsätzlich mit Arbeitskampfmitteln angegriffen werden können. Die Grenze ist dort zu ziehen, wo die Berufsfreiheit des Arbeitgebers in qualifizierter Weise betroffen wird, weil der personale Bezug und damit das Grundrecht auf freie Berufwahl und -ausübung gem. Art. 12 Abs. 1 GG im Vordergrund steht. Das kann etwa der Fall sein, wenn der Unternehmer ansonsten in persönliche wirtschaftliche Schwierigkeiten geriete oder sich aus dem Geschäftsleben zurückziehen will und eine Unternehmensnachfolge nicht zumutbar zu gestalten ist.

Vor diesem Hintergrund und aufgrund der genannten Entscheidungen des LAG Niedersachsen und des LAG Schleswig-Holstein hat ein Arbeitgeber davon auszugehen, dass in Fällen der Betriebsstilllegungen oder -standortverlagerungen im Regelfall mit Hausstreiks zu rechnen ist, jedoch ein sicher prognostizierter gerichtlicher Rechtsschutz gegen Kampfmaßnahmen der zuständigen Gewerkschaft nicht zu erreichen sein wird.[363]

5. Boykott

Zunehmend ist zu beobachten, dass die Gewerkschaften öffentlichen Druck über ein bestehendes Netzwerk zu den Medien aufbauen, um das Repertoire gewerkschaftlicher Handlungsmöglichkeiten zu erweitern. Kampagnen sind auch dort anwendbar, wo die traditionellen Formen der Interessenwahrnehmung (das BetrVG, die Tarifauseinandersetzung oder auch die Kampfform Streik) nicht greifen oder ausreichen.

So können über den öffentlichen Druck Kampagnen auch dort funktionieren, wo der Organisationsgrad der Gewerkschaft extrem gering ist, wo Streiks ausge-

---

362 Kühling/Bertelsmann, Tarifautonomie und Unternehmerfreiheit, NZA 2005, 1017ff.

363 Das betrifft auch Kleinunternehmen, denn die Tariffähigkeit hängt nicht von der Arbeitnehmerzahl ab.

schlossen sind oder wo die Schließung eines Betriebes droht. Mit Kampagnen können andererseits aber auch Streiks vorbereitet und ihre Intensität verstärkt werden. Was Anfang der 90er Jahre noch oft wie Theorie klang, kann mittlerweile mit Erfahrungen und Beispielen aus der Praxis untermauert werden. Beispielhaft ist die Kampagne gegen die Drogeriemarktkette Schlecker.[364] Die Arbeitsbedingungen waren von Unterbesetzung, starker Überwachung und Misstrauen (Testkäufer) geprägt. Betriebsratswahlen wurden behindert. In einer Mischung aus Pressekonferenzen, Aktivierung des medialen Netzwerks und einer Postkartenaktion wurde eine Kampagne organisiert.[365] Nach einigen Monaten Kampagnenarbeit kam es schließlich zu einem Tarifabschluss, in dem die Forderungen sozialer Mindeststandards erfüllt wurden.

Diese neuen Kampfformen werden auch gegen Stellenabbau eingesetzt.[366] Ziel ist es, durch eskalierenden Druck durch die Öffentlichkeit die Arbeitgeber zu arbeitnehmerfreundlichen Entscheidungen zu bringen. Typisch sind: eine Serie aufeinander bezogener Aktionen, die Emotionalisierung des Konflikts und der permanente Öffentlichkeitsbezug.[367] In anderen Fällen sind sogar Boykottaufrufe beispielsweise gegen Arbeitgeber, die Tarifflucht begehen, denkbar. Bei der Schließung des Versandhauses Schöpflin in Lörrach mit der Entlassung von rund 900 Beschäftigten durch den Mutterkonzern Quelle in 1999 rief ein Netzwerk (SOS – Solidaritätskomitee für Schöpflin) aus evangelischer und katholischer Kirche, dem Verband berufstätiger Frauen, dem Deutschen Gewerkschaftsbund und der Gewerkschaft Handel Banken und Verkehr zu einem Boykott von Quelle-Produkten auf, der vor allem regional starke Resonanz und großes Medienecho fand. Zwar konnte die Schließung nicht verhindert werden, jedoch wurde die

---

364 Oder aktuell der Aufruf zur bundesweiten Protestwoche durch die Dienstleistungsgewerkschaft ver.di gegen die Arbeitsbedingungen beim den Discounter Lidl. Langfristig sollen die insgesamt 40 000 Beschäftigten ermuntert werden, in ihren Filialen Betriebsräte zu bilden und bessere Arbeitsbedingungen durchzusetzen (Kieler Nachrichten v. 17.9.2005).

365 Renneberg, Veränderte Arbeitsbeziehungen – Veränderung der Arbeitskampfformen?, WSI Mitteilungen 2005, 265ff.

366 Beispielsweise aktuell die von der Dienstleistungsgewerkschaft ver.di organisierten Protestmärsche mit anschließenden Kundgebungen gegen den geplanten bundesweiten Stellenabbau von 1700 Arbeitsplätzen beim Lebensmittelhändler Edeka (Kieler Nachrichten v. 17.9.2005). Siehe dazu auch die Handlungsanleitung der Dienstleistungsgesellschaft ver.di unter *aktive.verdi.de* mit weiteren Beispielen.

367 Dazu ausführlich Renneberg, Die Arbeitskämpfe von morgen? – Arbeitsbedingungen und Konflikte im Dienstleistungsbereich, 2005; Wissmeier, Kampagnen organisieren, 2004.

Verweigerungshaltung der Konzernleitung aufgebrochen und in Verhandlungen ein deutlich verbesserter Interessenausgleich und Sozialplan erreicht.[368]

Das stellt die Frage nach den Grenzen solcher Initiativen. Zu den Grundzügen des Arbeitskampfes zählt die Freiheit der Kampfmittelwahl. Es gibt keinen "numerus clausus" von Kampfmitteln. Allerdings müssen die Grundsätze über die Rechtmäßigkeit von Arbeitskampfmaßnahmen eingehalten werden.[369] Als Grenze der Arbeitskampffreiheit hat die Rechtsprechung seit jeher das Gebot der sog. fairen Kampfführung formuliert.[370] Ein Verstoß begründete einen Unterlassungsanspruch und vor allem die Gefahr eines Schadensersatzanspruches gem. § 823 BGB (Schutz des Gewerbebetriebs) und/oder § 826 BGB (sittenwidrige Maßnahme). Durch diese neuen Kampfformen erfolgt eine Behinderung der gewerblichen Betätigung des Arbeitgebers. Dabei kollidiert der Schutz des Arbeitgebers auf ungestörte berufliche Betätigung mit dem Recht zur freien Meinungsäußerung, der eine Güter- und Interessenabwägung im Einzelfall erforderlich macht. Es fehlt der Initiative zur Organisation von Kampagnen bis zum Boykottaufruf der Charakter der Wahrnehmung berechtigter Interessen, wenn sie nach Inhalt, Form und Begleitumständen nicht das gebotene und notwendige Mittel zur Erreichung eines rechtlich gebilligten Zwecks ist.[371] So kann die gewerbeschädigende Kritik einer Fernsehsendung oder eines Tierschutzvereins selbst bei zutreffender Berichterstattung im Einzelfall nicht von Art. 5 GG gedeckt und damit unzulässig sein.[372] So ist beispielsweise der Boykottaufruf gegen einen Arbeitgeber, der Tarifflucht begeht und den Abschluss von Tarifverträgen grundsätzlich ablehnt, grundsätzlich nicht unzulässig, weil die Regelung der Arbeitsbedingungen durch Tarifvertrag der Kultur der Sozialpartnerschaft entspricht.[373] Unzulässig ist ein Boykottaufruf erst, wenn eine beabsichtigte wirtschaftliche Vernichtung mit ihm einhergeht.[374] Wenn der Verhandlungsdruck der Belegschaft und ihrer Vertreter nicht ausreicht, die Forderung nach Erhalt der Arbeitsplätze bzw. nach Alternativlösungen durchzusetzen, muss der Arbeitgeber dies nachweisen, solche besonderen negativen Begleitumstände darlegen und im Zweifel beweisen, wenn er Unterlassungs- oder sogar Schadensersatzansprüche durchsetzen will.

Ein Arbeitgeber muss davon ausgehen, dass auch gegen ein derartiges Vorgehen einer Gewerkschaft oder einer sonstigen Initiative gerichteter gerichtlicher Rechtsschutz unkalkulierbaren Beweis- und Rechtsrisiken unterliegen würde.

---

368 Lang, Quelle: Ausradieren statt sanieren, 2000, S. 96ff.
369 BAG DB 1977, 405.
370 BAG, AP GG Art. 9 Arbeitskampf Nr. 43.
371 Vgl. BGH GRUR 70, 465; Palandt, § 823, Rn. 131.
372 BGH NJW 1963, 484; WM 1969, 173; AG Frankfurt a.M. NJW-RR 1988, 52.
373 LG Düsseldorf AuR 2001, 194.
374 BAG AP § 1 TVG FriedensPflicht Nr.3.

6. Spontane Arbeitsniederlegung und Torblockade

Als Streik gemäß dem herkömmlichen Arbeitskampfrecht sind Aktionen wie spontane Arbeitsniederlegung und Torblockaden schon deswegen rechtswidrig, weil der Streik nur unter Führung einer Gewerkschaft zulässig ist. Nur der rechtmäßige Streik suspendiert das Arbeitsverhältnis und damit die beiderseitigen Hauptleistungspflichten und befreit die Beteiligten vom Verdikt des Vertragsbruchs.[375] Dem rechtswidrigen Streik fehlt diese Rechtswirkung.

Nach Franzen[376] ist die Arbeitsniederlegung ohne gewerkschaftliche Führung nur in Ausnahmefällen gerechtfertigt. In Betracht kommt Notwehr nach § 227 BGB in dem seltenen Fall, in dem das Inaussichtstellen einer Standortverlagerung durch den Arbeitgeber als widerrechtliche Drohung i.S.v. § 123 BGB bzw. § 240 StGB zu qualifizieren ist. Das könnte der Fall sein, wenn der Belegschaft keine Chance auf Verhandlungen geboten wird oder die Standortverlegung tatsächlich nicht zur Senkung der Produktionskosten tauglich ist, aber zur Senkung von Arbeitskosten vor Ort vorgeschoben wird. Im Regelfall bleibt die Arbeitspflicht erhalten, so dass die Teilnehmer einer spontanen Arbeitsniederlegung und einer Torblockade unstreitig eine Vertragsverletzung begehen und deliktisch ein rechtwidriger Eingriff in den eingerichteten und ausgeübten Gewerbebetrieb vorliegt. Organisierende Betriebsräte verstoßen gleichzeitig gegen das ausdrückliche betriebsverfassungsrechtliche Arbeitskampfverbot des § 74 Abs. 1 Satz 2 BetrVG.

Dementsprechend haben die betroffenen Arbeitgeber nach herkömmlicher Sicht folgende Rechte:[377] Unterlassungsanspruch gegen die Organisatoren und Teilnehmer gestützt auf § 1004 BGB i.V.m. dem Recht am eingerichteten und ausgeübten Gewerbebetrieb und gegen organisierende Betriebsräte zusätzlich auf das betriebsverfassungsrechtliche Arbeitskampfverbot als Schutzgesetz i.S.v. § 823 Abs. 2 BGB[378], ein außerordentliches Kündigungsrecht zumindest gegen die Organisatoren und Redeführer und diejenigen, die sich an den Torblockaden beteiligt haben;[379] Schadensersatzansprüche gegen die Teilnehmer für den Produktionsausfall wegen der Arbeitsvertragsverletzung und den rechtswidrigen Eingriff in den eingerichteten und ausgeübten Gewerbebetrieb;[380] Strafanzeigen zumindest wegen Hausfriedensbruch (§ 123 StGB) und Nötigung (§ 240 StGB).

---

375 Rieble, Arbeitsniederlegung zur Standorterhaltung, RdA 2005, 200ff.

376 Franzen, Standortverlagerung und Arbeitskampf, ZfA 2005, 315ff.

377 Insoweit vgl. Rieble, Arbeitsniederlegung zur Standorterhaltung, RdA 2005, 200ff.

378 BAG AP Nr. 111 zu Art. 9 GG Arbeitskampf.

379 BAG AP Nr. 52 zu Art. 9 GG Arbeitskampf; AP Nr. 58 zu Art. 9 GG Arbeitskampf.

380 BAG AP Nr. 76 zu Art. 9 GG Arbeitskampf.

Insbesondere Däubler[381] fordert allerdings ein allgemeines Recht zu spontanen Arbeitsniederlegungen durch ebenso spontane ad-hoc-Koalitionen, wenn der Arbeitgeber mit Schließung des Betriebes und Verlagerung der Arbeitsplätze ins Ausland droht. Mit einer ausführlichen Begründung schließt sich ihm Rieble[382] teilweise an. Das Streikprivileg der Gewerkschaften löse keine Sperrwirkung aus, die sämtlichen anderen Koalitionen jedes kollektive Druckmittel aus der Hand nähme. Auch andere Arten von nicht-tariffähigen Koalitionsbildungen seien mit dem Art. 9 Abs. 3 GG vereinbar, eine Rechtsform sei nicht vorgeschrieben, auch ihnen müsse ein Druckmittel wie Arbeitskampfmaßnahmen zugestanden werden. Betriebsräte mit ihrem Recht auf Koalitionsfreiheit dürften als Person Teilnehmer sein. Es müsse ihnen nur gelingen, ihre Funktion als Betriebsrat herauszuhalten.

Allerdings sind mit Rieble an die Koalitionsbildung ähnliche Anforderungen zu stellen wie an Gewerkschaften, da das Recht zum risikofreien Streik nicht spontanen Koalitionen oder Interessengruppen, die für sich Sondervorteile erkämpfen wollen, anvertraut werden dürfe. Das würde das herrschende, verfassungsrechtlich gewährleistete Tarifvertragssystem mit seinem Solidaritätsgedanken und seiner Kartellwirkung aus den Angeln heben. Außerdem muss auch die Vorgehensweise mit seinen Grundregeln wie Einhaltung der Friedenspflichten, Aufstellung von Forderungen, Bereitschaft zu Verhandlungen, ultima-ratio-Prinzip und kollektive Beschlussfassung eingehalten werden. Das ist bei spontanen Arbeitsniederlegungen nicht gegeben, so dass betroffene Arbeitgeber tatsächlich eine nicht nur starke, sondern auch rechtssichere Rechtsposition haben. Es ist nur die Frage, ob sie diese Rechte nutzen oder im Interesse des zukünftigen Betriebsfriedens darauf verzichten.

7. Die Probleme des Personalabbaus am Beispiel der X-GmbH aus Kiel

In der Branche der X-GmbH war in den letzten Jahren ein Auftragsrückgang zu verzeichnen, so dass der Umsatz bis zum heutigen Zeitpunk leicht zurückging. Die X-GmbH musste den stärksten Einbruch in der Periode 2002/2003 hinnehmen, der Umsatz sank um 10,9 %. Dabei wurde der größte Teil des Umsatzes im Ausland generiert. Somit ist das Unternehmen stark abhängig von der Konjunktur der internationalen Märkte. Der Anteil des Auslandsumsatzes variierte im Berichtszeitraum zwischen 86 und 87 %. Analog zum Umsatzrückgang verzeichnete die X-GmbH auch im Ergebnis der betrieblichen Tätigkeit Verluste. In der Periode 2002/2003 wurde ein Jahresfehlbetrag gemeldet. Die Anzahl der Mitarbeiter

381 Däubler, Neue Grundsätze im Arbeitskampf?, AuR 1998, 148ff.
382 Rieble, Arbeitsniederlegung zur Standorterhaltung, RdA 2005, 200ff.

unterlag in den letzten Jahren leichten Schwankungen. Schon im Spätherbst 2003 zeichnete sich ab, dass die X-GmbH mit einem Verlust in Millionenhöhe abschließen würde, was für die Geschäftsleitung aber „keine große Überraschung gewesen sei". So beschloss man als drastischen Schritt die Entlassung von ca. 100 Mitarbeitern. Nur so habe man eine erfolgreiche Sanierung des Unternehmens gewährleisten können. Kurz darauf verwies die Geschäftsleitung auf ein Gutachten einer Unternehmensberatung, wonach die bisherigen Maßnahmen nicht ausreichten, und erhöhte den geplanten Personalabbau auf 130 Mitarbeiter, um das „bis in die Substanz hinein ausgehöhlte Unternehmen" zu sanieren. Als die Geschäftsleitung der X-GmbH dabei äußerte, den wegen der Umsatz- und Gewinnrückgänge unumgänglichen Personalabbau von 130 Arbeitnehmern bis zum Frühsommer 2004 durchzuziehen, reagierte Kiels IG-Metall-Chef Mädel nur mit: "Das wollen wir erst mal sehen."

Zur Chronik:

November 2003:
Der Standort Kiel wird der o. g. gutachtlichen Effizienzprüfung unterzogen. „Ziel ist es, die Ertragskraft des Unternehmens nachhaltig zu erhöhen" (Zitat der Geschäftsführung), außerdem die Wettbewerbsfähigkeit und die Rentabilität zu steigern. In diesem Programm sind Kostensenkungen in Höhe von rund 8 Millionen Euro enthalten. Ergänzend werden Absatzzahlen für das kommende Geschäftsjahr geschätzt. Die Geschäftsleitung entschließt sich für die Restrukturierung, u. a. den Personalabbau im Umfang von 130 Mitarbeitern.

Mitte Dezember 2003:
Laut Presse wird ein Umsatzeinbruch von 10% gemeldet, nach Angaben der Geschäftsleitung aber inoffiziell eigentlich 20%. Dieser Rückgang der Umsätze könne nur durch einen unumgänglichen Personalabbau kompensiert werden. In Kiel wird für das nächste Geschäftsjahr ein Produktionssoll aufgestellt.

Die IG Metall kündigt den Manteltarifvertrag über die Kündigungsfristen. Der Betriebsrat fordert die Einhaltung des Interessenausgleichsverfahrens. Darauf geht die Unternehmensleitung zunächst nicht ein.

Die X-GmbH gründet am 10.01. 2004 eine Transfergesellschaft für die 130 betroffenen Arbeitnehmer. Damit soll Ihnen der Übergang in ein neues Arbeitsverhältnis erleichtert und den älteren Arbeitern eine Überbrückung bis zum Renteneintritt ermöglicht werden.

16.Januar 2004:
Nachdem die Geschäftsleitung sich nicht mit dem Betriebsrat auf einen Interessenausgleich einigen konnte, beantragt sie die Einberufung einer Einigungsstelle. Diese Maßnahme wurde vom Betriebsrat abgelehnt (man hoffte, durch Tarifverträge zu einer Einigung zu kommen), woraufhin vor Gericht die Einberufung erklagt wurde. Die Leitung übernimmt ein Hamburger Richter. Die IG Metall ruft die Mitarbeiter auf, sich in der Gewerkschaft zu organisieren, um alle rechtlich erlaubten Mittel (Urabstimmung, Streik, usw.) mit Erfolgsaussicht einzuleiten.

10. Februar 2004:
Der Betriebsrat fordert die Geschäftsleitung auf, einem externen Gutachten von ISA-Consult (100%ige Tochter des Deutschen Gewerkschaftsbundes) zuzustimmen. Die Unternehmensleitung stimmt erst zu, als auch das Arbeitsgericht Kiel ein solches Benchmarking für rechtlich gültig erklärt, da ein Betriebsrat das Recht habe, einen unabhängigen Dritten zu Rate zu ziehen.

15. Februar 2004:
Der Arbeitgeberverband Nordmetall lehnt grundsätzlich alle Verhandlungen mit der IG-Metall ab.

25. Februar 2004:
Vermittlungsversuch zwischen der Geschäftsleitung der X-GmbH und dem Betriebsrat. Die Geschäftsleitung der X-GmbH verweigert einen Termin beim Landesarbeitsamt-Präsidenten und erklärt den Vermittlungsversuch für gescheitert.

03. März 2004:
Die Arbeitnehmer treten erstmals in einen ganztägigen Warnstreik.

06. und 07. März 2004:
Eine Urabstimmung über die Arbeitsniederlegung im Kieler Werk findet statt.
Es wurden folgende Tarifforderungen aufgestellt:

1. Für eine betriebsbedingte Kündigung durch den Arbeitgeber gilt eine Grundkündigungsfrist von drei Monaten zum Quartalsende. Die Grundkündigungsfrist verlängert sich um jeweils zwei Monate für jedes volle Jahr des Bestehens des Arbeitsverhältnisses.
2. Beschäftigte, die betriebsbedingt gekündigt werden, haben nach Ablauf der Kündigungsfrist Anspruch auf:
   - Qualifizierungsmaßnahmen für alle Beschäftigten bis zu 24 Monaten unter Fortzahlung der Vergütung. Auszubildende erhalten nach Abschluss ihrer Berufsausbildung eine Anpassungsqualifikation.

- Eine Abfindung in Höhe von zwei Monatsgehältern pro Beschäftigungsjahr zuzüglich Erhöhungsbetrag für Unterhaltsverpflichtungen und Schwerbehinderung/Gleichstellung. Die Vorschriften der §§ 111 BetrVG bleiben unberührt.

3. Über Art und Inhalt der Qualifizierung entscheidet eine paritätische Kommission auf der Grundlage der Aus- und Weiterbildungswünsche der Beschäftigten. Bei Nichteinigung entscheidet die Einigungsstelle.
   Die Qualifizierungsmaßnahmen werden in den vorhandenen Betriebsstätten durchgeführt. Das Unternehmen X-GmbH trägt die Kosten der Qualifizierungsmaßnahmen.

Es wird ein Streik am 11. und 12.03.2004 beschlossen.

11. März 2004
Das Arbeitsgericht Kiel beschließt eine einstweilige Verfügung, durch die der Streik verboten wird. Am 14. März 2004 findet eine mündliche Verhandlung über die Streikmaßnahmen statt, die durch die IG Metall durchgeführt werden soll. Das Arbeitsgericht lässt den Streik daraufhin zu. Dagegen legt die Geschäftsleitung am 19.03.2004 Berufung vor dem Landesarbeitsgericht ein.

21. März 2004:
Der Arbeitgeberverband Nordmetall droht mit Aussperrungen.

27. März 2004
Das Landesarbeitsgericht Schleswig-Holstein bestätigt das Streikrecht.

31. März 2004
Die IG-Metall ruft zum Streik auf. Der Streik wurde zunächst bis einschließlich dem Tag für das erste Treffen der Einigungsstelle angesetzt.

03. April 2004
An diesen Tagen finden Treffen mit der Einigungsstelle statt. Da man dort keine Einigung erzielen kann, werden erneut Termine am 22. April und schließlich am 30. Mai festgesetzt.

Seit dem 25. Mai wird der Streik fortgesetzt.

30. Mai 2004
Die Einigungsstelle erklärt mit 6:5 Stimmen den Interessenausgleich für gescheitert. Man einigt sich auf einen letzten Versuch am 5. Juni 2004. In der Einigungsstelle soll dann parallel der Sozialplan verhandelt werden. Sowohl Betriebsrat als auch der Vorstand reichen ihre Entwürfe ein und tauschen sie aus.

Der Streik wird wieder ausgesetzt und das Unternehmen erklärt, bis Ende Juni auf Kündigungen zu verzichten.

5. Juni 2004:
Trotz finanzieller Zugeständnisse der Arbeitnehmer lässt sich das Unternehmen nicht zu einer Änderung seiner Pläne bewegen. Für die Arbeitnehmervertreter geht es jetzt nur noch darum, für die Mitarbeiter, die ihren Arbeitsplatz verlieren, "das Beste herauszuholen".

Die Parteien einigen sich letztendlich auf einen Interessenausgleich und einen Sozialplan.

Seit dem Interessenausgleich von Juni 2004 darf mit den Kündigungen begonnen werden und die geplanten Kosten für den Personalabbau sind von geschätzten 1,2 Mio. Euro auf geschätzte 2,6 Mio. Euro gestiegen.[383] Es bleibt weiterhin das Risiko der Kündigungsschutzklagen. In der Zwischenzeit verhärteten sich die Positionen bis hin zur inneren Kündigung der Arbeitnehmer. Zahlreiche Sitzungen und Besprechungen blockierten die Geschäftsleitung, die betrieblichen Abläufe wurden beeinträchtigt. Es kam zu unerwünschter Publizität mit einem Rufschaden für Belegschaft und Management je nach Standpunkt des Beobachters. Und es entstand ein Kostenblock aus direkten Kosten, wie Gerichts-, Anwalts-, Sachverständigen- und u. U. Zeugenkosten, und indirekten Kosten, wie für die Teilnahme an Gerichts-, Besprechungs- und Vergleichsterminen, für Produktionsverluste durch die Frustration der Belegschaft bis zu zunehmendem Krankenstand, Qualitätsproblemen und Lieferungsverzögerungen und für den Verlust an Unternehmenskultur.

8. Zwischenergebnis

In den letzten Jahren standen Entlassungen und der Personalabbau bedingt durch Personalkostendruck, Standortver- und zusammenlegungen und sogar Stilllegun-

383 Wegen dieser Kostenschätzung bat das Unternehmen um Anonymität und angepasste, tatsächliche Veränderungen, wie die Verschiebung der Daten, die Höhe der geschätzten Kosten und die Anzahl der zu entlassenen Arbeitnehmer, nachdem die Geschäftsleitung darüber aufgeklärt wurde, dass die Manager nach § § 93,116 Aktiengesetz, 43 GmbH Gesetz dem Unternehmen haften, wenn sie gegen ihre Pflicht, das Betriebsvermögen sorgfältig, überlegt und weisungsgemäß wie ein ordentlicher Kaufmann zu verwalten und zu kontrollieren, verstoßen, und dass darunter auch ein nicht praktizierter sorgfältiger Umgang mit den Instrumenten des Personalabbaus fallen könnte.

gen oder alternativ Outsourcing auch in Zeiten der Konjunkturerholung im Brennpunkt unternehmerischer Entscheidungen. Es gibt keine Phasen mehr und wird es auch in absehbarer Zeit nicht mehr geben, in denen der Personalkostendruck im Allgemeinen nachlassen wird. Aber der klassische Personalabbau durch Kündigungen war immer häufiger langsamer (Kündigungsfristen, Einigung über Interessenausgleich mit Punktelisten und ggf. Namenslisten, Anzeige bei Massenentlassung, verlorene Kündigungsschutzprozesse), teurer (Kosten der Verzögerungen, ggf. Sozialplan, Kosten des Betriebsrats, ggf. Nachteilsausgleichszahlungen, Prozesskosten, ggf. Streik), rechtsunsicherer (ausreichender Versuch eines Interessenausgleichs, Risiken des Kündigungsschutzrechts, Beginn der Kündigungserklärungen, Risiken beim Aufhebungsvertrag), bürokratisch aufwendiger (Termine mit Agentur für Arbeit, beim Arbeitsgericht, mit Rechtsanwalt und Betriebsrat), imageschädigender (unerwünschte Publizität, Verlust an Unternehmenskultur und ggf. Kundenvertrauen) und wettbewerbsrechtlich nachteilig (qualifizierte Arbeitnehmer gehen freiwillig weg, demotivierte Belegschaft, Sozialauswahlkriterien verschlechtern nachhaltig die Mannschaft) als von der Geschäftsführung ursprünglich gedacht. Daher entstand ein Zwang für die Arbeitsvertragsparteien, das bisherige Regelwerk, das sich für den Bereich der Arbeit entwickelt hatte, auf den Prüfstand zu stellen und so umzugestalten, dass der Abstimmungsprozess zwischen der Nachfrage nach Arbeitskräften durch die Unternehmen und dem Angebot durch die Arbeitnehmer gleichzeitig zielgenauer und schneller umzusetzen ist.

Als Lösungsmuster entwickelten sich daher hausinterne Personalkostenanpassungen in Form von betrieblichen Bündnissen für Arbeit. Sie ermöglichen dem Arbeitgeber durch wechselseitige Zugeständnisse, ohne die dargestellten Risiken und Probleme des Personalabbaus eine schnelle und rechtssichere Personalkostenanpassung mit einem auftragsvolumenorientierten Arbeitseinsatz durchzuführen und damit eine sichere und verbesserte Kalkulationsgrundlage zu schaffen. Er kann u. U. nicht nur ohne zeitliche Verzögerung, sondern auch ohne Publizität über die betriebliche Notlage mit drohenden Konsequenzen bei Lieferanten, Kunden und Kapitalgebern auf die Wettbewerbssituation reagieren. Entlassungskosten wie auch Rekrutierungskosten werden vermieden, bei den Arbeitnehmern wird ein Krisenbewusstsein und unternehmerisches Denken für ihren Betrieb entwickelt und im Ergebnis ohne Kündigungen eine "gute oder sogar bessere Mannschaft" für bessere Zeiten erhalten.

Es zeigt sich, dass nur betriebliche Bündnisse für Arbeit den neuen Herausforderungen der Arbeitswelt mit der notwendigen und geforderten innerbetrieblichen Anpassungsflexibilität gerecht werden. Sie sind schnell wirksam und dienen dem Interesse des Unternehmens wie dem der Belegschaft gleichermaßen. In Sanierungsfällen i. V. m. mit der Organisation von Kurzarbeit führen sie zu einer schnelleren, rechtssichereren Anpassung der Personalkosten als bei einer Durchführung von Massenentlassungen nach Sozialplankriterien. Außerdem bleiben qualifizierte und motivierte Mitarbeiter mit ihrem Wissen und ihrer Erfahrung erhalten, wenn die Konjunktur wieder anspringt. Einzelfallorientiert lassen sich komplexe Pakete zu einer betriebsnahen, wettbewerbsverbessernden Lösung schnüren, die den Betriebsfrieden als produktive Ressource sichern.[384] Auch Elemente wie Gewinnbeteiligung sollten von den Beteiligten neu aufgenommen werden. Die Belastungen der Arbeitnehmer in den betrieblichen Bündnissen für Arbeit könnten demotivierend wirken. Dem kann mit Hilfe einer Ergänzung des Bündnisses in Form einer in Aussicht gestellten Gewinnbeteiligung entgegen gewirkt werden. Außerdem wird auf diese Weise das unternehmerische Denken der Arbeitnehmer gefördert und es entwickelt sich eine partnerschaftliche Unternehmenskultur.

Personalkostenabbau durch betriebliche Bündnisse für Arbeit ist eine Lösung, die im Gegensatz zum Personalabbau den gewandelten Wirtschaftsbedingungen gerecht wird. Folglich sollte die Rechtslage den geänderten Bedingungen gerecht werden und die rechtliche Implementierung von Vereinbarungen im notwendigen Umfang zulassen. Die Rechtswirklichkeit hat sich im Arbeitsrecht so verändert, dass sich die Rechtslage an die Rechtswirklichkeit anpassen sollte, um den einzelnen Unternehmen einen rechtssicheren Weg zu bieten, den wirtschaftlichen Herausforderungen zu begegnen.

D. Die Durchsetzung der betrieblichen Bündnisses für Arbeit in der Praxis

Da der Personalabbau als Antwort auf den Wandel der Wirtschaftsbedingungen problem- und risikoreich ist, entwickelten sich in der Praxis als Lösungsmuster hausinterne Personalkostenanpassungen in Form von betrieblichen Bündnissen für Arbeit (vgl. oben). Es soll nun empirisch untersucht werden, inwieweit sich die betrieblichen Bündnisse für Arbeit in der Praxis bereits durchgesetzt haben, inwieweit sie sich als Instrument zum Personalkostenabbau etabliert haben.

384 Die Risiken liegen in der Abwanderungsgefahr hochqualifizierter Arbeitskräfte, die i.d.R. gute Chancen haben, einen anderen Arbeitsplatz ohne die vorgesehenen Einbußen zu haben. Außerdem führen die Beschäftigungs- und Investitionszusagen zu Problemen, wenn die Krise trotzdem anhält.

1. Umfragen zur tatsächlichen Relevanz betrieblicher Bündnisse für Arbeit

Bei einer empirischen Studie auf der Grundlage einer telefonischen Befragung von 1.000 Personalverantwortlichen in ebenso vielen Betrieben mit mehr als 100 Beschäftigten[385] wurden diese u. a. nach ihrer "Verbetrieblichungsneigung" beim Aushandeln von Löhnen, Arbeitszeiten usw. und konkret, ob sie Betriebsvereinbarungen gegenüber dem Flächentarifvertrag bevorzugen, befragt.

Danach stimmten lediglich 6 % der Aussage zu, die verbindlichen Regelungen des Flächentarifvertrags sollten auf jeden Fall erhalten bleiben, während 41 % der Auffassung sind, Betriebsvereinbarungen sollten Vorrang vor Tarifverträgen haben. Die Mehrheit allerdings (53 %) entschied sich für die dritte Alternative: Flächentarifverträgen den Vorrang zu geben, aber durch Betriebsvereinbarungen anzupassen. Danach würden rund 60 % die Flächentarifverträge als Rahmenbedingungen erhalten wollen, aber es fordern 94 % die Möglichkeit, auf Betriebsebene die Realisierung von betrieblichen Bündnissen zu ermöglichen.[386] Dabei ist die Neigung bei Betrieben über 200 Mitarbeitern mit 94 % nicht höher (37 % mit generellem Vorrang der Betriebsvereinbarungen, 57 % mit Anpassungsmöglichkeiten über Betriebsvereinbarungen) als bei Betrieben unter 200 Mitarbeitern mit ebenfalls 94 % (44 % mit generellem Vorrang der Betriebsvereinbarungen, 50 % mit Anpassungsmöglichkeiten über Betriebsvereinbarungen).

Erkennbar ist, dass kleinere Betriebe noch stärker den Umweg über Flächentarifverträge und die damit verbundenen Rechtswirksamkeitsfragen und Tarifkonkurrenzprobleme vermeiden wollen. Sie wollen zu 44 % einen generellen Vorrang von Betriebsvereinbarungen vor dem Flächentarifvertrag. Ihre Neigung zu betrieblichen Bündnissen für Arbeit ist am stärksten beim tatsächlichen Hintergrund eines schwachen, kooperationsbereiten Betriebsrats (96 %). Dagegen ist bei den Betrieben mit über 200 Mitarbeitern auch bei einem starken und nicht kooperationsbereiten Betriebsrat der Wunsch nach betrieblichen Bündnissen für Arbeit am stärksten ausgeprägt (95%).[387]

Insgesamt ist die Aussage berechtigt, dass der Wunsch nach dezentral geregelten betrieblichen Bündnissen für Arbeit überragend ist. Es wird sogar in großer Zahl eine Abkehr vom Vorrang der Flächentarifverträge hin zum Vorrang der Betriebsvereinbarungen gewünscht. Offensichtlich nicht störend/nicht hinderlich wird ein nicht-kooperationsbereiter Betriebsrat empfunden.

---

385 Nienhüser/Hoßfeld, Betriebsvereinbarungen – Kommt es auf den Betriebsrat an?, WSI-Mitteilungen 2005, 547-553.

386 Nienhüser/Hoßfeld, Betriebsvereinbarungen – Kommt es auf den Betriebsrat an?, WSI-Mitteilungen 2005, 552.

387 Nienhüser/Hoßfeld, Betriebsvereinbarungen – Kommt es auf den Betriebsrat an?, WSI-Mitteilungen 2005, 552.

Anders sind die Ergebnisse bei der tatsächlichen Umsetzung von betrieblichen Bündnissen für Arbeit. Nach dem Ergebnis der Betriebsrätebefragung 2003[388] wendeten rund 23 % der mitbestimmten Betriebe mit mehr als 20 Beschäftigten eine betriebliche Vereinbarung zur Beschäftigungs- und Standortsicherung an. In Ostdeutschland wurden Bündnisse etwas häufiger (28 %) als in Westdeutschland (22 %) vereinbart. Die Erhebung fand heraus, dass in Großbetrieben mit über 1.000 Beschäftigten der Bündnisanteil mit 42 % rund viermal so hoch ist wie in Kleinbetrieben mit 20 bis 50 Mitarbeitern. Dies lässt vermuten, dass die Voraussetzungen für Bündnisse für Arbeit in Großunternehmen u. a. durch professionalisierte Betriebsräte günstiger sind als in Kleinbetrieben.[389] Des Weiteren kann man daraus schließen, dass informelle bzw. einzelvertragliche Regelungen in Kleinbetrieben scheinbar bedeutsamer sind.[390] Es ist zu vermuten, dass den Arbeitnehmern in Kleinbetrieben einzelvertragliche Regelungen oder formal unklare einverständliche Lohn- und Arbeitszeitanpassungen in der Belegschaft eher aufgezwungen werden können als in Großunternehmen.[391]

Dieses Ergebnis bestätigt auch die jüngste WSI-Betriebsrätebefragung.[392] Neben der kontrollierten Dezentralisierung der Abweichungen von den branchenbezogenen tariflichen Regelungen und Leistungen durch Vereinbarungen unter Beteiligung der zuständigen Tarifvertragsparteien wurde ein erhebliches Maß an unkontrollierter, ohne Beteiligung der zuständigen Tarifvertragsparteien getroffener Unterschreitungen bestehender Tarifvorschriften zugestanden. Obwohl diese Erfassung im Rahmen der Betriebsrätebefragung schwierig war, weil diese Angabe immer auch das Eingeständnis beinhaltete, die eigenen Aufgaben der Kontrolle tariflicher Normen nicht richtig erfüllt zu haben, gaben 12 % der Befragten an, dass es in ihrem Betrieb zur inoffiziellen Unterschreitung tariflicher Standards kommt.[393] Die meisten Unterschreitungen fanden sich im Bereich

388 Massa-Wirth/Seifert, Betriebliche Bündnisse für Arbeit nur mit begrenzter Reichweite? WSI-Mitteilungen 2004, 249. Insoweit hat die jüngste Betriebsrätebefragung 2004/2005 noch keine aktuellere Auswertung erbracht, vgl. die vorgestellten ersten Ergebnisse bei Bispinck, Betriebsräte, Arbeitsbedingungen und Tarifpolitik, WSI Mitteilungen 2005, 301ff.

389 Massa-Wirth/Seifert, Betriebliche Bündnisse für Arbeit nur mit begrenzter Reichweite? WSI-Mitteilungen 2004, 249.

390 Massa-Wirth/Seifert, Betriebliche Bündnisse für Arbeit nur mit begrenzter Reichweite? WSI-Mitteilungen 2004, 252.

391 Massa-Wirth/Seifert, Betriebliche Bündnisse für Arbeit nur mit begrenzter Reichweite? WSI-Mitteilungen 2004, 249.

392 Bispinck, Betriebsräte, Arbeitsbedingungen und Tarifpolitik, WSI Mitteilungen 2005, 301ff.

393 Bispinck, Betriebsräte, Arbeitsbedingungen und Tarifpolitik, WSI-Mitteilungen 2005, 302.

"Lohn und Gehalt" mit 81 % der Nennungen, gefolgt von der Jahressonderzahlung mit 58 %. Arbeitszeitregelungen sowie Zulagen und Zuschläge wurden jeweils von rund einem Drittel der Betriebsräte genannt. In Kleinbetrieben dominierten Verstöße gegen Lohn- und Gehaltsvorschriften, in mittleren und größeren Betrieben spielten zusätzlich Abweichungen bei Arbeitszeitregelungen eine größere Rolle.[394]

Insbesondere in klein- und mittelständischen Unternehmen dürften inoffizielle Vereinbarungen häufig vorkommen. Denn während die Tariftreue bei den Betrieben mit Betriebsrat noch als groß einzuschätzen ist, weil eine wichtige Funktion von Betriebsräten die Kontrolle tariflicher Normen ist, impliziert umgekehrt die Abwesenheit von Betriebsräten ein noch häufigeres Abweichen von den tariflichen Normen.

Durch das IAB-Betriebspanel 2004 gibt es inzwischen auch verlässliche Daten über das quantitative Ausmaß der "mitbestimmungsfreien Zonen", wie die folgende Übersicht zeigt:

Betriebsräte und Tarifbindung 2004

Basis: privatwirtschaftliche Betriebe mit mindestens 5 Beschäftigten – Anteile in % –

	West	**Ost**
BR und Flächentarif	35	20
BR und Haustarif	6	10
BR und kein Tarif	6	9
Flächentarif und kein BR	24	16
Haustarif und kein BR	1	4
Kein Tarif und kein BR	27	42
Gesamt	**100**	**100**

Quelle: IAB-Betriebspanel 2004

Danach waren im Jahr 2004 im Westen lediglich 35 % der Beschäftigten in einem privatwirtschaftlichen betriebsratsfähigen Unternehmen tätig, das sowohl einen Betriebsrat als auch einen Flächentarifvertrag hatte. Im Osten waren es mit 20 % noch erheblich weniger. Weitere 6 % im Westen und 10 % im Osten arbeiteten in einem Unternehmen mit einem Haustarifvertrag und einem Betriebsrat. Eine ausgebaute und potentiell funktionsfähige, duale Struktur der Interessenvertretung, die Gewähr für eine tarifrechtsgemäße Durchsetzung der Arbeitsbedin-

394 Bispinck, Betriebsräte, Arbeitsbedingungen und Tarifpolitik, WSI-Mitteilungen 2005, 304.

gungen bietet, existierte demnach für weit weniger als die Hälfte der Beschäftigten. In 52 % der privatwirtschaftlichen betriebsratsfähigen Unternehmen im Westen und in 62 % im Osten finden sich keine betrieblichen Akteure zur Kontrolle der Einhaltung der Tarifverträge und der tarifgemäßen Umsetzung der Öffnungsklauseln. Daraus ist abzulesen, dass die Dunkelziffer von nicht durch die Tarifvertragsparteien kontrollierten Tarifunterschreitungen noch wesentlich höher liegt als die o. g. geschätzten 12 %, insbesondere wenn man einzelvertragliche Regelungen auch in den nicht betriebsratsfähigen Unternehmen in die Bündnisdefinition mit einbezieht.

Dafür sprechen auch die strukturellen Unterschiede zwischen kleineren und mittleren Unternehmen und den Großunternehmen. Die Großunternehmen sind in der Regel managergeführt und ohne persönliche Beziehung zum einzelnen Mitarbeiter. Sie haben tiefe Hierarchien mit längeren Entscheidungswegen und entsprechend vielen Beteiligten. Sie haben mehrere Abteilungen mit unterschiedlichen Erfolgen, so dass auch die Mitarbeiter erfolgloser Bereiche einen einseitigen Sanierungsbeitrag weniger bereit hinnehmen.

Dagegen sind die kleineren und mittleren Unternehmen in der Regel inhabergeführt mit einem direkten, häufig persönlichen Kontakt zu den Mitarbeitern. Betriebswirtschaftliche Misserfolge schlagen unmittelbar durch und die Mitarbeiter erkennen die wirtschaftliche Entwicklung, so dass sie und auch ein bestehender Betriebsrat einsichtiger gegenüber unternehmerischen Entscheidungen zu ihren Lasten sind. Diese strukturellen Unterschiede sprechen für eine größere interne Akzeptanz betrieblicher Bündnisse für Arbeit in kleineren und mittleren Unternehmen.

Darum hatte eine eigene Erhebung folgende Ziele:

- Wie hoch ist die Zahl der Unternehmen ohne Tarifbindung und ohne Betriebsrat und damit ohne eine betriebliche Kontrolle zur Einhaltung/zur Maßgeblichkeit des Tarifrechts und gibt es dabei eine Größen- oder Branchenabhängigkeit?
- Wie ist der gegenwärtige Kenntnisstand über betriebliche Bündnisse für Arbeit und gibt es dabei eine Größen- oder Branchenabhängigkeit?
- Wie hoch ist die Zahl der zugestandenen betrieblichen Bündnisse für Arbeit, ist von einer belegbaren Dunkelziffer "inoffizieller betrieblicher Abmachungen" auszugehen und gibt es dabei eine Größen- oder Branchenabhängigkeit?

Befragt wurden im Herbst 2005 (Schlussstand: 21.10.2005) die Mitglieder des Unternehmerverbandes Arbeitsgemeinschaft selbständiger Unternehmer (ASU), mit heute rund 3.500 Eigentümer- und Familienunternehmern, die 1,7 Mio. Mitarbeiter beschäftigen, aus allen Branchen und Betriebsgrößen kommen und somit zwar schwerpunktmäßig den unternehmerischen Mittelstand bis zum Kleinunternehmen, aber auch größere Unternehmen repräsentieren. Bewusst ist dieser Kreis ausgewählt worden, weil die größere Zahl der Umsetzung von betrieblichen Bündnissen in Großunternehmen, wie oben dargestellt, nicht nur erklärbar, sondern auch bereits empirisch belegbar ist. Es sollten in dieser Untersuchung aber in erster Linie Erkenntnisse gewonnen werden, inwieweit schwerpunktmäßig bei kleineren und mittleren Unternehmen das Thema betriebliche Bündnisse für Arbeit Relevanz hat. Diese besetzen in der Mitgliedschaft der ASU rund 90 % und in der Auswertung nach dem Kriterium Umsatz fast zwei Drittel und nach dem Kriterium Mitarbeiterzahl wiederum über 90 %.

Die inhaltliche Struktur der Befragung gibt die Gesamtauswertung wider. Dabei hat nicht jeder Befragte jede Frage beantwortet.

Fragebogenname: Betriebliche Bündnisse **Erstellt am: 2005-10-21** **Anzahl der antwortenden Teilnehmer: 294**	**Kriterienselektion: Gesamtansicht**
Auswahl von Kriterien dieser Auswertung	
Kriterium Umsatz im Jahr:	
Kriterium Mitarbeiter:	
Kriterium Branche	
Frage 1: Sind Sie Mitglied in einem Arbeitgeberverband?	
Antwortmethode: einzelne Antwort	
Ja, ich bin reguläres Mitglied im zuständigen Arbeitgeberverband	**28.9% (85)**
Ja, aber es ist eine Mitgliedschaft ohne Verbandstarifbindung (OT-Mitgliedschaft)	**13.3% (39)**
Nein, ich bin kein Mitglied in einem Arbeitgeberverband	**56.5% (166)**
Frage 2: Orientieren Sie sich bei der Gestaltung Ihrer Arbeitsverträge am Branchentarif?	
Antwortmethode: einzelne Antwort	
Ja, der Branchentarif ist für mich maßgebend	**18.4% (54)**
Ja, der Branchentarif dient mir als Richtschnur, mehr aber nicht	**28.9% (85)**
Nein, ich orientiere mich eher am Lohniveau meiner Wettbewerber	**10.2% (30)**
Nein, ich orientiere mich eher an den wirtschaftlichen Gegebenheiten	**41.5% (122)**

Frage 3: Haben Sie einen Betriebsrat?		
Antwortmethode: ja / nein		
	Ja	**Nein**
	30.6% (90)	**67.3% (198)**
Frage 4: Wissen Sie, wie man in der Praxis ein betriebliches Bündnis für Arbeit schmiedet?		
Antwortmethode: ja / nein		
	Ja	**Nein**
	29.6% (87)	**68.4% (201)**
Frage 5: Haben Sie in den letzten Jahren ein Bündnis für Arbeit vereinbart?		
Antwortmethode: ja / nein		
	Ja	**Nein**
	16.0% (47)	**82.0% (241)**
Frage 6: War bei der Einführung des Bündnisses die zuständige Gewerkschaft beteiligt?		
Antwortmethode: einzelne Antwort		
Ja	**8.2% (24)**	
Nein, ich bin auch nicht Mitglied im zuständigen Arbeitgeberverband	**7.5% (22)**	
Nein, obwohl ich Mitglied im zuständigen Arbeitgeberverband bin	**3.7% (11)**	
Nein, ich bin OT-Mitglied im zuständigen Arbeitgeberverband	**2.4% (7)**	
In meinem Unternehmen existiert kein betriebliches Bündnis für Arbeit	**66.0% (194)**	
Frage 7: Waren die Gewerkschaften bzw. der Betriebsrat dabei kooperativ?		
Antwortmethode: einzelne Antwort		
Ja, kooperativ	**8.8% (26)**	
Nein, eher hinderlich	**2.0% (6)**	
Weder besonders kooperativ, noch hinderlich	**4.1% (12)**	
In meinem Unternehmen existiert kein betriebliches Bündnis für Arbeit	**71.1% (209)**	
Frage 8: Wer hat Sie bei der Umsetzung Ihres Bündnisses beraten?		
Antwortmethode: mehrfache Antwort + individuelle Antwort		
Der zuständige Arbeitgeberverband	**7.1% (21)**	
Andere Unternehmer	**0.7% (2)**	
Rechtsanwalt	**3.1% (9)**	

Steuerberater	**0.3% (1)**
Unternehmensberater	**0.7% (2)**
Industrie- und Handelskammer	**0.3% (1)**
Niemand	**8.8% (26)**
In meinem Unternehmen existiert kein betriebliches Bündnis für Arbeit	**65.6% (193)**
Andere	**1.7% (5)**

Danach ergibt sich eine Rücklaufquote von ca. 8,5 %. Damit bewegt sich die Zahl der Beantwortungen nach Auskunft der ASU im üblichen Rahmen der bei ihr früher vorgenommenen Mitgliederbefragungen. Ablesbar sind folgende Feststellungen:

- 67,3 % der antwortenden Unternehmen haben keinen Betriebsrat. Es fehlt also eine betriebliche Kontrolle zur Einhaltung einer etwa bestehenden Tarifgebundenheit. Diese kommt nur bei 28,9 % der Befragten überhaupt in Betracht. Entsprechend gering ist die Maßgeblichkeit des Tarifvertrags (18,4 %) für die Inhalte der Arbeitsverträge. Für über 50 % sind für den Inhalt der Arbeitsverträge die wirtschaftliche Situation und das Niveau der Wettbewerber, also die betriebsnahen Lohnfaktoren, ausschlaggebend.
  Damit liegt die Anzahl existierender Betriebsräte in der Auswahlstichprobe unter dem Durchschnitt aller Betriebe der Bundesrepublik von 47 % in Westdeutschland und 39 % in Ostdeutschland[395]. Genauso auffällig gering zu anderen westdeutschen Betrieben ist auch die zur Tarifbindung notwendige Mitgliedschaft im Arbeitgeberverband (28,9 % zum Durchschnitt in 2004 von 43 % in Westdeutschland, dagegen 23 % in Ostdeutschland). Das spricht angesichts der aktuellen wirtschaftlichen Notwendigkeiten für inoffizielle Regelungen vor Ort.
- Nach den Antworten zu Frage 4 und 8 ist davon auszugehen, dass beim befragten Personenkreis ungefähr zwei Drittel über die rechtliche Umsetzung betrieblicher Bündnisse für Arbeit uninformiert und auch nicht beraten sind. Das spricht ebenfalls eher für inoffizielle Regelungen vor Ort. Es kann davon ausgegangen werden, dass aufgrund von fehlender Kenntnis tatsächlich vor Ort bestehende inoffizielle Vereinbarungen zwischen Belegschaft und dem Unternehmen wegen Fehleinschätzung nicht als betriebliche Bündnisse für Arbeit eingeordnet werden oder aus Unsicherheit über die Folgen einer Publizität nicht als betriebliche Bündnisse für Arbeit zugestanden werden.
- Gering ist die tatsächliche, zugestandene Nutzung eines betrieblichen Bündnisses für Arbeit (insgesamt 47 von 294 Befragten = 16,0 %) und noch gerin-

395 S.o. Übersicht Betriebsräte und Tarifbindung 2004 auf S. 121.

ger unter Beteiligung der Gewerkschaften (24 von 294 Antworten = 8,2 %). Also nur in der Hälfte der Fälle der tatsächlich zugestandenen Nutzung eines betrieblichen Bündnisses für Arbeit war die örtliche Gewerkschaftsspitze in die Verhandlungen involviert und "sanktionierte" so die betriebliche Vereinbarung. In 2003 waren es nach der WSI-Betriebsrätebefragung in Deutschland rund 23 % der mitbestimmten Betriebe mit mehr als 20 Beschäftigten: in Ostdeutschland dabei etwas häufiger (28 %) als in Westdeutschland (22 %).[396] Es gibt noch eine andere Auffälligkeit. Nur 194 = 66,0 % haben erklärt, dass kein betriebliches Bündnis für Arbeit existiere. Es ergibt sich also eine Differenz von 76 (294, 194, 24) Antwortenden = 25,9 %[397], die nicht klar Stellung nehmen, ob bei ihnen betriebliche Bündnisse für Arbeit existieren oder nicht. Zu vermuten ist in diesen Fällen ein großer Anteil einer Dunkelziffer tatsächlich bestehender, aber inoffizieller betrieblicher Abmachungen unterschiedlicher Art. Die Fragemethode hatte das Ziel, durch leichtfertige Antworten Rückschlüsse auf eine Dunkelziffer über tatsächlich bestehende betriebliche Bündnisse für Arbeit gleich welcher Ausgestaltung zu schließen. Unklarheiten über das "Schmieden" betrieblicher Bündnisse für Arbeit (201 = 68,4 %) und 76 verweigerte Antworten von den insgesamt 294 Teilnehmern der Befragung lassen vermuten, dass tatsächlich weitere betriebliche Bündnisse/Abmachungen für Arbeit existieren. Die Verunsicherung zu einer "richtigen" Antwort ist auch daraus herauszulesen, dass bei Frage 7 über die Kooperationsbereitschaft der Gewerkschaft bzw. des Betriebsrats plötzlich 209 Antworten die Existenz eines betrieblichen Bündnisses für Arbeit verneinten, zur Frage 5 sogar 241 nie ein Bündnis für Arbeit vereinbart haben wollen, während zur Frage 8 wieder die ursprünglichen fast 194, genau 193 Verneinenden auftauchen. Sicherlich ist die Aussagekraft dieser Deutung begrenzt. Das Zugeständnis untertariflicher Regelungen in betrieblichen Bündnissen für Arbeit ist aber auch bei der oben angeführten Betriebsrätebefragung mit 12 % als unterste Grenze verstanden worden. Und es ist darauf hingewiesen worden, dass bei kleineren Unternehmen ohne Kontrolle durch Gewerkschaften und Betriebsräte, wie sie in dem in dieser Befragung vorherrschenden Personenkreis typisch ist, wesentlich höhere Schätzungen berechtigt sind.

Zu klären bleibt, ob eine Detailauswertung nach dem Größenmerkmal Umsatz zu anderen Aussagen kommt oder das Ergebnis bestätigt. Dann müsste bei klei-

396 Massa-Wirth/Seifert, Betriebliche Bündnisse für Arbeit nur mit begrenzter Reichweite? WSI-Mitteilungen 2004, 249.

397 Dabei ist nur Frage 6 ausgewertet worden, weil zu dieser Frage die größte Glaubwürdigkeit unterstellt wird. Die anderen Fragen zur Existenz betrieblicher Bündnisse für Arbeit sollte nur eine festzustellende Widersprüchlichkeit zu diesem Thema ermöglichen.

neren und mittleren Unternehmen eine weitere Verschiebung zu ohne Betriebsrat, weniger Tarifgebundenheit, deutlichere Maßgeblichkeit der betriebsnahen Lohnfaktoren, Uninformiertheit/ohne Beratung, kein offizielles betriebliches Bündnis für Arbeit feststellbar sein. Denn in der Auswertungsstichprobe dominieren die kleineren und mittleren Unternehmen (bis 10 Mio. Euro Umsatz) mit insgesamt mit 191 Teilnehmern = 65,0 % zu 103 Teilnehmern = 35,0 %.

Detailauswertung nach dem Größenmerkmal Umsatz

Fragen	Gesamtans.	bis 2 Mio.	2 bis 10	ab 10 Mio.
Unternehmen ohne Betriebsrat	67,3 %	94,6 %	73,5 %	40,8 %
Tarifgebundene Unternehmen	28,9 %	9,5 %	27,4 %	44,7 %
Maßgeblichkeit des Tarifvertrags	18,4 %	9,5 %	15,4 %	28,2 %
Maßgebl. der betriebsnah. Lohnfaktoren	51,7 %	75,5 %	50,4 %	36,0 %
Nutzung eines betrieblichen Bündnisses	16,0 %	6,8 %	15,4 %	23,3 %
Beteiligung der Gewerkschaft	8,2 %	1,4 %	6,8 %	14,6 %
Kein existierendes betriebl. Bündnis	66,0 %	75, 7 %	65, 8 %	59,2 %
Nicht klar Stellung Nehmende	25,9 %	23,0 %	27,4 %	26,2 %
Uninformiertheit/ohne Beratung	68,4 %	73,0 %	76,1 %	56,3 %

Deutlich werden folgende Feststellungen:

- Kleinere und mittlere Unternehmen dieser Auswahlstichprobe haben weniger existierende Betriebsräte (kleinere Unternehmen sogar zu 94,6 %) und sind auch weniger tarifgebunden (9,5 und 27,4 % zu 44,7 %). Entsprechend sind betriebsnahe Lohnfaktoren noch ausschlaggebender (75,5 und 50,4 % zu 36,0 %). Die vermuteten Verschiebungen sind also evident. In jeder Zeile sind die vermuteten Trendbewegungen feststellbar.
- Wie bereits empirisch belegt, gibt es eher in größeren Unternehmen betriebliche Bündnisse für Arbeit. Aber mit 23,3 % der Auswahlstichprobe liegt sie weit unter den bisherigen Ergebnissen von 42 % in der Betriebsrätebefragung von 2003.[398] Das mag damit zu erklären sein, dass in der Mitgliedschaft der ASU nach Rückfrage ein großer, aber nicht quantifizierbarer Anteil an Familienunternehmen besteht und gleichzeitig auch bei den größeren Unternehmen der Auswahlstichprobe ein geringer Kenntnisstand der Befragten über betriebliche Bündnisse für Arbeit (56,3 %) feststellbar ist.

  Durchgängig gibt es bei einem Viertel der Befragten die Neigung, zur Exis-

398 Massa-Wirth/Seifert, Betriebliche Bündnisse für Arbeit nur mit begrenzter Reichweite? WSI-Mitteilungen 2004, 249.

tenz von betrieblichen Bündnissen für Arbeit nicht eindeutig Stellung zu nehmen. Auch die kleinen Unternehmen tun sich dabei nicht besonders hervor.

- Erkennbar ist aber, dass von den informierten größeren Unternehmen immerhin fast die Hälfte auch betriebliche Bündnisse realisiert und zugestanden haben.
- Die tatsächliche, zugestandene Nutzung von betrieblichen Bündnissen für Arbeit ist bei kleineren Unternehmen noch auffälliger gering (6,8 % gegenüber 16,0 im Durchschnitt). Daraus ist bei den bestehenden ökonomischen Notwendigkeiten zumindest ein großer Nachholbedarf an zugestandenen Vereinbarungen mit dem Charakter von betrieblichen Bündnissen ablesbar, zu vermuten ist eine besonders große Zahl inoffizieller Vereinbarungen mit dem Charakter von betrieblichen Bündnissen für Arbeit.

Danach ist belegbar, dass auch bei der vorliegenden Auswahlstichprobe die größeren Unternehmen beim Thema betriebliche Bündnisse für Arbeit aktiver sind, dass aber generell der Kenntnisstand vor Ort ausschlaggebend für eine Umsetzung ist, dass der tatsächliche Kenntnisstand bei der Bedeutung des Themas für das Unternehmen und in den Medien der vorliegend Befragten erschreckend gering ist und dass von einem beachtlichen Anteil an nicht offiziellen und nicht als betriebliches Bündnis für Arbeit deklarierten betriebsnahen Regelungen auszugehen ist. Dafür spricht, dass bei der vorliegenden Auswahlstichprobe schwerpunktmäßig kleinere und mittlere Unternehmen mit wenig existierenden Betriebsräten und einem geringen Tarifbindungsgrad und, wie nachträglich festgestellt, insbesondere Familienunternehmen mit weniger Publizitätsinteresse über solche innerbetrieblichen Regelungen befragt wurden.

Detailauswertung nach dem Größenmerkmal Mitarbeiterzahl

Fragen	Gesamtans.	bis 49	50 bis 500	ab 500
Unternehmen ohne Betriebsrat	67,3 %	85,4 %	50,5 %	14,3 %
Tarifgebundene Unternehmen	28,9 %	17,7 %	40,4 %	57,1 %
Maßgeblichkeit des Tarifvertrags	18,4 %	10,4 %	26,6 %	38,1 %
Maßgebl. der betriebsnah. Lohnfaktoren	51,7 %	64,0 %	37,6 %	28,6 %
Nutzung eines betrieblichen Bündnisses	16,0 %	9,1 %	21,1 %	42,9 %
Beteiligung der Gewerkschaft	8,2 %	3,0 %	11,0 %	33,3 %
Kein existierendes betriebl. Bündnis	66,0 %	72,0 %	60,6 %	47,6 %
Nicht klar Stellung Nehmende	25,9 %	26,2 %	28,4 %	19,0 %
Uninformiertheit/ohne Beratung	68,4 %	76,8 %	64,2 %	23,8 %

Eine Detailauswertung nach dem Größenmerkmal Mitarbeiterzahl müsste dieses Ergebnis bestätigen.

Daraus sind folgende Feststellungen ablesbar:

- In der Auswahlstichprobe hat die Einteilung als Großunternehmen nach der Mitarbeiterzahl eher als bei der Einteilung nach dem Umsatz zur Folge, dass die typischen Erscheinungen des kollektiven Arbeitsrechts wie existierender Betriebsrat (nur 14,3 % ohne Betriebsrat), Tarifgebundenheit (57,1 %), Nutzung eines betrieblichen Bündnisses für Arbeit (42,9 %), Beteiligung der Gewerkschaft bei der Realisierung eines betrieblichen Bündnisses für Arbeit (immerhin 33,3 %) und Kenntnisstand (66,7 %) auch typisch ausfallen. Eindeutig hängt das Problem tatsächlicher und offener Umgang mit dem Instrument betriebliches Bündnis für Arbeit vorrangig von der Zahl der Mitarbeiter ab. Die gleiche Tendenz zeigt sich bei der Mitarbeiterzahl zwischen 50 und 200: mehr Betriebsräte und auffällig mehr Tarifgebundenheit.
- Aber trotzdem gibt es in dieser Gruppe einen kaum verbesserten Kenntnisstand zu diesem Thema und folgerichtig auch nicht auffällig mehr Bündnisse für Arbeit.
- Ansonsten bleibt es durchgängig bei der geringen Neigung der Befragten, zum Thema betriebliche Bündnisse für Arbeit eindeutig Stellung zu nehmen.

Als letztes bleibt zu untersuchen, ob sich signifikante Unterschiede in einzelnen Branchen ergeben.

Detailauswertung nach Branchen

Fragen	**Gesamtans.**	**Handel**	**prod. Gewerbe**	**Dienstl.**
Unternehmen ohne Betriebsrat	67,3 %	80,0 %	44,8 %	86,2 %
Tarifgebundene Unternehmen	28,9 %	32,5 %	40,0 %	15,5 %
Maßgeblichkeit des Tarifvertrags	18,4 %	7,5 %	26,4 %	12,1 %
Maßgebl. der betriebsnah. Lohnfaktoren	51,7 %	57,5 %	32,8 %	70,7 %
Nutzung eines betrieblichen Bündnisses	16,0 %	12,5 %	24,8 %	8,6 %
Beteiligung der Gewerkschaft	8,2 %	5,0 %	14,4 %	3,4 %
Kein existierendes betriebl. Bündnis	66,0 %	77,5 %	57,6 %	69,8 %
Nicht klar Stellung Nehmende	25,9 %	17,5 %	28,0 %	26,7 %
Uninformiertheit/ohne Beratung	68,4 %	75,0 %	60,0 %	73,3 %

Tatsächlich sind Unterschiede festzustellen:

- Im produzierenden Gewerbe ist das kollektive Arbeitsrecht am lebendigsten (53,6 % existierende Betriebsräte, 40,0 % Tarifgebundenheit). Trotzdem sind die Nutzung eines betrieblichen Bündnisses nicht entsprechend Aufsehen erregend (nur 24,8 %). Zurückzuführen ist das wahrscheinlich auf den generell bestehenden Kenntnisstand über das Thema in dieser Branche. Denn auch die Zahl derjenigen, die nicht eindeutig Stellung nehmen wollen, ist nicht extrem hoch.

- Auffällig gering ist das Interesse an betrieblichen Bündnissen im Handel und im Dienstleistungsgewerbe (12,5 bzw. sogar nur 8,6 %). Das ist wahrscheinlich mit dem hohen Anteil kleinerer Betriebe zu erklären, denn ähnliche Zahlen zur Nutzung, zum Kenntnisstand und zum Organisationsgrad finden sich bei den kleineren Betrieben nach Umsatz und Mitarbeiterzahl. Wegen der Personalkostenintensität im Handel und der konjunkturbedingten Notwendigkeit von senkenden Personalkostenmaßnahmen in dieser Branche ist hier jedoch von einer besonders hohen Dunkelziffer auszugehen.

Insgesamt ergibt sich aus der Umfrage als Antwort auf die einleitend vorgegebene Fragestellung:

- Der kollektivrechtliche Organisationsgrad von Unternehmen (existierender Betriebsrat und Mitgliedschaft im Arbeitgeberverband) korreliert mit der Größe eines Unternehmens und ausschlaggebend ist dabei das Kriterium Mitarbeiterzahl.
- Entsprechend korreliert der Kenntnisgrad über betriebliche Bündnisse für Arbeit mit seiner zugestandenen Nutzung. Der Kenntnisgrad ist durchgängig gering bei rund einem Drittel der Auswahlstichprobe, bei der die kleineren und mittleren Unternehmen (bis 10 Mio. Euro Umsatz) mit insgesamt 191 Teilnehmern = 65,0 % zu 103 Teilnehmern = 35,0 % dominieren.
- Entsprechend korreliert die Nutzung von zugestandenen betriebswirtschaftlichen Bündnissen für Arbeit mit der Größe des Unternehmens.

Auffällig ist ansonsten bei einem Viertel der Befragten die geringe Neigung, klar zur Nutzung von betrieblichen Bündnissen für Arbeit Stellung zu nehmen. Es fehlt an der Transparenz über den "Markt" der betrieblichen Bündnisse für Arbeit. Daraus ist auf eine bestehende Unsicherheit über die Einordnung tatsächlich bestehender, kollektiver betrieblicher Regelungen als betriebliche Bündnisse für Arbeit, aber auch auf Phantomängste gegenüber einer Publizität dieser Regelungen zu schließen. Deutlich wird angesichts der bestehenden ökonomischen Notwendigkeiten ein großer Nachholbedarf an tatsächlichen, zugestandenen kollektiven betrieblichen Absprachen mit dem Charakter von betrieblichen Bündnissen für Arbeit. Zu vermuten sind auf diesem untransparenten Sektor überwiegend inoffizielle, "organisierte" kollektive Abmachungen. Das bestätigt eine empirische Untersuchung von Brecht.[399] Vor allem in Betrieben mittlerer Größe mit

399 Brecht, Die Umsetzung von Tarifverträgen auf Betriebsebene, S. 92ff.

kooperativem Mitbestimmungsstil ist die mündliche Absprache anzutreffen[400] ohne ihre faktische Verbindlichkeit in Frage zu stellen.[401] Teilweise erfolgt das zur Erprobung neuer betrieblicher Modelle sowie zur Verschleierung wegen der abweichenden Handhabung von tarifrechtlichen Normen. Gerade in derartigen Fällen ist ein Interesse der Betriebsparteien festzustellen, ein öffentliches Bekanntwerden ihrer Vereinbarung zu vermeiden.[402]

Die Ergebnisse einer solchen empirischen Untersuchung hängen also davon ab, ob auswahl- oder branchenbedingt überproportional kleinere oder mittlere Unternehmen befragt werden. Da der Personalkostendruck mit Sicherheit auch bei den Teilnehmern dieser Umfrage besteht, in der Auswahlgruppe rund 90 % und in der Auswahlstichprobe nach dem Kriterium Umsatz fast zwei Drittel und nach dem Kriterium Mitarbeiterzahl wieder über 90 % kleinere und mittlere Unternehmer sind und in Deutschland im Umfang von 99,7 %[403] kleinere und mittlere Unternehmen tätig sind, wird die Dunkelziffer an inoffiziellen, untertariflichen, an betriebsnahen Lohnfaktoren orientierten, aber organisierten kollektiven betrieblichen Vereinbarungen unterschiedlicher Art in der Wirtschaft der Bundesrepublik Deutschland auf mindestens 20 - 25 % geschätzt. Der Umfang der geschätzten hohen Dunkelziffer an tarifrechtswidrigen Vereinbarungen auf betrieblicher Ebene und der unterstellte Versuch, diese inoffiziellen Abmachungen nicht publik werden zu lassen, rechtfertigen jedenfalls die Vermutung, dass die betroffenen Arbeitgeber, insbesondere in den Fällen von Arbeitgebern ohne die Kontrolle eines Betriebsrats bzw. bei kooperativen Betriebsräten, über die drohenden Rechtsfolgen im Unklaren sind.

Abschließend bleibt festzustellen, dass alle Umfragen nur Trends und Augenblicksbeschreibungen wiedergeben können. Schon eine zweite Befragung derselben Gruppen würde neue Aussagen ergeben, weil die Befragten für die Thematik, die Lösungen und ihre tatsächlichen und rechtlichen Probleme zunehmend neugierig, sensibilisiert und insgesamt aufgeklärter werden. Außerdem wäre eine viel weitergehende, multivariatere Befragung und Analyse nötig, um mögliche Einflüsse (etwa Kenntnisstand über die Rechtsfragen im Tarifrecht wie Günstigkeitsprinzip, Tarifvorbehalt und Außenseiterproblematik der nicht gewerkschaftlich organisierten Mitarbeiter oder Phantomängste bei "stillen" betrieblichen Bündnissen für Arbeit) mit einzubeziehen. Nach den hier gemachten Erfahrungen erscheint bei einer so komplexen Fragestellung die Interviewtechnik, auf die bei der WSI-Betriebsrätebefragung Befragung 2004/2005 erstmalig umgestellt wur-

---

400 Brecht, Die Umsetzung von Tarifverträgen auf Betriebsebene, S. 96.

401 Brecht, Die Umsetzung von Tarifverträgen auf Betriebsebene, S. 111.

402 Brecht, Die Umsetzung von Tarifverträgen auf Betriebsebene, S. 106.

403 Günterberg/Kayser, SMEs in Germany, Facts and Figures 2004, IFM (Institut für Mittelstandsforschung, Bonn) – Materialien Nr. 161, S. 6.

de, als besser geeignet. Nur sie ermöglicht es, über unbekannte oder missverstandene Rechtsbegriffe und Phantomängste, wie sie im Tarif- und Betriebsverfassungsrecht nicht selten sind, aufzuklären und die wirtschaftliche Lage des Befragten zu erfragen.

2. Die Entwicklung der tariflichen Öffnungsklauseln

Ein eindeutiges Indiz für die Nutzung von betrieblichen Bündnissen für Arbeit in der Praxis ist die Existenz, die Entwicklung und die gesteigerte Nutzung von tariflichen Öffnungsklauseln. Es hat kaum einen Abschnitt in der Tarifgeschichte[404] gegeben, wo sich die Tariflandschaft radikaler verändert hat als in den letzten 20 Jahren, das betrifft vor allem die Tendenz der Verlagerung von Kompetenzen vom Flächentarifvertrag auf die betriebliche Ebene durch tarifliche Öffnungsklauseln. Mittlerweise finden sich in nahezu allen größeren und kleineren Branchen Tarifverträge mit solchen Öffnungsklauseln.

Die Entwicklung vollzog sich in mehreren Schritten[405]: Es begann mit einer zunehmenden Flexibilisierung der Arbeitszeitbestimmungen in Zusammenhang mit der Verkürzung der tariflichen Arbeitszeit seit dem sog. Leber-Kompromiss zur 35-Stunden-Woche von 1984. Dann folgten die sog. Härtefallklauseln zunächst in Ost- und dann auch in Westdeutschland. Schließlich gab und gibt es die Öffnungsklauseln jüngerer Zeit, die auch Abweichungen zur Sicherung der Wettbewerbsfähigkeit und Innovation der Betriebe zulassen. Dabei hat sich die Strategie bei der Frage der betriebnahen Regelung der Arbeitszeit zunehmend von der Flexibilisierung hin zu einer Verlängerung oder Verkürzung ohne Lohnausgleich verändert. Und bei den lohnbezogenen Öffnungsklauseln geht es nicht mehr nur um die ausschließliche Abwendung wirtschaftlicher Existenzgefährdungen der Betriebe, sondern auch um die Verbesserung der Wettbewerbsfähigkeit.[406]

---

404 Zur geschichtliche Entwicklung der Öffnungsklauseln vgl. Zachert, Gutachten für die IG-Metall, S. 41f.

405 Dazu Bispinck, Kontrollierte Dezentralisierung der Tarifpolitik – Eine schwierige Balance, WSI-Mitteilungen 2004, 237-245.

406 Beispielsweise aktuell sollen, um einen Stellenabbau bei Thyssen-Krupp Stahl zu verhindern, die rund 18 000 Beschäftigten mitten im Stahlboom über eine mögliche Arbeitszeitverkürzung abstimmen. Durch ein vom Unternehmen vorgelegtes Sparprogramm sollen die Personalkosten um jährlich 240 Mio. Euro gesenkt werden. Nach Mitteilung des Unternehmens geht es um den Erhalt von 1 100 bis 1 300 Arbeitsplätzen (Kieler Nachrichten v. 17.9.2005).
Hochsymbolisch sind die Betriebsvereinbarungen und Ergänzungstarifverträge bei Siemens und DaimlerChrysler, weil ausgesprochen profitable Unternehmen zur Ver-

Die betriebliche Nutzung dieser Öffnungsklauseln unterliegt einer erheblichen Dynamik. Allerdings gibt es darüber unterschiedliche Zahlen. Nach Angaben des Arbeitgeberverbands Chemie nutzten rund 13 % der Betriebe der chemischen Industrie bis Ende 2004 die Öffnungsklausel.[407] Laut der jüngsten WSI-Betriebsrätebefragung nutzen drei von vier tarifgebundenen Unternehmen tarifliche Öffnungsklauseln. Das sind gut doppelt so viele wie noch drei Jahre zuvor.[408] Laut DIHK-Mittelstandsreport 2005 beabsichtigt etwa jedes dritte Unternehmen in der Größenklasse von 200 bis 999 Beschäftigten die Arbeitszeit ohne vollen Lohnausgleich zu verlängern. Generell kann man feststellen, dass in Ostdeutschland etwas häufiger Bündnisse für Arbeit aufgrund tariflicher Öffnungsklauseln vereinbart werden als in Westdeutschland. Ein weiterer Unterschied in der Bündnishäufigkeit ist beim Vergleich von Großbetrieben mit über 1.000 Beschäftigten und Kleinbetrieben mit 20-50 Mitarbeitern zu erkennen (Verhältnis 4:1).[409] Nach der jüngsten WSI-Betriebsrätebefragung wählen ein Drittel der tarifgebundenen, Öffnungsklauseln nutzenden Betriebe lediglich eine der angebotenen Öffnungsmöglichkeiten, ein weiteres Drittel immerhin zwei, und ein Fünftel greift auf drei Öffnungsmöglichkeiten zurück. Gut 10 % nutzen vier oder mehr Möglichkeiten der Abweichung von Tarifstandards.

Zu den Details folgende Übersicht:

Nutzung von tariflichen Öffnungsklauseln – Angaben der Betriebsräte in % –

Bereiche	**Alle tarifgebundenen Betriebe**	**Klauseln nutzende Betriebe**
Variable Arbeitszeiten	51	68
Arbeitszeitverlängerung	26	35
Einstiegstarife	19	25
Kürzung/Aussetzung Jahressonderzahlung	17	22
Befristete Arbeitszeitverkürzung	15	20
Aussetzen von Tariferhöhungen	12	17
Absenken von tariflichen Grundvergütungen	8	10
Kürzung/Aussetzung des Urlaubsgeldes	6	9
Allgemeine Härtefallklausel	5	7
Weitere Klauseln	3	4

Quelle: WSI-Befragung von Betriebs- und Personalräten 2004/05

besserung von Kostenstruktur, Wettbewerbsfähigkeit und Rendite Abweichungen von tariflichen und betrieblichen Leistungen und Regelungen gegen den Verzicht auf betriebsbedingte Kündigungen und Standort- und Investitionszusagen durchsetzten.

407 FAZ vom 3.1.2005.

408 Bispinck, Betriebsräte, Arbeitsbedingungen und Tarifpolitik, WSI-Mitteilungen 2005, 303.

409 Massa-Wirth/Seifert, Betriebliche Bündnisse für Arbeit nur mit begrenzter Reichweite? WSI Mitteilungen 2004, 249.

Es zeigt sich, dass in den Betrieben besonders stark das tarifliche Flexi-Potenzial bei der Arbeitszeitgestaltung ausgenutzt wurde. Dabei kann man unterstellen, dass diese Nutzung nicht den individuellen Vorstellungen der Arbeitnehmer dienen soll, sondern einer optimalen Betriebsnutzungszeit. An zweiter Stelle folgt die Möglichkeit der Arbeitszeitverlängerung. Dabei kann unterstellt werden, dass wachsende bislang vergütete Arbeitszeit weder durch Geld noch durch entsprechenden Freizeitausgleich abgegolten werden. Die lohn- und gehaltsbezogenen Öffnungsklauseln werden weniger genutzt.

Differenziert man die Inanspruchnahme von Öffnungsklauseln nach der wirtschaftlichen Lage der Betriebe ergibt sich bei schlechter Auftragslage und Umsatz- und Gewinnentwicklung folgendes Bild[410]: Die Möglichkeit zur befristeten Arbeitszeitverkürzung wird mit bis zu 50 % drei Mal so häufig genutzt. Die Möglichkeit der Arbeitszeitverlängerung steigt mit bis zu 58 % auf das Doppelte. Die variable Arbeitszeitgestaltung hat keine auffälligen Ausschläge. Das Aussetzen von Tariferhöhungen wird bis zu 28 % und der Kürzung bzw. Aussetzung der Jahressonderzahlung bis zu 40 % genutzt. Ansonsten ergeben sich nur geringe Effekte. Insgesamt wird erkennbar, in welchem Umfang und mit welcher Schnelligkeit bereits eine von den Tarifvertragsparteien selbst initiierte Bewegung in das starre System der Flächentarifverträge gekommen ist und in welchem Umfang die Tarifvertragsparteien selbst von der Notwendigkeit betrieblicher Bündnisse für Arbeit überzeugt waren.

3. Verbandsflucht

Fehlt diese Überzeugung, bleibt dem Arbeitgeber der Austritt aus dem Verband, da ungebundene Arbeitgeber nach dem Ende der Nachbindung rechtswirksam betriebliche Bündnisse für Arbeit vereinbaren können (vgl. oben). Auch der Austritt des Arbeitnehmers aus der zuständigen Gewerkschaft impliziert, dass dieser individuelle Vereinbarungen abschließen will. Letztendlich folgt daraus, dass die Entwicklung der „Verbandsflucht“ ein Indiz ist für die Verbreitung von untertariflichen Vereinbarungen wie die Bündnisse für Arbeit.

Kennzeichnend für die deutsche Tariflandschaft war einmal ein umfassendes System von branchenbezogenen Tarifverträgen. Diese Flächentarifverträge[411] beinhalteten verbindliche Tarifstandards für die zentralen Arbeits- und Einkom-

---

410 Dazu ausführlich Bispinck, Betriebsräte, Arbeitsbedingungen und Tarifpolitik, WSI-Mitteilungen 2005, 304.

411 Wegen der Begriffseinteilung vgl. Fn. 2.

mensbedingungen, die auch über die unmittelbar tarifgebundenen Betriebe hinaus eine wichtige Orientierungsfunktion entfalteten.

Die strukturellen Veränderungen in den Wirtschaftsbedingungen durch die drohende Notwendigkeit von Standortverlagerungen und den drohenden Wettbewerb mit Konkurrenten, die eine günstigere Personalkostenstruktur haben, mit dem Phänomen, dass selbst bei einer allgemeinen Verbesserung der Konjunktur ein regional und sektoral unterschiedlicher Personalkostendruck besteht und dass damit ein pausenloser regional und sektoral unterschiedlicher Anpassungsdruck auf den Arbeitsmarkt ausgeübt wird, haben bereits zu Veränderungen/zu Konsequenzen im kollektiven Arbeitsrecht geführt, die einige Autoren als Erosion des Tarifsystems[412] oder andere als grundlegenden tarifpolitischen Systemwechsel[413] bezeichnen. An sich müssten in diesen Zeiten, in denen sich die Verhältnisse am Arbeitsmarkt so nachhaltig zu Lasten der Arbeitnehmer verändern, die Arbeitgeberverbände, aber insbesondere die Gewerkschaften eine Eintrittswelle verbuchen, denn das Schutzbedürfnis nimmt zu. Trotzdem ist – wie die folgende Übersicht zeigt – seit Mitte der 90er Jahre ein merklicher Rückgang der Tarifbindung zu beobachten.

*Tarifbindung **(durch Branchen- oder Haustarifverträge)** nach Beschäftigten und Betrieben 1998-2004 in %*

Beschäftigte	**1998**	**1999**	**2000**	**2001**	**2002**	**2003**	**2004**
West	76	73	70	71	70	70	68
Ost	63	57	55	56	55	54	53
Betriebe							
West	53	47	48	48	46	46	43
Ost	33	26	27	28	24	26	23

Quelle: IAB-Betriebspanel 2005

Abzulesen ist, dass bereits ungefähr ein knappes Drittel (West) bzw. die Hälfte (Ost) der Beschäftigten und die Hälfte (West) und zwei Drittel (Ost) der Betriebe nicht mehr direkt durch Tarifverträge erfasst werden. Hier wird erkennbar, dass sich Arbeitnehmer und Arbeitgeber zunehmend für stark genug halten, Arbeitsbedingungen individuell auszuhandeln. Bei Arbeitnehmern zeigt sich diese Unabhängigkeit, die zunehmende Abkopplung von den Tarifverträgen auch darin, dass mehr und mehr erfolgsabhängige Lohnbestandteile vereinbart werden.

412 So IG Metall-Jahresbericht zur Tarifpolitik 2004, S. 6;

413 So Bispinck/Schulten, Deutschland vor dem tarifpolitischen Systemwechsel?, WSI-Mitteilungen 2005, 466.

Nach der jüngsten WSI-Betriebsrätebefragung[414] werden in gut einem Drittel (36%) der Betriebe variable Einkommensbestandteile gezahlt. Dies ist eine leichte Steigerung gegenüber der letzten Befragung vor drei Jahren. In den größeren und großen Betrieben (Betriebe ab 2000 Beschäftigte) steigt der Anteil deutlich auf bis zu 75 % an. Dabei dominieren ergebnisabhängige Jahressonderzahlungen. Zu 42 % handelt es sich um einzelvertragliche Vereinbarungen. Arbeitnehmer und Arbeitgeber sehen zunehmend nicht mehr die Notwendigkeit der tariflichen Partnerschaft.

Auffällig ist insbesondere auch das geringere Verbandsschutzinteresse sowohl bei Beschäftigten wie bei Betrieben in Ostdeutschland.

Eine Umkehr der festgestellten Trends ist nicht in Sicht. In der Rechtswirklichkeit hat sich die Struktur der Tarifpolitik bereits massiv verändert. Da immer mehr Arbeitnehmer aus den Gewerkschaften und Firmen aus den Arbeitgeberverbänden austreten, müssen die Tarifparteien mit Öffnungsklauseln und Haustarifverträgen mit dem Ziel der Beschäftigungssicherung agieren, wenn sie gestaltenden Einfluss bei regional bzw. sektoral auftretenden Personalkostendruck behalten wollen. Zwar ist nicht von einer Erosion der Flächentarifverträge zu sprechen, aber es zeigt sich ein zunehmender Bedeutungsverlust des Flächentarifs in der Praxis, der seine Kartellwirkung immer weniger entfalten kann, weil er die Wettbewerbssituation des einzelnen Unternehmens nicht ausreichend berücksichtigt. Sowohl auf betrieblicher Ebene als auch bei den Tarifvertragsparteien lässt sich ein gesteigertes Maß an Einsichtsfähigkeit und Flexibilitätsbereitschaft erkennen, um bei wirtschaftlicher Notwendigkeit unterschiedlichen Arbeitsverdiensten regional und sektoral Rechnung zu tragen. Die Entwicklung geht zu einem betriebsnahen Aushandeln der Regelungen der Arbeitsbedingungen. Die direkte Sozialpartnerschaft zwischen Arbeitgebern und Arbeitnehmern als Gemeinschaft erlebt nach dem Austritt auf diesem Gebiet eine Renaissance. Zwischen ihnen werden die gemeinsamen Interessen an Konkurrenzfähigkeit und Gewinnerzielung des Betriebes, Standortsicherheit, Planbarkeit bei Investitionen und Löhnen, soziale Anerkennung als Unternehmer und als Mitarbeiter eines erfolgreichen Unternehmens die Grundlage für neue, betriebsnahe, beiden Seiten gerecht werdende Lösungen. Förderlich ist dabei das zunehmende unternehmerische Denken der Arbeitnehmer, das seinen Ausdruck in der berechtigten Wiederentdeckung der Gewinnbeteiligung findet.

414 Bispinck, Betriebsräte, Arbeitsbedingungen und Tarifpolitik, WSI-Mitteilungen 2005, 303ff.

4. Der Pforzheim-Kodex (Sondervereinbarung 2004) und seine Nutzung

Besonders anschaulich wird die Durchsetzung der betrieblichen Bündnisse für Arbeit in der Praxis auch in der Metall- und Elektroindustrie deutlich und zwar durch die Existenz, Übertragung und Nutzung des Pforzheim-Kodex. Diesem Tarifvertrag liegt folgender Hintergrund zugrunde; zur Tarifrunde 2003/2004 stellte die IG Metall folgende Entwicklungen fest[415]:

- Rückgang der Tarifbindung per Flächentarifvertrag: In der Metall- und Elektroindustrie waren ca. 74 % der Beschäftigten im Westen und 43 % im Osten per Flächentarifvertrag tarifgebunden. Die Tarifbindung war damit in jüngster Zeit stabil geblieben, aber bei einer längeren Rückbetrachtung ist seit 1998 ein Rückgang im Westen von ehemals 80 % um sechs Prozentpunkte und im Osten von ehemals 51 % um ca. acht Prozentpunkte zu verzeichnen.
- Geringer Zuwachs der Tarifbindung per Firmentarifvertrag: Diese hatten seit 1993 im Westen um ca. drei, im Osten um ca. zwei Prozentpunkte zugenommen.
- Stark zunehmende Abweichungen vom Flächentarifvertrag: In der Metall- und Elektroindustrie hat sich die Zahl der dem Vorstand *bekannten* Betriebe, für die firmenbezogene Tarifregelungen bestehen, seit Anfang der 90er Jahre (rund 80) knapp verdreifacht und seit 1998 mehr als verdoppelt (254). Die tariflichen Instrumente waren Härtefallregelungen, Sanierungstarifverträge und Beschäftigungs-Sicherungsverträge.
- Qualitative Veränderungen der Regelungsinhalte firmenbezogener Tarifverträge: Waren nach einer Erhebung des IG Metall Tarifarchivs 1981 noch 75 % der firmenbezogenen Abschlüsse praktisch identisch oder mindestens wertgleich mit dem jeweiligen Flächentarifvertrag, so hatte sich bis Ende 2003 dieses Verhältnis umgekehrt. Ca. 70 % der Abschlüsse enthielten temporäre oder dauerhafte normative Abweichungen unter das Flächentarifniveau.
- Grauzone: Zu vermuten ist eine hohe Dunkelziffer von nicht offiziellen Abweichungen unter das Flächentarifniveau.[416]

Diese Ausgangsbedingungen haben die Tarifrunde 2004 und ihr Ergebnis, den sog. Pforzheim-Kodex, und die bezirklichen Folgetarifverträge in der Metall- und Elektroindustrie entscheidend geprägt.

Der Tarifabschluss in Pforzheim betraf die Tarifpartner der Metall- und Elektroindustrie in Baden-Württemberg. Mit ihm wurde der Versuch[417] unter-

415 IG Metall-Jahresbericht zur Tarifpolitik 2004, S. 6.
416 IG Metall-Jahresbericht zur Tarifpolitik 2004, S. 14.
417 IG Metall-Jahresbericht zur Tarifpolitik 2004, S. 6.

nommen, den bereits seit längerem eingeleiteten Prozess der Erosion des Flächentarifsvertrags durch betriebliche Tarifverträge mittels einer neuen tariflichen Regelung einzufangen, die für betriebliche Abweichungen Kriterien und Verfahren vorgibt und auf diese Weise in den abweichenden Einzelfällen den Tarifvertragsparteien ihre Gestaltungskraft erhält. Der von den Arbeitgeberverbänden und Teilen der Politik massiv eingeforderten, generellen Öffnung der Tarifverträge für unkonditionierte betriebliche Bündnisse und Regelungen wurde darum ein Instrumentarium entgegengesetzt, dass den Tarifvertragsparteien erlaubt, abweichende Regelungen zu treffen, auch wenn sie nur dem Wettbewerb und damit der Verbesserung der Beschäftigungsentwicklung dienen, wenn bestimmte definierte Voraussetzungen vorliegen. Nach massiven Warnstreiks erzielten die Tarifvertragsparteien für Baden-Württemberg in der Nacht vom 12.2.2004 ein Ergebnis, das nach insgesamt 50 Verhandlungen in allen Tarifgebieten übertragen werden konnte.

Vorliegend ist der für Norddeutschland geltende Tarifvertrag wiedergegeben:

Tarifvereinbarung 2004

Zwischen dem NORDVERBUND e.V.
bestehend aus

1. **NORDMETALL**
   Verband der Metall- und Elektroindustrie e.V., Hamburg
2. **METALL UNTERWESER**
   Verband der Metall- und Elektroindustrie e.V., Bremen
3. **NORD-WEST-METALL**
   Verband der Metallindustriellen des Nordwestlichen Niedersachsens e.V.,
   Wilhelmshaven, zugleich für seine Verbandsgruppen
   Oldenburg, Ostfriesische Werften, Wilhelmshaven und Cuxhaven
   und der

IG Metall, Bezirk Küste, Hamburg
wird folgende Vereinbarung getroffen:

§ 1

Ziel dieser Vereinbarung ist es, am Standort Deutschland bestehende Arbeitsplätze zu sichern und neue Arbeitsplätze zu schaffen. Dies verlangt den Erhalt und die Verbesserung der Wettbewerbsfähigkeit, der Innovationsfähigkeit und der Investitionsbedingungen. Die Tarifvertragsparteien bekennen sich zu diesen Zielen und zu ihrer Aufgabe, den Rahmen für mehr Beschäftigung in Deutschland zu gestalten.

§ 2

Die Betriebsparteien prüfen, ob die Maßnahmen im Rahmen der geltenden Bestimmungen ausgeschöpft sind, um Beschäftigung zu sichern und zu fördern. Die Tarifvertragsparteien beraten auf deren Wunsch die Betriebsparteien, welche Möglichkeiten hierzu im Rahmen der Tarifverträge bestehen.

Ist es unter Abwägung der sozialen und wirtschaftlichen Folgen erforderlich, durch abweichende Tarifregelung eine nachhaltige Verbesserung der Beschäftigungsentwicklung zu sichern, so werden die Tarifvertragsparteien nach gemeinsamer Prüfung mit den Betriebsparteien Ergänzungstarifverträge vereinbaren oder es wird einvernehmlich befristet von tariflichen Mindeststandards abgewichen (z. B. Kürzung von Sonderzahlungen, Stundung von Ansprüchen, Erhöhung oder Absenkung der Arbeitszeit mit oder ohne vollen Lohnausgleich (soweit nicht durch Besch-TV geregelt), Wegfall oder Absenkung der ERA-Strukturkomponente).

Voraussetzung hierfür ist eine umfassende Information mit den dazugehörigen Unterlagen. Die beteiligten Personen sind analog BetrVG zur Vertraulichkeit verpflichtet.

In die Gesamtbeurteilung sollen eventuelle Auswirkungen auf den Wettbewerb und die Beschäftigung in der Branche und der Region, soweit es um Betriebe gleicher Tarifzugehörigkeit geht, einfließen.

§ 3

In Betrieben mit einem hohen Anteil von mehr als 50 % der Gesamtbeschäftigten mit Arbeitsaufgaben, die ab Gehaltsgruppe G8 bzw. M 4 bzw. EG 10 eingestuft sind, können die Betriebsparteien eine höhere Quote bis maximal 45 % vereinbaren. Die Berechnung erfolgt auf Grundlage der Bestimmungen der jeweiligen Manteltarifverträge.

Um Innovationsprozesse zu ermöglichen oder Fachkräftemangel zu begegnen, sollen, soweit diese Regelung nicht die Struktur des Betriebes abbildet, auf gemeinsamen Antrag der Betriebsparteien die Tarifparteien nach Prüfung eine höhere Quote für den Betrieb oder Teile des Betriebes vereinbaren.

Im Rahmen dieser Quote können neben der individuellen Vereinbarung der regelmäßigen wöchentlichen Arbeitszeit auf bis zu 40 Stunden die Betriebsparteien durch freiwillige Vereinbarung für bestimmte Beschäftigtengruppen oder Bereiche die regelmäßige wöchentliche Arbeitszeit bis auf 40 Stunden verlängern. Die Verlängerung der regelmäßigen Arbeitszeit kann grundsätzlich auch befristet werden. Persönliche Belange sind bei der Festlegung für Beschäftigtengruppen oder Bereiche zu berücksichtigen.

Eine Ausweitung der Quote über 13 % darf nicht zu einem Arbeitsplatzabbau führen.

Um die Einhaltung einer hiernach ausgeweiteten Quote zu gewährleisten, kann der Betriebsrat einer individuellen Verlängerung der regelmäßigen wöchentlichen Arbeitszeit auf bis zu 40 Stunden wirksam widersprechen, wenn diese schon ausgeschöpft ist. In diesem Falle bleibt die individuelle regelmäßige wöchentliche Arbeitszeit unverändert. Sie werden hierzu analog § 99 BetrVG unterrichtet.

§ 4

Ist zusätzliches Arbeitsvolumen dauerhaft notwendig, sprechen Arbeitgeber und Betriebsrat über Neueinstellungen.

Soweit Arbeitgeber und Betriebsrat zusätzlich dauerhafte Neueinstellungen vereinbaren und diese nicht rechtzeitig realisiert werden können, werden zuerst die Möglichkeiten vorhandener Flexi-Konten genutzt.

Darüber hinaus kann durch freiwillige Betriebsvereinbarung bis zur erfolgten Einstellung, längstens bis zu 6 Monaten, zum Ausgleich der fehlenden Kapazität eine entsprechende Auszahlung von Zeitguthaben vereinbart werden. Die Vergütung dieser zusätzlichen Arbeitszeit erfolgt ohne Mehrarbeitszuschläge durch Auszahlung oder Zeitgutschrift.

In Betrieben mit bis zu 500 Beschäftigten kann, soweit keine Flexi-Konten bestehen, ein der fehlenden Kapazität entsprechendes Arbeitszeitvolumen vereinbart werden, indem die Arbeitszeit auf bis zu 40 Stunden verlängert wird. Diese zusätzliche Arbeitszeit wird ohne Mehrarbeitszuschläge ausgezahlt.

§ 5

Dieser Tarifvertrag tritt zum 1. März 2004 in Kraft. Abweichend davon tritt § 4 zum 01. Mai 2004 in Kraft.

§ 3 unterliegt einer Revision der Tarifvertragsparteien, sollte sich die Arbeitsmarktsituation der dort genannten Beschäftigtengruppen im Tarifgebiet deutlich verschlechtern.

Die Tarifvertragsparteien prüfen nach 3 Jahren, inwieweit mit dieser Vereinbarung im Tarifgebiet angestrebte Ziele erreicht wurden und welche weiteren Handlungsnotwendigkeiten sich ergeben.

Dabei sind die Erfahrungen aus der Zusammenarbeit zwischen den Tarifparteien und den Betriebsparteien auszuwerten. Die Tarifparteien haben darüber zu entscheiden, ob die Balance zwischen den Entscheidungsmöglichkeiten der Tarif-/Betriebsparteien in Richtung mehr Entscheidungskompetenz der betrieblichen Ebene zu verändern ist.

Der Tarifvertrag endet am 31.12.2007 ohne Nachwirkung.

Bremen, Hamburg, Wilhelmshaven, den 05. März 2004

Für den **NORDVERBUND**:
NORDMETALL
Verband der Metall- und Elektro-Industrie e.V., Hamburg
METALL UNTERWESER
Verband der Metall- und Elektroindustrie e.V., Bremen
NORD-WEST-METALL
Verband der Metallindustriellen des
Nordwestlichen Niedersachsens e.V., Wilhelmshaven
zugleich für seine Verbandsgruppen
Oldenburg, Ostfriesische Werften, Wilhelmshaven und Cuxhaven
IG Metall
Bezirksleitung Küste, Hamburg

Mit diesen fünf Paragraphen wurde die Möglichkeit der Tarifvertragsparteien vereinbart, nach gemeinsamer Prüfung mit den Betriebsparteien ergänzende Tarifregelungen zu vereinbaren oder befristet von tariflichen Mindeststandards abzuweichen (z.B. Kürzung von Sonderzahlung, Stundung von Ansprüchen, Erhöhung oder Absenkung der Arbeitszeit mit oder ohne vollen Lohnausgleich). Voraussetzung hierfür ist die umfassende Information mit den dazugehörigen Unterlagen, Überprüfung eventueller Auswirkungen auf den Wettbewerb und die Beschäftigung in der Branche und der Region bei Betrieben gleicher Tarifzugehörigkeit. Die Entscheidung über den Abschluss und die Anwendung dieser tariflichen Öffnungsklausel, die eine Verschlechterung der bisherigen Regelungen beinhaltet, liegt ausschließlich in der Kompetenz der Tarifvertragsparteien, wobei die Zustimmung der Arbeitgeberverbände zumeist kein Hindernis darstellt. Die IG Metall hingegen behält sich bei der Unterschreitung tariflicher Standards eine Prüfung in deren Hauptstelle in Frankfurt a.M. vor, zumeist durch von ihnen benannte Wirtschaftsprüfer.

Einzureichende Unterlagen sind nach den internen Richtlinien der IG Metall[418]

- Organigramm der rechtlichen Strukturen des Unternehmens
- Gesellschaftsrechtliche Strukturen, Kapitalverflechtung und Haftungsbeziehungen (Beherrschungs- und Gewinnabführungsverträge)
- Produktdarstellung, Marktposition und Kundenstruktur (Abnehmer und Mengen)
- Überblick über die Wettbewerbssituation
- Wirtschaftsprüferbericht der letzten 2 Geschäftsjahre
- Aktuelle Unternehmensdaten zur Ertragslage
- Unternehmensergebnisse in Form einer kurzfristigen Erfolgsrechnung
- Aktuelle Bilanz
- Planung für das laufende und möglichst das kommende Geschäftsjahr für GuV und Bilanz
- Liquiditätsstatus und Finanzplan für die letzten 6 und die kommenden 12 Monate
- Sanierungskonzept

Der Pforzheim-Kodex stellt also keine unkonditionierte Option[419] für betriebliche Bündnisse für Arbeit dar, sondern definiert inhaltliche Eckpunkte, die hierfür erfüllt sein müssen und die überprüft werden. Wichtige Stichworte sind die Erforderlichkeit tariflicher Regelungen (vorrangiges Ausschöpfen aller betrieblichen Ansätze), der reale Bedarf einer Beschäftigungssicherung (vorhandene Verlagerungs- bzw. Abbauoption), die Nachhaltigkeit von Maßnahmen zur Standortverbesserung (Investitionen, Produktentscheidungen, Innovationen) sowie die Befristung von tariflichen Abweichungen. Hinzu kommt die Verpflichtung, die Auswirkungen auf den Wettbewerb zu prüfen, um Seiteneffekte zu erkennen und nach Möglichkeit zu vermeiden.

Der Pforzheim-Kodex stellt damit einen kooperativen Weg der Dezentralisierung dar, indem hierfür Verfahren und feste Kriterien vereinbart wurden. Es werden Abweichungen vom Flächentarif auf eine rechtliche Basis gestellt, auch um Wettbewerbsfähigkeit und Beschäftigung zu sichern.

Nach dem IG Metall-Jahresbericht zur Tarifpolitik 2004[420] weichen von den für das Jahr 2004 im Tarifarchiv der IG Metall im Bereich Metall- und Elektroindustrie registrierten neuen Firmentarifverträgen 383 vom Flächentarifvertrag ab, eine deutliche Zunahme gegenüber dem Vorjahr um ca. 50 %. Allerdings beinhalten diese abweichenden Tarifverträge nicht nur Regelungen, die auf dem

418 Quelle: Foliensammlung Nordmetall: Umsetzung der Sondervereinbarung 2004.
419 So auch IG Metall-Jahresbericht zur Tarifpolitik 2004, S. 14.
420 Vgl. S. 14.

Pforzheim-Kodex beruhen. Z.T. sind es auch Haustarif-, Sanierungs-, Beschäftigungssicherungstarifverträge oder Härtefallregelungen. In der Zeit von Juni bis Dezember 2004 wurden 50 abweichende Firmentarifverträge nach Pforzheim registriert. Mit Stand Ende Oktober 2005[421] gab es insgesamt 459 Fälle der ausschließlichen Abweichungen vom Tarifvertrag nach dem Pforzheim-Kodex. Dabei handelte es sich in 59 Fällen um Haustarifverträge. In 281 Fällen wurden Arbeitszeitregelungen getroffen, davon in der Regel Arbeitszeitverlängerungen ohne Lohnausgleich. Bei den 614 Entgeltregelungen (mit Mehrfachnennungen) bezogen sich 216 auf die Kürzung von Sonderzahlungen, 227 auf die Kürzung des Monatsentgelts und 171 auf das Urlaubsgeld.

Der Arbeitgeberverband Gesamtmetall hat dazu eine eigene Erhebung bei seinen Mitgliedsverbänden durchgeführt.[422] Danach haben mit Stand 5. Oktober 2005 305 Firmen von insgesamt rund 5.500 verbandsgebundenen Unternehmen versucht, die Möglichkeit des Pforzheim-Kodex zu nutzen und mit der IG Metall abweichende Regelungen zu vereinbaren. In 275 Fällen ist dies auch gelungen. Im Zeitablauf zeigte sich folgende Entwicklung:

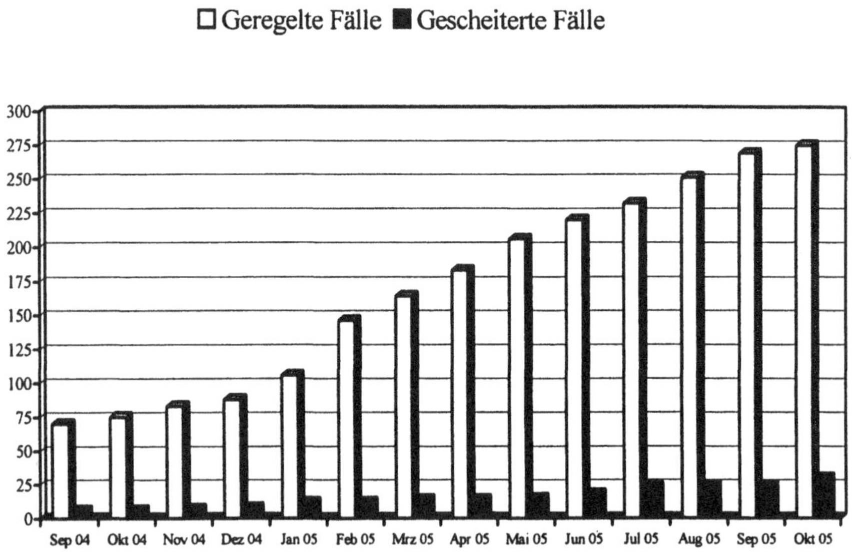

421 S. Der Spiegel, 2005, Heft 42, S. 106ff.
422 Gesamtmetall, Ergänzungstarifverträge nach dem Pforzheim-Kodex, 2005.

Verteilung nach der Betriebsgröße

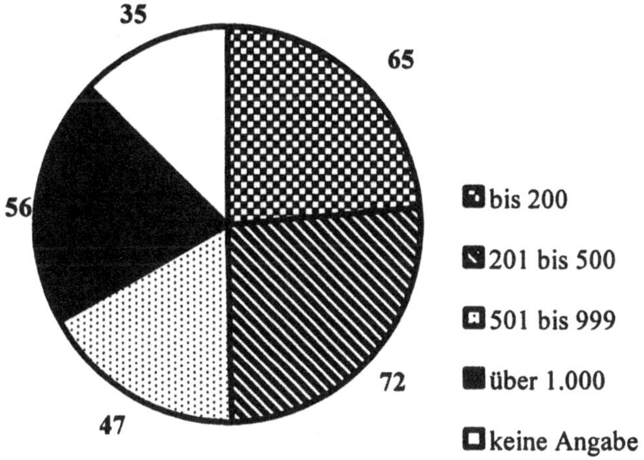

Danach ist erkennbar, dass überwiegend große Unternehmen betriebliche Bündnisse geregelt haben. Das ist eine Feststellung zu der auch die WSI-Betriebsrätebefragung regelmäßig kam (vgl. oben). Zusagen der Arbeitgeber konzentrierten sich überwiegend auf den Verzicht auf betriebsbedingte Kündigung (160 Fälle). Investitions-, Standort- und Arbeitsplatzzusagen gab es in 49, 35 bzw. 32 Fällen. In 92 Fällen machten die antwortenden Unternehmen keine Angaben. Nach dieser "Erfolgsbilanz" des Arbeitgeberverbands Gesamtmetall wurden nach seinen Angaben rund 200.000 Arbeitsplätze gesichert, mehr als 10 Milliarden Euro Investitionen ausgelöst und den Beschäftigten im Durchschnitt 5 Jahre lang der Arbeitsplatz garantiert. Beispielhaft ist damit die Geschichte des Pforzheim-Kodex für die Dynamik der Entwicklung betrieblicher Bündnisse für Arbeit.

5. Zwischenergebnis

Durch den Trend der illegalen Tarifunterschreitungen durch offenen Tarifbruch, einer dramatisch gewachsenen Zahl und Nutzung von tariflichen Öffnungsklauseln, durch die das legalisierte Aussetzen und Unterschreiten von tariflichen Regelungen begünstigt wurde und den Trend zur Kündigung der Verbandsmitgliedschaft (vgl. oben), zeigt sich ein grundlegender Paradigmenwechsel des deutschen Tarifvertragssystems: Weg von einer flächendeckenden, wettbewerbsbegrenzenden hin zu einer betriebsnahen, wettbewerbsorientierten Tarifpolitik.[423]

Tarifpolitische Standards werden immer weniger als konstante, für alle Unternehmen gleichermaßen verbindliche Größen angesehen, sondern gelten als variable betriebswirtschaftliche Parameter zur permanenten Verbesserung der Wettbewerbsfähigkeit. Die sozialen und ökonomischen Steuerungsfunktionen des deutschen Tarifsystems gehen damit verloren und aus den z. T. geduldeten Tarifbrüchen ist ein bewusstes Inkaufnehmen der Tarifvertragsparteien des Verlustes an Zuständigkeit für die effektive Lohnentwicklung abzulesen.

Im Ergebnis kann nicht nur ein eingeleiteter, sondern sogar ein bereits vollzogener und unumkehrbarer tarifpolitischer Systemwechsel im kollektiven Arbeitsrecht diagnostiziert werden. Betriebliche Bündnisse für Arbeit haben sich als Element des kollektiven Arbeitsrechts etabliert. Diese Entwicklung zur betriebsnahen Lohnpolitik ist irreversibel, so dass es angebracht ist, dass Verhältnis von Tarif- zur Betriebspolitik rechtlich neu zu überdenken. Ein zentraler Punkt ist dabei neben anderen Rechtsfragen, ob und ggf. wie ein Abweichen von Tarifverträgen durch kollektiv verbindliche Vereinbarungen auf der betrieblichen Ebene institutionell geregelt werden soll. Denn festzustellen ist ein kontinuierlicher Bedeutungszuwachs der betrieblichen Aushandlungsebene und damit speziell der Betriebsräte und insgesamt eine tatsächliche Auflösung der Tarifautonomie zugunsten einer zunehmenden Notwendigkeit und Realisierung einer Betriebsautonomie. Es ist darum die Frage zu stellen, ob angesichts dieser Entwicklungen die Tarifautonomie noch den Schutz benötigt, die sie in Zeiten, in denen sie als Notinstrument der Mitglieder der Tarifvertragsparteien gesehen wurde, zu Recht beanspruchte. Der Umfang der geschätzten hohen Dunkelziffer an tarifrechtswidrigen Vereinbarungen auf betrieblicher Ebene und der unterstellte Versuch, diese inoffiziellen Abmachungen nicht publik werden zu lassen,[424] rechtfertigen die Vermutung, dass die betroffenen Arbeitgeber, insbesondere in den Fällen von Arbeitgebern ohne die Kontrolle eines Betriebsrats bzw. bei kooperativen Betriebsräten, über die drohenden Rechtsfolgen im Unklaren sind. Die gesetzliche Klärung der Grenzen und die Anpassung der Rechtslage an die gängige Rechtspraxis ist erforderlich.

---

423 So bereits Bispinck/Schulten, Zur Kritik der wettbewerbsorientierten Tarifpolitik; in: Wagner/Schild (Hrsg.), Der Flächentarifvertrag unter Druck – die Folgen von Verbetrieblichung und Vermarktlichung, S. 209-225; wiederholt in: Bispinck/Schulten, Deutschland vor dem tarifpolitischen Systemwechsel? WSI-Mitteilungen 2005, 466.

424 S.o., S. 31 und 131.

V. Umfang der Gesetzesänderung, verfassungsrechtliche und rechtspolitische Grenzen

Gezeigt wurde durch die Darstellung des Wandels der wirtschaftlichen Bedingungen, der Starrheit der Flächentarifverträge, der Nachteile des Personalabbaus und der geänderten Rechtspraxis, dass zur Personalkostenanpassung nur die Lösung über die Vereinbarung eines betrieblichen Bündnisses für Arbeit den heutigen wirtschaftlichen Bedingungen gerecht wird. Folglich sollte die Rechtslage den veränderten Bedingungen und der heutigen Praxis angepasst werden und die rechtliche Implementierung von Vereinbarungen im notwendigen Umfang zulassen. Die Rechtswirklichkeit hat sich im kollektiven Arbeitsrecht so gewandelt, dass sich die Rechtslage an der Rechtswirklichkeit orientieren sollte, um den einzelnen Unternehmen einen rechtssicheren Weg zu bieten, den wirtschaftlichen Herausforderungen zu begegnen. Wo Beteiligte am Arbeitsmarkt durch Veränderung der sozialen Umstände des historisch gewachsenen, weitgehenden Schutzes nicht länger bedürfen, kann der Gesetzgeber das Tarifvertragssystem den veränderten Umständen unter dem Vorbehalt des Grundsatzes der Verhältnismäßigkeit anpassen. Das gilt insbesondere, wenn die veränderten tatsächlichen Verhältnisse zu einer Verschiebung von gesetzlich gewollter Rechtslage und Rechtwirklichkeit geführt haben und unter den Prämissen der praktischen Konkordanz eine stärkere Gewichtung der verfassungsrechtlich ebenfalls geschützten Privatautonomie fordern. Zu prüfen ist jedoch in welchem Umfang diese Freiheit gewährt werden muss und kann. Es geht um die Strukturen im kollektiven Arbeitsrecht wie Tarifautonomie/Betriebsautonomie/Individualautonomie, um den richtigen Ausgleich zwischen Arbeitnehmerschutz und Freiheit und um die Frage, ob das gegebene institutionelle Regelwerk geändert werden kann und soll. Erneut soll zwischen Gesetzesänderungen zur Erweiterung der Implementierungsmöglichkeiten bei Tarifbindung, fehlender Tarifbindung und Nachbindung unterschieden werden.

A. Betriebliche Bündnisse für Arbeit und Tarifbindung

Bei beidseitiger Tarifbindung kann ein betriebliches Bündnis zum Personalkostenabbau nach geltendem Recht weder durch individuelle Vereinbarung noch durch Betriebsvereinbarung oder Betriebsabrede rechtswirksam implementiert werden (vgl. oben). Bei Tarifbindung haben die Tarifvertragsparteien es in der Hand, betriebliche Bündnisse rechtlich wirksam werden zu lassen; neben Firmentarifverträgen sind insbesondere tarifliche Öffnungsklauseln ein überaus geeignetes Instrument, um betriebliche Bündnisse für Arbeit rechtswirksam zu implementieren. Auch rückwirkende Firmentarifverträge und rückwirkende tarifliche

Öffnungsklauseln sind rechtlich zulässige und geeignete Möglichkeiten, um die Inhalte eines betrieblichen Bündnisses für Arbeit rechtswirksam umzusetzen (vgl. oben).

1. Individuelle Vereinbarungen, Änderung des § 4 Abs. 3 TVG

Fraglich ist, ob eine Gesetzesänderung zur Erweiterung der Kompetenz der Arbeitsparteien zur Vereinbarung eines betrieblichen Bündnisses für Arbeit durch individualvertragliche Abänderungsvereinbarungen rechtmäßig und sinnvoll ist. Nach geltendem Recht scheitert eine solche Abmachung an § 4 Abs. 3 TVG, vgl. auch oben. Nach jetziger Rechtslage verhindert § 4 Abs. 3 TVG die wirksame Implementierung, denn mit dem Burda-Beschluss[425] praktiziert die Rechtsprechung ein enges Verständnis der Günstigkeit. Eine Beschäftigungsgarantie ist in einen Günstigkeitsvergleich nicht einzubeziehen, weil sie mit den Entgelt- und Arbeitszeitregelungen mangels sachlichen Zusammenhangs nicht vergleichbar ist.[426] Dem liegt die objektiv-hypothetische Betrachtung der h. M. zugrunde.[427] Wie bereits oben erwähnt,[428] neigt jedoch eine wachsende Mindermeinung dazu, die Günstigkeitsbewertung mehr subjektiv auszurichten. Sie traut dem Arbeitnehmer ohne weiteres zu, zwischen "Äpfeln und Birnen" zu wählen und hält ihn bei solchen Alternativen für allein entscheidungsfähig.[429]

Aus diesem Grund wird darüber diskutiert, ob entgegen dem Burda-Beschluss die Garantie des Arbeitsplatzes durch eine gesetzliche Regelung in § 4 Abs. 3 TVG in den Günstigkeitsvergleich mit einbezogen werden sollte. Aus der Politik werden immer wieder solche Gesetzesvorschläge im Rahmen einer Modernisie-

---

425 S.o. S. 17ff.

426 So Richardi, Tarifautonomie und Betriebsautonomie als Formen wesensverschiedener Gruppenautonomie im Arbeitsrecht, DB 2000, 42ff.; Löwisch, Der arbeitsrechtliche Teil des sogenannten Korrekturgesetzes, BB 1999, 102ff.; Berg/Platow, Unterlassungsanspruch der Gewerkschaft gegen tarifwidrige betriebliche Regelungen, DB 1999, 2362ff.

427 Gamillscheg, Kollektives Arbeitsrecht, Bd.1, S. 855f.; Kempen/Zachert, § 4 TVG, Rn. 187; Löwisch/Rieble, § 4 TVG, Rn. 187ff.; Wiedemann-Wank, § 4 TVG, Rn. 446, 451ff.

428 S.o. Fn.13.

429 So Picker, Das Arbeitsrecht zwischen Marktgesetz und Machtansprüchen, ZfA 2005, 353ff; Kordel, Das Günstigkeitsprinzip des § 4 Abs. 3 TVG aus der Sicht der ökonomischen und verhaltenswissenschaftlichen Analyse des Rechts, ZfA 2005, 459ff.; Niebler/Schmiedl, Sind Abweichungen vom Tarifvertrag zur Beschäftigungssicherung zulässig?, BB 2001, 1631ff.; Freihube, Die einzelvertragliche Umsetzung von Beschäftigungsbündnissen, DB 2000, 122ff.; Kast/Stuhlmann, Sind betriebliche Bündnisse für Arbeit noch durchführbar?, BB 2000, 614ff.

rung des Arbeitsrechts eingebracht. Den ersten sichtbaren Niederschlag fanden diese Bestrebungen auf dem 61. Deutschen Juristentag 1996. Dessen arbeitsrechtliche Abteilung hatte die Frage "Empfiehlt es sich, die Regelungsbefugnisse der Tarifparteien im Verhältnis zu den Betriebsparteien neu zu ordnen?" zum Gegenstand ihrer Beratungen gewählt. Gleichzeitig wurde aber auch über eine Neuausrichtung des individuellen Günstigkeitsprinzips diskutiert. In der Empfehlung des 61. Deutschen Juristentags 1996 hieß es dann: *"Den Betriebsparteien sollte durch Novellierung des § 4 Abs. 3 TVG und des § 77 Abs. 3 TVG gestattet werden, in einer konkret festzustellenden Notsituation durch Betriebsvereinbarung tarifliche Leistungen vorübergehend herabzusetzen, wobei ein solcher Notfall nur anzunehmen ist, wenn das Unternehmen in seiner Existenz bedroht oder erhebliche Teile der Belegschaft ihren Arbeitsplatz zu verlieren drohen."*[430]

Dies griff die FDP-Fraktion in 2000/2001 wieder auf, indem sie 2000 einen Beschlussantrag[431] zur Reform des Tarifvertragsrechts eingebrachte, worin die Bundesregierung zu Gesetzesänderungen aufgefordert wurde. Am 4.7.2001 legte die FDP-Fraktion dann einen eigenen Gesetzesentwurf[432] vor, der sich nur auf die Änderung des Günstigkeitsprinzip des § 4 Abs. 3 TVG beschränkte, dann aber sogar in zwei Punkten über den früheren Beschlussantrag hinausging. Eine Zustimmungsquote der Belegschaft sollte entbehrlich sein, wenn der Betriebsrat zustimmt. Ferner soll auch der einzelne Arbeitnehmer zur Sicherung seines Arbeitsplatzes tarifliche Ansprüche schmälern dürfen, wenn er das Recht behält, diese Vereinbarung unter Einhaltung einer Kündigungsfrist zu widerrufen.

Den letzten sichtbaren Niederschlag fanden schließlich die Bestrebungen, das Günstigkeitsprinzip zu ändern, in einem Gesetzesentwurf zur Modernisierung des Arbeitsrechts (ArbRModG) vom 18.6.2003, eingebracht als Drucksache 15/1182 mit folgendem, das Thema Günstigkeitsvergleich betreffenden Gesetzesvorschlag: *§ 4 Abs. 3 TVG wird wie folgt gefasst: Abweichende Vereinbarungen sind nur zulässig, soweit sie durch Tarifvertrag gestattet sind oder eine Änderung zugunsten des Arbeitnehmers enthalten. Bei dem Günstigkeitsvergleich sind die Beschäftigungsaussichten zu berücksichtigen. Eine abweichende Vereinbarung gilt als günstiger für den Arbeitnehmer, wenn der Betriebsrat und die Belegschaft mit Zwei-Drittel-Mehrheit einer solchen Abweichung zustimmen und diese Abweichung nicht über die Laufzeit des Tarifvertrages hinausreicht, von dem abgewichen wird.*

Fraglich ist, ob eine diesen Vorschlägen entsprechende Änderung des Günstigkeitsprinzips rechtmäßig wäre. Sie könnte verfassungswidrig, weil grund-

430 Abgedruckt in NZA 1996, 1227 (Beschluss Nr. 3).
431 Vom 28.1.2000, BT-Drucks. 14/2612.
432 BT-Drucks. 14/6548.

rechtswidrig sein, denn sozialstaatlich verstärkte Grundrechtsnormen bilden die Grundlage für eine menschenwürdige Gestaltung der Arbeitsordnung. Der Schutz der Würde des Menschen (Art. 1 Abs. 1 GG), die freie Entfaltung der Persönlichkeit (Art. 2 Abs. 1 GG), das Gleichheitsgebot (Art. 3 GG) und die Berufsfreiheit (Art. 12 GG) sind als individuelle Freiheitsrechte von großer Bedeutung für die Arbeitnehmer. Sie müssen auch im Verhältnis Arbeitgeber/Arbeitnehmer beachtet werden. Die Koalitionsfreiheit des Art. 9 Abs. 3 GG ist dabei die Voraussetzung, um diese Freiheiten durch kollektives Handeln für die Arbeitnehmer effektiv werden zu lassen. In Art. 9 Abs. 3 GG wird anerkannt, dass die Arbeitnehmer nur solidarisch dem systembedingten Machtvorsprung der Arbeitgeber zu begegnen vermögen. Erst im Zusammenhang mit diesem Grundrecht auf Solidarisierung ist die Anerkennung der Würde der Arbeitnehmer und ihrer beruflichen Entfaltungsfreiheit sichergestellt.

Dabei ist eine auf die Gründungsfreiheit beschränkte Garantie unvollständig und weitgehend wertlos. Das Grundrecht muss auch die Möglichkeit umfassen, sich entsprechend dem Zweck der Koalition zu betätigen. Das Bundesverfassungsgericht hat darum folgerichtig festgestellt, dass Art. 9 Abs. 3 GG den Gewerkschaften diejenigen Tätigkeiten garantiert, "für die sie gegründet sind und die für die Erhaltung als unerlässlich betrachtet werden müssen."[433] Die Koalitionsfreiheit ist, wie das Bundesverfassungsgericht dann in Abkehr von seiner sog. Kernbereichsthese[434] überzeugend dargelegt hat, nur dann sinnvoll, "wenn die Rechtsordnung den Koalitionen auch die Erreichung ihres in Art. 9 Abs. 3 GG bezeichneten Zweckes, nämlich die Arbeits- und Wirtschaftsbedingungen zu wahren und zu fördern, gewährleistet; das tut sie nur, wenn sie der Koalition das Recht gibt, diesen Zweck durch spezifisch koalitionsgemäße Betätigung zu verwirklichen".[435] Dabei beschränkt sich der Schutz des Art. 9 Abs. 3 GG nicht nur auf diejenigen Tätigkeiten, die für die Erhaltung und die Sicherung des Bestandes der Koalition unerlässlich sind; er umfasst alle koalitionsspezifischen Verhaltensweisen. Dazu gehört wesentlich der Schutz zur umfassenden Interessenvertretung hinsichtlich der Arbeits- und Wirtschaftsbedingungen.[436] Zu den spezifisch koalitionsgemäßen Betätigungen gehört seit jeher der Abschluss von Tarifverträgen, durch welche die Koalitionen im Verein mit dem sozialen Gegenspieler und im wesentlichen ohne staatliche Einflussnahme die Löhne und Gehälter sowie sonstige Arbeitsbedingungen festlegen. Damit muss Art. 9 Abs. 3 GG auch die Tarifautonomie schützen, also das Recht der Koalitionen im Arbeitsrecht Kollek-

433 BVerfG AP Nr. 23 zu Art. 9 GG mit Anm. Kittner.
434 So noch BVerfGE 4, 96 (106); 19, 303 (321f.).
435 BVerfGE 18, 18 (26).
436 So das BVerfG in st. Rspr.: vgl. E 28, 295 (304); 50, 220 (245); 73, 261 (270); 84, 212 (224); 88, 103 (114); BVerfG AuR 1996, 151 mit Anm. Heilmann.

tivverträge abzuschließen. Ihnen ist "die im öffentlichen Interesse liegende Aufgabe zugewiesen, insbesondere Löhne und sonstige materielle Arbeitsbedingungen in einem von staatlicher Rechtsetzung frei gelassenen Raum in eigener Verantwortung und im Wesentlichen ohne staatliche Einflussnahme durch unabdingbare Gesamtvereinbarungen sinnvoll zu ordnen".[437] Damit wird auch verfassungsrechtlich abgesichert, dass Tarifverträge grundsätzlich nicht durch individuelle Arbeitsverträge unterlaufen werden.[438] Auch das Günstigkeitsprinzip ist verfassungsrechtlich geschützt.

Der weite Schutz des Art. 9 Abs. 3 GG führt jedoch, wie bei anderen Grundrechten mit weitem Schutzbereich, zu Kollisionen mit anderen Grundrechten. Die Tarifautonomie wird stets berührt, wenn der Gesetzgeber den sachlich gegenständlichen Anwendungsbereich von Tarifverträgen beschränkt. Auch wenn Art. 9 Abs. 3 GG keinen Gesetzesvorbehalt enthält, werden das geltende Tarifvertragssystem und damit die zwingende Wirkung von Tarifnormen nicht grenzenlos garantiert. Wegen des Grundsatzes der grundrechtsimmanenten Schranken ist der Gesetzgeber in Konfliktfällen berufen, einen Ausgleich zwischen dem Grundgedanken des Art. 9 Abs. 3 GG einerseits und anderen verfassungsmäßig geschützten Gütern andererseits herbeizuführen.[439] Dabei ist wie bei allen Grundrechten ohne Gesetzesvorbehalt zu beachten, dass ein von verfassungswegen uneinschränkbares Grundrecht über die Entdeckung grundrechtsimmanenter Schranken nicht stärker eingeschränkt werden darf, als ein Grundrecht nach Ausübung des ihm vom GG beigegebenen Gesetzesvorbehalts.[440] Die Koalitionsfreiheit schließt nach allgemeiner Auffassung[441] ein gesetzlich geregeltes und geschütztes Tarifvertragssystem ein, das auf der sog. Tarifautonomie der Koalitionen beruht. Es handelt sich aber um eine Garantie ganz allgemeiner Art, die nicht eine spezielle Ausprägung des Tarifvertragssystems oder das gerade geltende Tarifvertragssystem vor jeder Änderung und Fortbildung bewahren will. Das Tarifvertragssystem hat keinen festgelegten Inhalt. Neue verändernde Umgestaltungen sind durch den Gesetzgeber insbesondere zum Schutz der Grundrechte Dritter und anderer mit Verfassungsrang ausgestatteter Rechte zulässig[442], wobei praktische Konkor-

---

437 BVerfG AuR 1977, 380.
438 BVerfG AuR 1977, 380.
439 BVerfGE 84, 212 (228); 100, 271 (283f.); 103, 293 (306).
440 Jarass/Pieroth, Vorbemerkung vor Art. 1 GG, Rn. 34.
441 BVerfGE 18, 18 (26); 50, 290 (367); 88, 103 (114); v. Mangoldt/Klein/Starck-Kemper, Art. 9 Abs. 3 GG, Rn. 205; Maunz/Dürig-Scholz, Art. 9 GG, Rn. 299; Jarass/Pieroth, Art. 9 GG, Rn. 28.
442 So auch Scholz, in Maunz/Dürig-Scholz, Art. 9, Rn. 300.

danz[443] zwischen den geschützten Rechtspositionen herzustellen ist, das Verhältnismäßigkeitsprinzip gewahrt werden muss.[444] Dieses verlangt, dass das vom Gesetzgeber eingesetzte Mittel geeignet und erforderlich ist, um den angestrebten Zweck zu erreichen. Schwere Eingriffe erfordern Ziele und rechtfertigende Gründe von hoher Bedeutung.[445] Außerdem muss eine Gesamtabwägung zwischen der Schwere des Eingriffs und der Tragweite der befürchteten Gefahren zu dem Ergebnis führen, dass die Grenze der Zumutbarkeit noch gewahrt ist.[446] Eine Maßnahme ist erst ungeeignet, wenn das eingesetzte Handlungsinstrument zur Erreichung des verfolgten Zwecks offensichtlich untauglich ist. Die Erforderlichkeit kann nur verneint werden, wenn die sachliche Gleichwertigkeit eines milderen Mittels eindeutig feststeht. Eine unzumutbare Grundrechtsbeschränkung kann erst angenommen werden, wenn die vorgenommene Abwägung der Rechtsgüter und Interessen evident im Widerspruch zu ihrer objektiven Wertigkeit steht.[447]

Eine Anlegung dieser Maßstäbe auf gesetzgeberische Regelungen, die die Tarifautonomie berührt haben, ist in Einzelfällen vom Bundesverfassungsgericht vorgenommen worden. So meinte es, dass eine gesetzliche Absenkung der "ABM-Löhne" auf 80 % der Tarifverträge zu billigen sei, weil die Koalitionsbetätigung auf dem zweiten Arbeitsmarkt eher atypisch sei[448] und dass die Anrechnung von Kurtagen auf tarifvertraglich geregelten Urlaub durch den früheren, inzwischen aufgehobenen § 10 BUrlG wegen eines möglichen Beitrags zur Bekämpfung der Arbeitslosigkeit zu billigen sei.[449]

Die Regelung im Gesetz über das 2. Schiffsregister, die den deutschen Tarifvertragsparteien die Regelung der Arbeitsverhältnisse ausländischer Seeleute auf deutschen Schiffen faktisch unmöglich macht, rechtfertigt das Bundesverfassungsgericht[450] unter Hinweis auf die Gegebenheiten des internationalen Arbeitsmarktes und mit dem Ziel, zu verhindern, dass deutsche Schiffe ausgeflaggt und völlig dem deutschen Recht entzogen werden.

Und es hat in der gesetzlichen Tarifsperre im Hochschulrecht, wonach Arbeitsverträge in Forschungseinrichtungen wie Universitäten u. ä. in größerem

443 ErfK-Dieterich, Art. 9 GG, Rn. 71; Kühling/Bertelsmann, Tarifautonomie und Unternehmerfreiheit, NZA 2005, 1017ff.

444 BVerfG DB 2001, 1367; AuR 1992, 29; Kempen/Zachert, Grundlagen, Rn. 121ff.; v. Mangoldt/Klein/Starck-Kemper, Art. 9 Abs. 3 GG, Rn. 172.

445 Bieback, Neue Strukturen der Koalitionsfreiheit, AuR 2000, 201ff.

446 BVerfGE 94, 372 (396); 85, 248 (259).

447 So Säcker/Oetker, Grundlagen und Grenzen der Tarifautonomie, S. 326.

448 BVerfG AuR 1996, 371; AiB 1995, 538; NZA 1999, 992; kritisch dazu Bieback, Neue Strukturen der Koalitionsfreiheit, AuR 2000, 201.

449 BVerfGE 103, 293 (304).

450 BVerfG AuR 1995, 61; kritisch dazu Geffgen, Soziale Grundrechte unter Vorbehalt?, NZA 1995, 504.

Ausmaß als sonst nach allgemeinem Arbeitsrecht befristet werden können und diese Regelung nicht im Wege von Tarifverträgen abänderbar sein soll, nicht als Verstoß gegen die Tarifautonomie gewertet, weil im Interesse der grundgesetzlich geschützten Freiheit der Forschung eine erweiterte Befristungsmöglichkeit von Arbeitsverträgen wegen des häufig bestehenden Zusammenhangs mit konkreten Forschungsprojekten, mit Drittmittelfinanzierung u. ä. offenkundig sinnvoll ist.[451]

Für betriebliche Bündnisse für Arbeit ist besonders das Urteil zu § 10 BUrlG a. F. zur Grenzziehung zulässiger gesetzlicher Einschränkungen der Tarifautonomie relevant. § 10 Abs. 2 BUrlG hatte in der von 1996 bis 1998 geltenden Fassung bestimmt, dass bestimmte Kuren in begrenztem Umfang auf den Erholungsurlaub angerechnet werden konnten. Diese Anrechnung bezog sich dabei auch – das war sogar die Absicht des Gesetzgebers[452] – auf den tarifvertraglich oder einzelvertraglich vereinbarten Mehrurlaub. Damit beseitigte die Anrechnungserklärung des Arbeitgebers die nach § 4 Abs. 1 TVG zwingende Wirkung tarifvertraglicher Bestimmungen über die Dauer der Arbeitsfreistellung für den Erholungsurlaub.

Die tarifvertragliche Festlegung wurde insoweit zur Disposition des Arbeitgebers gestellt. Er konnte das von den Tarifvertragsparteien erstrittene Verhandlungsergebnis zulasten der Gewerkschaft bzw. der tarifgebundenen Arbeitnehmer abändern. Das Bundesverfassungsgericht kam zu folgenden Feststellungen: Diese als schwerwiegender Eingriff in die Tarifautonomie einzuordnende gesetzliche Regelung dient verfassungsrechtlich legitimierten Gemeinwohlbelangen.[453] Die Vorschrift soll zu einem hohen Beschäftigungsstand und zur finanziellen Stabilität der Sozialversicherung beitragen. Das Ziel, Massenarbeitslosigkeit zu bekämpfen, hat aufgrund des Sozialstaatsprinzips Verfassungsrang (vgl. Art. 20 Abs. 1 GG)[454]. Das reicht für eine Rechtfertigung aus. Zur Beurteilung der Verhältnismäßigkeit wird dem Gesetzgeber ein weiter Gestaltungsspielraum gewährt. Es ist vornehmlich Sache des Gesetzgebers, bei arbeitsmarktpolitischen Entscheidungen auf der Grundlage seiner wirtschafts-, arbeitsmarkt- und sozialpolitischen Vorstellungen und Ziele und unter Beachtung der Sachgesetzlichkeiten des betreffenden Sachgebiets zu entscheiden, welche Maßnahmen er im Interesse des Gemeinwohls ergreifen will. Dem Gesetzgeber gebührt insoweit ein "besonders

451 BVerfGE 94, 268 (284).
452 BTDrucks 13/4612, S. 15.
453 Zum Begriff, seiner Deutung und seiner Auswirkungen auf die Tarifvertragsparteien ausführlich Thüsing, Tarifautonomie und Gemeinwohl, Festausgabe 50 Jahre Bundesarbeitsgericht, S. 889ff.
454 BVerfGE 103, 293 (306/307).

weitgehender Einschätzungs- und Prognosevorrang".[455] Das gelte umso mehr angesichts "der gegebenen schwierigen arbeitsmarktpolitischen und haushaltspolitischen Bedingungen".[456] Hiermit hat das Bundesverfassungsgericht nicht nur den Kurs der "praktischen Konkordanz" bestätigt, sondern weit über seine bisherige Rechtsprechung hinaus, einen außerordentlich großzügigen Maßstab angelegt, was die Zulässigkeit von Eingriffen und selbst "empfindlichen" Eingriffen in die Tarifautonomie auch bei bestehenden Alternativen betrifft, jedenfalls wenn es der Beschäftigungssicherung dient.

In diesem Rahmen haben die Tarifvertragsparteien einen Bedeutungsverlust hinzunehmen. Diese Linie, dass die Koalitionsfreiheit wegen ihrer großen Bedeutung für die Sozial- und Wirtschaftsordnung des Gemeinwesens in einem permanenten Spannungsverhältnis zum sozialstaatlichen Gestaltungsmandat des Gesetzgebers steht und dass dieser bei einer Fundierung eines legislatorisch umzusetzenden Gemeinwohlbelangs zu einem Eingriff befugt ist, wurde vom Bundesarbeitsgericht mit dem Urteil zu § 113 Abs. 1 Satz 2 InsO[457] bestätigt. Danach beträgt die Kündigungsfrist für den Insolvenzverwalter drei Monate zum Monatsende, wenn nicht eine kürzere Frist maßgeblich ist. Das ist eine Höchstfrist[458] und schaltet auch eine längere tarifvertragliche Kündigungsfrist aus. Die erleichterte Kündigungsmöglichkeit beseitigt damit die nach § 4 Abs. 1 Satz 1 TVG zwingende Wirkung der möglichen günstigeren tarifvertraglichen Norm und stellt damit das Tarifrecht zur Disposition des Insolvenzverwalters. Zweck der Vorschrift ist, eine Sanierung des insolventen Unternehmens zu ermöglichen und es nicht übermäßig mit nicht benötigten Lohnmasseschulden zu belasten/auszuhöhlen.

Der Gesetzgeber ging davon aus, dass dies auf Dauer für die Arbeitnehmer vorteilhafter sei, als wenn die Arbeitsplatzinteressen gegen den Markt verteidigt werden würden. Und nach Auffassung des Bundesarbeitsgericht sei dies auch wegen des durch Art. 14 GG geschützten Interesses der Gläubiger an einer höchstmöglichen Befriedigung gerechtfertigt. Wo es notwendig erscheint, sollen daher kurzfristige Kündigungen möglich sein.[459] Es ist zu bedauern, dass die von diesem Urteil betroffenen Kläger davon abgesehen haben, gegen das Urteil Ver-

455 BerfGE 103, 293 (307).
456 BVerfGE 103, 293 (309).
457 BAGE 92, 41(47ff.). Arbeitsgerichte (ArbG Stuttgart ZIP 1997, 2013; ArbG München, ZIP 1998, 2014) hatten diese Frage dem Bundesverfassungsgericht zur Entscheidung vorgelegt, das die Vorlagen wegen der nicht hinreichenden Auseinandersetzung mit der Möglichkeit einer verfassungskonformen Auslegung verwarf (BVerfG ZIP 1999, 122; 1999, 1219).
458 BAG DB 1998, 2535.
459 RegE BTDrucks. 12/2443, S. 108.

fassungsbeschwerde einzulegen, um die praktische Konkordanz zwischen dem Eingriff in die Tarifautonomie und den Gemeinwohlbelangen und zusätzlich den Interessen an gesicherten Arbeitsplätzen ausloten zu lassen.

Den exemplarisch dargestellten verfassungsrechtlichen Wertungen unterliegen jedenfalls auch die oben vorangestellten Gesetzesvorschläge zum Günstigkeitsprinzip. Die Befürworter dieser Änderung gehen nämlich davon aus, dass durch die Berücksichtigung der Beschäftigungsaussichten in den Günstigkeitsvergleich zur Arbeitsplatzsicherheit beigetragen wird und durch eine solche Regelung der Bekämpfung der Massenarbeitslosigkeit und der Beschäftigungssicherung gedient wird.

Zu klären ist also zunächst, ob es sich bei der vorgeschlagenen gesetzlichen Regelung um einen Eingriff in den Kern des verfassungsrechtlich geschützten Tarifvertragssystems handelt oder ob es sich nur um einen Eingriff handelt, der wie § 10 BUrlG a.F. mit dem auch als verfassungsrechtlich geschützt einzuordnenden Ziel der Bekämpfung der Massenarbeitslosigkeit[460] und aufgrund des besonders weitgehenden Einschätzungs- und Prognosevorrangs gerechtfertigt werden kann.

Dafür, dass schon der „Kern“ des Tarifschutzes berührt ist, spricht, dass Tarifverträge nur durch ihren zwingenden Charakter gegenüber ungünstigeren Arbeitsverträgen überhaupt effektiven Schutz gewährleisten können, sie müssen zwingend sein.[461] Die zwingende Wirkung von Tarifnormen bestünde ansonsten nur so lange, wie dem Arbeitnehmer der Bestand des Arbeitsverhältnisses gesichert erscheint. Sie entfiele, sobald die Gefahr einer Kündigung glaubhaft gemacht werden würde, also genau dann, wenn sich die Unabdingbarkeit bewähren müsste.[462] Stünden die Tarifverträge unter dem Vorbehalt des jederzeitigen Widerrufs bei sich verschlechternden Wirtschaftsbedingungen, gerieten sie zu einer unverbindlichen Richtlinie, wären von vornherein "arbeitsvertragsdispositiv" und gewährleisteten nicht die vom Tarifsystem garantierte Ordnungsfunktion. Das Günstigkeitsprinzip gehört zweifelsfrei zum Kern des geschützten Tarifsystems.[463]

---

460 S.o. Fn. 454.

461 BVerfG DB 2001, 1367; Dieterich, Flexibilisiertes Tarifrecht und Grundgesetz, RdA 2002, 1ff.; Hromadka, Bündnisse für Arbeit – Angriff auf die Tarifautonomie?, DB 2003, 42ff.

462 Dieterich, Flexibilisiertes Tarifrecht und Grundgesetz, RdA 2002, 1ff.; und Ausschuss-Drucksache 15 (9)/554, S. 2.

463 So begründet Zachert im Gutachten für den DGB, S. 14ff., die Verfassungswidrigkeit der Gesetzesvorschläge. Er hält eine Umgestaltung i. d. S. für nicht durch das Gemeinwohl gerechtfertigt. Sie führten zu einem radikalen Umbau gewachsener Strukturprinzipien der Tarifautonomie.

Fraglicher ist aber, ob auch ein so enges Gerüst des Günstigkeitsprinzips, wie es momentan aus § 4 Abs. 3 TVG herausgelesen wird, zum verfassungsrechtlich geschützten Kern gehört. Ob die Verfassung fordert, dass die gegenwärtige Regelung unabänderbar sei oder ob Art. 9 Abs. 3 GG im Rahmen der Verhältnismäßigkeit eine Umgestaltung zuließe. Auch der Bundesgerichtshof hat im Burda-Beschluss diese Frage offen gelassen.[464] Ausdrücklich wurde ausgeführt, dass der so verstandene Sachgruppenvergleich nicht "die allein verfassungskonforme Art des Günstigkeitsvergleichs sein müsse". Durch die vorgeschlagenen Änderungen des § 4 Abs. 3 TVG bleibt das Günstigkeitsprinzip mit der Anerkennung der normativen Wirkung des Tarifvertrags und seinem prinzipiellen Vorrang vor dem Arbeitsvertrag bei beidseitiger Tarifgebundenheit beibehalten. Es wird kein wichtiger Baustein des verfassungsrechtlich geschützten Tarifsystems völlig beseitigt oder ausgehöhlt. Da das Günstigkeitsprinzip in seinem Kern unangetastet bliebe, müsste man insbesondere aufgrund des bereits erwähnten besonders weiten Einschätzungs- und Prognosespielraums[465] bezüglich rechtspolitischer Fragen zur Beschäftigungssicherung angesichts der gegebenen schwierigen arbeitsmarktpolitischen Bedingungen[466] auch zu dem Ergebnis kommen, dass den oben dargestellten Grundsätzen zur Verhältnismäßigkeit Genüge getan ist. Eine Änderung des Günstigkeitsprinzips entsprechend der Vorschläge wäre wohl verfassungsgemäß.

Für eine solche Änderung würde dann neben den von den Vorschlagenden erwähnten Bestrebungen zur Bekämpfung der Arbeitslosigkeit vor allem sprechen, dass § 4 Abs. 3 TVG nur vom Gesetzgeber entsprechend den wirtschaftlichen Notwendigkeiten, wie sie in den ersten Teilen dieser Arbeit festgestellt wurden und am Sachverhalt der sogar von den Tarifvertragsparteien geduldeten Flucht der Betriebspartner in die Illegalität am deutlichsten wurde, angepasst wird.

Ein Abriss der Geschichte des deutschen Tarifrechts zeigt, dass sich das Tarifrecht schon immer wandeln musste und sich den politischen Vorstellungen aber auch den gegebenen wirtschaftlichen Bedingungen anpasste: Erst seit dem Juristentag von 1908 wurde mit wachsendem Nachdruck gefordert, das Tarifvertragsrecht gesetzlich zu regeln.[467] Es bedurfte jedoch erst der Zwangssituation

---

464 BAG BB 1999, 1657 (1660). So auch Kort, Kündigungserschwerungen gegen Lohnverzicht in "Bündnissen für Arbeit", Festausgabe 50 Jahre Bundesarbeitsgericht, S. 753 (753).

465 BerfGE 103, 293 (307).

466 BVerfGE 103, 293 (309).

467 Vgl. die Stellungnahme von v. Schulz, Verh. des 29. DJT, 1908, Bd. 2, S. 201ff.; Zimmermann ebd. , Bd. 3, S. 187ff.; Dreschers, Die Entwicklung des Rechts des Tarifvertrags in Deutschland, S. 62f. m.w.N.

von Weltkrieg und Revolution, bis die entscheidenden Schritte folgten: Im "Stinnes-Legien-Abkommen" vom 15.11.1918 wurden die Gewerkschaften "als berufene Vertreter der Arbeiterschaft" anerkannt. Und die sogleich danach gegründete "Zentralarbeitsgemeinschaft der industriellen und gewerblichen Arbeitgeber und Arbeitnehmer Deutschland" legte wenig später eine Satzung[468] vor, die zusammen mit einem Abkommen die Basis für die Tarifordnung v. 23.12.1918[469] schuf. Dieses Regelwerk wurde mit Inkrafttreten der Weimarer Reichsverfassung am 11.8.1919 konstitutionell unterfangen: In Art. 159 wurde die Koalitionsfreiheit garantiert. In Art. 165 fanden die beiderseitigen Organisationen der Arbeitnehmer und Arbeitgeber samt ihren Regelungsakten, primär also samt den Tarifverträgen, verfassungsrechtliche Anerkennung. Damit wurde die Tarifautonomie rechtlich abgesichert. Wie stark die Autonomie der Tarifvertragspartner eingeordnet wurde, zeigt sich daran, dass das Günstigkeitsprinzip zur Disposition der Tarifvertragspartner stand. Es wurde noch als selbstverständliche Schranke der Kollektivmacht gegenüber der Individualautonomie aufgefasst. Die Diskussionen gingen sogar so weit, überwiegend die negative Koalitionsfreiheit zu verneinen, da sie den Tarifvertragsparteien die notwendige Expansionsmöglichkeit nähme.[470] Die geplante Endregelung des Tarifvertragsrechts, die das Provisorium Tarifordnung ablösen sollte, kam nicht mehr zustande. Systemgerecht führte die NS-Zeit mit dem "Führerprinzip" zur Abschaffung von Koalitionsfreiheit und Tarifautonomie. Der positivrechtliche Neubeginn erfolgte 1949 mit dem heutigen Tarifvertragsgesetz und dem Grundgesetz. Fortgesetzt haben sich die Grundgedanken der Tarifautonomie in Form einer generellen Regelungszuständigkeit, der Möglichkeit der Allgemeinverbindlichkeitserklärung und eben der normativen Wirkung der tarifvertraglichen Regelungen bei Tarifgebundenheit. Allerdings sind Auflösungserscheinungen dieser "Zwangsordnung" im kollektiven Arbeitsrecht und die Notwendigkeit dieses Prozesses in der Rechtswirklichkeit, wie oben empirisch belegt, nicht mehr zu übersehen. Nochmals ist darum auf Folgendes hinzuweisen: Die Tarifbindung wird weniger. Ihr Verbandsschutz wird immer weniger gewünscht. Darin zeigt sich ein Zug in Richtung Individualautonomie. Kurzfristige, marktgerechte und maßgeschneiderte betriebliche Anpassungen sind in allen Wirtschaftsbereichen notwendig geworden. Diesen kann mit den herkömmlichen rechtlichen Instrumenten des Flächentarifvertrags nicht mehr angemessen begegnet werden. Tarifpolitische Standards werden immer weniger als

468 Text bei Dreschers, Die Entwicklung des Rechts des Tarifvertrags in Deutschland, S. 72f.

469 Text bei Dreschers, Die Entwicklung des Rechts des Tarifvertrags in Deutschland, S. 73f.

470 Vgl. RGZ 104, 327; Nörr, Grundlinien des Arbeitsrechts der Weimarer Republik, ZfA 1986, 412f.

konstante, für alle Unternehmen gleichermaßen verbindliche Größen angesehen, sondern gelten als variable Orientierungsgröße je nach Wettbewerbsfähigkeit. Die sozialen und ökonomischen Steuerungsfunktionen des deutschen Tarifsystems sind verloren gegangen und aus den z. T. geduldeten Tarifbrüchen ist ein bewusster Verlust der Tarifvertragsparteien über die Regelung der effektiven Lohnentwicklung abzulesen (vgl. oben). Nachdem sich die Gedanken der Weimarer Zeit zur Verneinung der negativen Koalitionsfreiheit und zur Nichtanerkennung des Günstigkeitsprinzips im Interesse der Gewichtung der persönlichen Würde und Entfaltungsfreiheit des einzelnen Arbeitnehmers und Arbeitgebers zu Recht nicht durchgesetzt hatten, könnte deshalb eine den heutigen Gegebenheiten entsprechende Gewichtung zwischen Tarifautonomie und Entfaltungs- und damit Gestaltungsfreiheit des einzelnen Arbeitnehmers und Arbeitgebers eine neue gesetzliche Ordnung im kollektiven Arbeitsrecht zulassen. Es ist zu fragen, ob "die Freiheit des Einzelnen" tatsächlich und auf Dauer zugunsten der Herrschaft der Tarifvertragsparteien zurückstehen muss. Der Gesetzgeber ging in der Vergangenheit davon aus, dass vom Tarifvertrag zum Nachteil des Arbeitnehmers abweichende Regelungen nicht auf dessen freien Willen zurückzuführen seien, sondern aus dem Verhandlungsübergewicht des Arbeitgebers resultierten. Eingewandt wird, dass er heutzutage mit einem Verzicht auf tarifliche Ansprüche dem Arbeitgeber aufgeklärt und selbstbestimmt entgegenkommen will; ihm ohne Austritt aus der Gewerkschaft Angebote machen will wie seine nicht tarifgebundenen Kollegen. Das Günstigkeitsprinzip, das eigentlich seinem Schutz dient, würde nur einem Verbot individualrechtlichen Kontrahierens gleichkommen, eine Beschränkung seiner Freiheit. Dies ist so jedoch nicht richtig, der Arbeitnehmer kann trotz Geltung des Günstigkeitsprinzips Vereinbarungen rechtswirksam begründen, lediglich die für ihn nachteiligen Abmachungen sind unwirksam. Das Günstigkeitsprinzip dient nicht nur dem Schutz der Tarifvertragsparteien, der Sicherung ihrer Tarifautonomie, ihrer Kompetenz und damit Machtposition, sondern vor allem dem Schutz des tarifgebundenen Arbeitnehmers. Die vorgeschlagenen Änderungen führen aber zu einer „Aufweichung“ dieses Schutzes. Schon durch die unbestimmten Formulierungen wird das Günstigkeitsprinzip aufgeweicht. Zwar wird ein kontrollierendes qualifiziertes Mehrheitsquorum auch in anderen Rechtsgebieten wie beispielsweise bei wichtigen Beschlüssen der Hauptversammlung als Vermutung für seine Sinnhaftigkeit gewertet. Geregelt werden jedoch nicht wichtige Fragen wie der Ablauf der Abstimmungen, der Kreis der Stimmberechtigten, offene oder geheime Wahl, die Möglichkeit der Briefwahl, wer Kostenträger ist und ob ein Teilnahmerecht der Gewerkschaft bei der Meinungsbildung zu gewähren ist. Und erst recht durch die Formulierung: "Beschäftigungsaussichten sind beim Günstigkeitsvergleich zu berücksichtigen", kann jeder Tarifvertrag, wenn es rechtspolitisch für wünschenswert gehalten wird, beseitigt werden.[471] Es besteht die Gefahr, dass die „Günstigkeit" zumindest faktisch allein durch den Arbeitgeber definiert wird.[472] Insbesondere aber durch die gesteigerte Gefahr der Ausnutzung durch die Anwendung des Angstprinzips "Besser weniger als gar nichts" wird der tarifvertragliche Schutz aufgeweicht. [473] Dieser Gefahr sollte ein tarifgebundener Arbeitnehmer nicht ausgesetzt sein. Wer sich der Interessenvertretung seines Verbandes anvertraut, unterwirft sich damit deren tarifpolitischen Konzepten. Durch den Beitritt wird Freiheit genommen, dafür Schutz gewährt. Bei Tarifgebundenheit ist darum die Unterwerfung unter das Diktat der Tarifvertragsparteien in dieser Pauschalität gerechtfertigt und zur Verwirklichung des durch den Beitritt ausdrücklich gewollten Tarifschutzes notwendig. Dieser Schutz, der durch das Günstigkeitsprinzip gewährt wird, sollte trotz der dargestellten Vorteile des Personalkostenabbaus durch betriebliche Bündnisses für Arbeit nicht aufgeweicht werden.

Vor allem auch, weil die Durchsetzung eines betrieblichen Bündnisses für Arbeit im Wege einzelvertraglicher Abänderung aufgrund der Problematik mit sog. Akkordstörern mit besserem Kündigungsschutz problematisch ist (vgl. oben). Ein erfolgreiches Bündnis für Arbeit setzt Betriebsfrieden und die Motivation zu einem erfolgreichen Neubeginn im Wettbewerb in der Belegschaft voraus. Aber nur kollektive Regelungen können einheitliche Arbeitsbedingungen und damit die Sicherung des Betriebsfriedens erzielen. Letztendlich ist nur eine kollektive Regelung ein geeignetes Instrument, um ein betriebliches Bündnis für Arbeit zu implementieren. Nur um dem tarifgebundenen Arbeitgeber die Möglichkeit zu geben, in ungeeigneter Weise betriebliche Bündnisse für Arbeit durch Individualvereinbarungen zu implementieren, sollte der Schutz des Günstigkeitsprinzips nicht geschmälert werden.

Hinzu kommt, dass bei Tarifgebundenheit mit Hilfe der Tarifvertragsparteien kollektive Vereinbarungen rechtswirksam zustande kommen können, neben Firmentarifverträgen sind insbesondere tarifliche Öffnungsklauseln ein überaus geeignetes Instrument, um betriebliche Bündnisse für Arbeit rechtswirksam zu implementieren (vgl. oben).

Soweit diese nicht agieren, bleibt die Beendigung der Mitgliedschaft oder Änderung der Mitgliedschaft in eine OT-Mitgliedschaft.

---

471 Zachert, Betriebliche Bündnisse für Arbeit durch gesetzliche Öffnungsklauseln?, AiB 2004, 718ff.

472 Dies verstößt aber gegen die durch Art. 12 Abs. 1 GG geschützte berufliche Betätigungsfreiheit des Arbeitnehmers, vgl. Heise, Günstigkeitsprinzip und betriebliche Bündnisse für Arbeit, Festausgabe 50 Jahre Bundesarbeitsgericht, S. 657 (660).

473 6 rechtspolitische Gründe gegen eine Neudefinition bieten Dieterich/Hanau/Henssler/Oetker/Wank/Wiedemann, Empfehlungen zur Entwicklung des Tarifvertragsrechts, RdA 2004, 65ff.

Von einer Änderung des Günstigkeitsprinzips sollte aufgrund der dargestellten Zweifel und Gefahren abgesehen werden.

2. Betriebsvereinbarungen und Betriebsabsprachen, gesetzliche Öffnungsklauseln

Die Ermöglichung der Vereinbarung betrieblicher Bündnisse für Arbeit durch Betriebsvereinbarungen oder Betriebsabsprachen durch eine Gesetzesänderung ist ebenso fragwürdig.

Trotzdem wurden aus der Politik immer wieder Gesetzesvorschläge für gesetzliche Öffnungsklauseln gemacht, die eine beschäftigungsorientierte Abweichung von Tarifverträgen durch Betriebsvereinbarungen gesetzlich ausdrücklich zulassen und betriebliche Bündnisse für Arbeit in Form von beschäftigungssichernden Betriebsvereinbarungen oder anderer Abreden gesetzlich absichern.

Den ersten sichtbaren Niederschlag fanden diese Bestrebungen ebenfalls auf dem 61. Deutschen Juristentag 1996, dessen arbeitsrechtliche Abteilung die Frage "Empfiehlt es sich, die Regelungsbefugnisse der Tarifparteien im Verhältnis zu den Betriebsparteien neu zu ordnen?" wie schon erwähnt so beantwortete: *"Den Betriebsparteien sollte durch Novellierung des § 4 Abs. 3 TVG und des § 77 Abs. 3 TVG gestattet werden, in einer konkret festzustellenden Notsituation durch Betriebsvereinbarung tarifliche Leistungen vorübergehend herabzusetzen, wobei ein solcher Notfall nur anzunehmen ist, wenn das Unternehmen in seiner Existenz bedroht oder erhebliche Teile der Belegschaft ihren Arbeitsplatz zu verlieren drohen."*.

Das griff die FDP-Fraktion in 2000/2001 ebenfalls wieder auf und forderte die Bundesregierung u. a. zu folgenden Gesetzesänderungen auf: *§ 77 Abs. 3 TVG soll bestimmen, dass alle Vereinbarungen auf betrieblicher Ebene möglich sind, wenn 75 % der abstimmenden Mitarbeiter freiwillig zugestimmt haben.*

Den letzten aktuellen Niederschlag fanden die Reformbemühungen bezüglich gesetzlicher Öffnungsklauseln letztendlich in dem bereits erwähnten Gesetzesentwurf zur Modernisierung des Arbeitsrechts mit folgendem, das Thema Öffnungsklausel betreffenden Gesetzesvorschlag:

Es wird ein neuer § 88a BetrVG "Betriebliches Bündnis für Arbeit" eingefügt:

(1) Der Betriebsrat oder, falls kein Betriebsrat vorhanden ist, ein von den im Betrieb beschäftigten Arbeitnehmern Beauftragter kann mit dem Arbeitgeber eine Vereinbarung für Beschäftigung treffen und dabei von einem für das Unternehmen geltenden Tarifvertrag abweichen. Die Vereinbarung ist wirksam, wenn

- *mindestens zwei Drittel der im Betrieb beschäftigten Arbeitnehmer zustimmen,*
- *die Vereinbarung jeder Tarifvertragspartei angezeigt wurde,*
- *keine Tarifvertragspartei der Vereinbarung innerhalb von vier Wochen, nachdem ihr die Mitteilung gemäß Spiegelstrich zwei zugegangen ist, unter Nennung von Gründen widerspricht.*

(2) Wird eine Zustimmung vor Ablauf von vier Wochen von beiden Tarifvertragsparteien erteilt, wird die Vereinbarung sofort wirksam.

Auffällig ist zunächst, dass die vorgeschlagenen gesetzlichen Öffnungsklauseln hinsichtlich der Beteiligung der Tarifvertragsparteien variieren.

Bei den vorgeschlagenen gesetzlichen Öffnungsklauseln in ihrer weitest gehenden Fassung (FDP-Vorschlag) geht es um die Öffnung der Tarifverträge für ungünstigere, für alle Mitarbeiter verbindliche betriebliche Regelungen unabhängig von einer Zustimmung oder Genehmigung durch die Tarifvertragsparteien. Einer Berücksichtigung der Interessen der Minderheit in der Belegschaft und der sozialen Ausgewogenheit würde nach Ansicht der Befürworter dadurch Rechnung getragen, dass das gefundene betriebliche Bündnis für Arbeit von einer qualifizierten Mehrheit, beispielsweise 75 % oder ein Drittel der Belegschaft, genehmigt wird. Die Befürworter gehen davon aus, dass nur ohne Beteiligung der Tarifvertragsparteien in Krisensituationen durch eine schnelle und rechtssichere Personalkostenanpassung mit einem auftragsvolumenorientierten Arbeitseinsatz und damit eine sichere und verbesserte Kalkulationsgrundlage ohne Publizität über die betriebliche Notlage mit drohenden Konsequenzen bei Lieferanten, Kunden und Kapitalgebern auf die Wettbewerbssituation angemessen reagiert werden kann. Es sei Sache der Betriebsautonomie und der betrieblich Beteiligten, welche Zugeständnisse jede Seite im Interesse einer Beschäftigungssicherung vor Ort mache. Der Arbeitgeber könne am besten beurteilen, unter welchen Bedingungen er den Betrieb aufrechterhalten könne und wolle und der Arbeitnehmer und ggf. sein Betriebsrat, wie groß die tatsächliche Gefahr für den Arbeitsplatz und die daraus resultierenden Einbußen einzuschätzen seien. Eine Beteiligung der Tarifvertragsparteien führe zu Verzögerungen, zu einer den betrieblichen Notwendigkeiten gegenläufigen Orientierung an den geltenden Flächentarifvertrag und ungewollte, wirtschaftlich nachteilige Publizität. Nur ein betriebliches Bündnis für Arbeit allein auf der Betriebsebene werde den gemeinsamen Interessen des Arbeitgebers und der Belegschaft gerecht, Arbeitslosigkeit zu verhindern.

Zweifelhaft ist aber, ob eine gesetzliche Öffnungsklausel, die noch nicht einmal eine Beteiligung der Tarifvertragsparteien vorsieht, aufgrund der verfassungsrechtlich garantierten Tarifautonomie rechtmäßig sein kann. Sowohl die verfassungsrechtlich garantierte Unternehmerautonomie wie auch das verfassungsrechtlich garantierte Selbstbestimmungsrecht von Arbeitnehmern und das als verfassungsrechtlich geschützt einzuordnende Ziel der Bekämpfung der Massenarbeitslosigkeit wie aber auch die verfassungsrechtlich garantierte Tarifautonomie sind in Fällen solcher Kollisionen so auszulegen, dass sie jeweils bestmöglich wirksam werden.[474] Die Ausübung des einen Grundrechts darf allerdings nicht dazu führen, dass das jeweils andere Grundrecht leer läuft. Vielmehr muss im Rahmen einer Grundrechtskollision gewährleistet sein, dass der Kernbereich der Grundrechte jeweils erhalten bleibt (vgl. auch oben).

Zum Kern der Tarifautonomie gehört jedoch die Gewährleistung eines leistungsfähigen und attraktiven, tarifautonomen Handlungssystems im Allgemeinen und die Sicherung der ausgeübten und aktualisierten Tarifautonomie[475] im Besonderen. Diese Vorrangstellung zur Gestaltung der Arbeitsentgelte und Arbeitsbedingungen wird aber durch eine generelle Zulässigkeit von Betriebsvereinbarungen zur Regelung betrieblicher Bündnisse für Arbeit im Wege von Betriebsvereinbarungen oder anderer kollektiv verbindlicher Absprachen zwischen Arbeitgeber und Belegschaft mit dem Charakter von "Ersatztarifverträgen" oder "Zusatztarifverträgen"[476] durchbrochen. Es würde die Errichtung einer betrieblichen Konkurrenzordnung ermöglicht werden. Die Interessenvertretung der Belegschaft würde in eine Betriebsgewerkschaft verwandelt werden. Das würde die Stellung und Funktionsfähigkeit der Tarifvertragsparteien in ihrem Kern treffen. Die ökonomischen Interessen des Unternehmens und seiner Belegschaft haben nicht das Gewicht, das geltende Tarifsystem auszuhebeln. Picker[477] spricht vom denkbar radikalsten Anschlag. Das ist nach geltendem Verfassungsrecht zu Art. 9 Abs. 3 GG durch einfaches Gesetz nicht machbar.

Fraglich ist dann jedoch, ob jedenfalls eine gesetzliche Regelung zulässig wäre, durch die die betriebsnahe Regelung zwar wirksam durchgeführt werden kann, aber ihre Rechtswirksamkeit von einer Genehmigung durch die Tarifvertragsparteien abhängig gemacht wird. Aber auch hier wird die Kompetenz der Tarifvertragsparteien, materielle Arbeitsbedingungen auszuhandeln, ohne Vorbedingungen wie sie bei der konditionierten Selbstbeschränkung über Öffnungsklauseln für notwendig gehalten werden[478], in die Hände Dritter gelegt. Dieser Vorschlag erhält den Schein einer Zuständigkeit der Tarifvertragsparteien durch den Genehmigungsvorbehalt aufrecht, aber in der materiellen Substanz ändert er nichts. Herren des betrieblichen Bündnisses für Arbeit sind die tatsächlich Vertragsschließenden. Der Einfluss der Tarifvertragsparteien beschränkt sich auf ein

---

474 BAG AuR 1991, 93.

475 BVerfG BB 1996, 1835;

476 Berg/Platow/Schoof/Unterhinninghofen, § 4 TVG, Rn. 93.

477 Picker, Das Arbeitsrecht zwischen Marktgesetz und Machtansprüchen, ZfA 2005, 353ff.

478 S.o. S. 42f.

"Abnicken oder Ablehnen".[479] Für den Fall, dass sie die genannte Beschäftigungsvereinbarung befürworten, haben sie ein Ergebnis zu akzeptieren, das andere, tariffremde Parteien ausgehandelt haben. Alternativen können bei diesem Verfahren, wenn überhaupt, nur schwer und mit der Folge von Umsetzungsverzögerungen eingebracht werden. Halten die Tarifvertragsparteien die Vereinbarung dagegen nicht für sachgerecht, wird bereits die Tatsache, dass man gegen die Mehrheit der Belegschaft eine Krisenbewältigung erschwert, die Entscheidungsfreiheit einengen. Auch ein Referendumsvorbehalt und ein Vetorecht der Tarifvertragsparteien ändert nichts daran, dass durch ein solches Gesetz in den Kernbereich der koalitionsmäßigen Betätigung, nämlich das Aushandeln der Arbeits- und Wirtschaftsbedingungen, eingegriffen werden würde. Die Aufgabe der Tarifvertragsparteien ist nicht das Zuschauen und Abwinken von Verhandlungsergebnissen, sondern das aktive Aushandeln der Arbeitsbedingungen. Bei dieser Gesetzesänderung wären sie nicht mehr Herr des Verfahrens.[480] Die Intensität des Eingriffs in die Tarifautonomie wäre so verändernd, dass eine solche Gesetzesänderung grundrechtswidrig und damit verfassungswidrig wäre.[481]

Hinzukommt, dass ein solches Gesetz die Friedenspflicht aushebeln würde. Es würde die Geschäftsgrundlage für die tarifliche Friedenspflicht entfallen.[482] Nach herrschender Meinung[483] enthält die Friedenspflicht zwar grundsätzlich kein absolutes Verbot vor neuen, ggf. erzwungenen Tarifverträgen, ist aber automatisch notwendiger Bestandteil jedes Tarifvertrages als schuldrechtliche Nebenpflicht der Tarifvertragsparteien. Dies ergibt sich aus dem Wesen des Tarifvertrags und seiner Ordnungsfunktion.

Die Tarifgebundenen sollen sich darauf verlassen können, dass bis zum Ablauf des Flächentarifvertrags oder ggf. seiner fristlosen Kündigung nicht ohne Eigeninitiative der Tarifvertragsparteien oder ausreichend legitimierende durch die Tarifvertragsparteien gefundene Öffnungsklausel[484] von den getroffenen Regelungen abgewichen werden kann.

Das hat auch das Bundesarbeitsgericht in seinen Entscheidungen zur Zulässigkeit von Ergänzungstarifverträgen mit verbandsangehörigen Unternehmen[485]

---

479 So Zachert, Betriebliche Bündnisse für Arbeit durch gesetzliche Öffnungsklauseln?, AiB 2004, 718ff.

480 Zachert, Tarifvertrag, Günstigkeitsprinzip und Verfassungsrecht, AuR 2004, 126; Wolter, Richtungswechsel im Tarifvertragsrecht – Betriebliche Bündnisse für Arbeit und Tarifvorrang, NZA 2003, 1317

481 So im Ergebnis auch Zachert im Gutachten für den DGB, S. 27.

482 Zachert, Tarifvertrag, Günstigkeitsprinzip und Verfassungsrecht, AuR 2004, 126.

483 BAG AuR 2004, 149; AuR 1959, 339.

484 Vgl. oben S. 40ff.

485 S.o. S. 36f.

ausdrücklich ausgesprochen. Damit gehört die Friedenspflicht mit zum Kern des verfassungsrechtlich garantierten Tarifsystems. Die Friedenspflicht erstreckt sich nach der Entscheidung des Bundesarbeitsgerichts zur Zulässigkeit von Ergänzungstarifverträgen mit verbandsangehörigen Unternehmen auf alle im Flächentarifvertrag erkennbar umfassend geregelten Materien, ohne dass es auf den konkreten Inhalt der Regelung ankäme. Sind in einem Flächentarifvertrag Kündigungsfristen geregelt, kann wegen längerer Kündigungsfristen oder wegen Unkündbarkeit die Friedenspflicht nicht gebrochen werden. Sind Qualifizierungsmaßnahmen bereits vorgesehen, ist für eine einseitige Durchsetzung von besseren Leistungen zur Qualifizierung kein Raum.

Wenn aber schon die Tarifvertragsparteien selber an die Friedenspflicht gebunden sind und nur einverständlich Ausnahmen, etwa die tariflichen Öffnungsklauseln, zulassen können, und dieses Grundprinzip zum Kern des verfassungsrechtlich garantierten Tarifsystems einzuordnen ist, dann kann schon gar nicht durch gesetzliche Öffnung, die Tarifverträge für schlechtere, für alle Mitarbeiter verbindliche betriebliche Regelungen zugänglich macht, ein wesentlicher Baustein des Tarifsystems ausgebrochen werden.

Zachert[486] führt als ergänzende Begründung einen Verstoß gegen den Paritätsgrundsatz an. Nach dem Bundesverfassungsgericht[487] ist die Tarifautonomie darauf angelegt, die strukturelle Unterlegenheit der einzelnen Arbeitnehmer beim Abschluss von Arbeitsverträgen durch kollektives Handeln auszugleichen und damit ein annähernd gleichgewichtiges Aushandeln der Löhne und Arbeitsbedingungen zu ermöglichen. Die betriebsverfassungsrechtliche Konfliktslösung im Wege einer Betriebsvereinbarung ist anders und aus Sicht der Arbeitnehmer tendenziell schwächer. Zur Überwindung des Konflikts steht auch nicht der Arbeitskampf zur Verfügung (§ 74 Abs. 2 BetrVG), sondern nur die Schlichtung. Eine gesetzliche Öffnungsklausel führe zu einem Verstoß gegen den Paritätsgrundsatz und greife auch deshalb verfassungswidrig in den der Kern der Tarifautonomie ein.

Entscheidend ist aber, dass erneut der Schutz des tarifgebundenen Arbeitnehmers dieses Ergebnis erfordert. Die Einführung einer gesetzlichen Öffnungsklausel führt dazu, dass gegenüber gewerkschaftsangehörigen Mitarbeitern diesem im Einzelfall gegen seinen Willen der von ihm durch seinen Beitritt ausdrücklich gewollte Tarifschutz entzogen wird.[488] Sein elementarer Anspruch darauf, dass der von seiner Koalition für ihn ausgehandelte Tarifvertrag auch auf ein

486 Zachert im Gutachten für den DGB, S. 29f.

487 BVerfGE 84, 212 (229).

488 So auch Raab, Betriebliche Bündnisse für Arbeit – Königsweg aus der Beschäftigungskrise?, ZfA 2004, 371ff.; Bayreuther, Tarifautonomie als kollektiv ausgeübte Privatautonomie, S. 503.

von ihm geschlossenes Arbeitsverhältnis Anwendung findet, wird ignoriert. Dem Schutzbedürfnis von Tarifgebundenen, das die Grundlage des Art. 9 Abs. 3 GG ist, wird eine gesetzliche Öffnungsklausel für betriebliche Bündnisse für Arbeit nicht mehr gerecht. Die Tarifautonomie leitet ihre Legitimation in erster Linie aus der freiwilligen, demokratischen Unterwerfung ihrer Mitglieder her. Arbeitnehmer und Arbeitgeber nehmen mit ihrem freiwilligen Beitritt zu einer Gewerkschaft bzw. einem Arbeitgeberverband ihre verfassungsrechtlich gewährleistete Berufsfreiheit in der Form einer privatautonomen Selbstbindung wahr, wie das übrigens auch bei jedem Arbeitsvertrag geschieht. Das ist eine der typischen Formen einer Wahrnehmung von Berufsfreiheit. Wer sich der Interessenvertretung seines Verbandes anvertraut, unterwirft sich damit deren tarifpolitischen Konzepten und bedarf grundrechtlichen Schutzes nur noch bei Kompetenzüberschreitungen und Gleichheitsverstößen.[489] Darum ist die Unterwerfung unter das Monopol/Diktat der Tarifvertragsparteien bei Tarifgebundenheit des Unternehmers in dieser Pauschalität gerechtfertig und die Aufrechterhaltung zu fordern. Eine gesetzliche Öffnungsklausel führt zu einer Aushöhlung der verfassungsrechtlich garantierten Tarifautonomie, durch die Einsschränkung des Verbots der Konkurrenzzuständigkeit auf Betriebsebene, der Aushöhlung der Friedenspflicht und aufgrund des Verstoßes gegen den Paritätsgrundsatz wird verfassungswidrig der Kern der Tarifautonomie angegriffen[490], eine Gesetzesänderung wäre wegen Art. 9 Abs. 3 GG grundrechts- und damit verfassungswidrig. Bei Tarifgebundenheit muss es folglich bei den oben dargestellten Kompetenzen zur Regelung der Inhalte eines betrieblichen Bündnisses für Arbeit bleiben.

3. Die Möglichkeiten der Tarifvertragsparteien, Ergänzung des § 1 Abs. 1 TVG

Es bleibt also dabei, dass bei Tarifbindung nur die Tarifvertragsparteien Möglichkeiten haben, betriebliche Bündnisse für Arbeit Rechtswirklichkeit werden zu lassen. Es ist nur die Frage, ob sie ihre Möglichkeiten nutzen.

Die FDP hat in ihrem bereits mehrfach angesprochenen Vorschlag deshalb auch zusätzlich vorgeschlagen, dass § 1 Abs. 1 TVG um die Zielvorgabe ergänzt

489 So Dieterich, Flexibilisiertes Tarifrecht und Grundgesetz, RdA 2002, 1ff.

490 Bei Tarifbindung muss also die Verwirklichung kollektiver Regelungen in der Hand der Tarifvertragsparteien bleiben. Im Übrigen ist anzumerken, dass diese durch Firmentarifverträge und Öffnungsklauseln wirksame Möglichkeiten haben, um betriebliche Bündnisse durch kollektive rechtsverbindliche Vereinbarungen zu implementieren. Anders als bei tarifungebundenen Arbeitgebern besteht die Möglichkeit rechtswirksamer kollektiver Vereinbarung eines betrieblichen Bündnisses für Arbeit.

werde, dass der Tarifvertrag die Beschäftigungserhaltung und -förderung zu beachten hat.

Erneut ist zweifelhaft, ob dieser Vorschlag verfassungsgemäß und rechtspolitisch sinnvoll ist. Denn durch Norm wird den Tarifvertragsparteien gesetzlich ein Ziel vorgeschrieben, dass sie ins Auge fassen müssen, es wird ihnen eine gesetzliche „Pflicht“ auferlegt, nämlich die Beschäftigungserhaltung- und -förderung zu beachten.[491] Dies ist ein Eingriff in die Tarifautonomie, allerdings wohl kein Eingriff in den Kernbereich, es steht ihnen ja auch weiterhin noch zu, andere gesetzlich nicht vorgeschriebene Zielvorgaben zu verfolgen. Auch diese Gesetzesänderung soll der Beschäftigungssicherung und der Bekämpfung der Massenarbeitslosigkeit dienen, vgl. oben. Mit Recht bezweifelt Dietrich[492] schon die Eignung des Gesetzes, diese Ziele zu verwirklichen. Aufgrund der weiten Einschätzungsprägorative in arbeitspolitischen Fragen[493] wird man wohl die Verhältnismäßigkeit und die Verfassungsmäßigkeit des Vorschlags bejahen können.

Zweifelhaft ist aber der rechtspolitische Sinn einer solchen Änderung. Die Tarifvertragsparteien werden verpflichtet, die Beschäftigungserhaltung und -förderung zu beachten. Das tun sie im Zweifel ohnehin schon. Eine Verhaltensänderung der Gewerkschaft kann gesetzlich nicht geregelt werden, dass wäre ein Eingriff in den Kernbereich der Tarifautonomie. Lediglich ein freiwilliges Umdenken der Tarifvertragsparteien würde durch das Gesetz bewirkt werden können, denn eine gesetzliche Pflicht zum Umdenken wäre sicherlich verfassungswidrig. Festzustellen ist, dass der Vorschlag verfassungsrechtlich zweifelhaft und rechtspolitisch fragwürdig ist und deshalb nach hier vertretener Ansicht nicht umgesetzt werden sollte.

B. Betriebliche Bündnisse für Arbeit und fehlende Tarifbindung, § 77 Abs. 3 BetrVG

Untersucht werden muss nun, ob aber Gesetzesänderungen zur Implementierung betrieblicher Bündnisse für Arbeit bei fehlender Tarifbindung erforderlich sind.

Trotz fehlender Tarifbindung steht dem Arbeitgeber nach geltendem Recht und aktueller Rechtsprechung nur der Weg zur Verfügung, im Rahmen von Einzelarbeitsverträgen die einheitlichen Inhalte des betrieblichen Bündnisses für Arbeit separat, also nicht kollektiv organisiert, mit jedem Mitarbeiter auszuhandeln,

491 Vgl. Dietrich, Flexibilisiertes Tarifrecht und Grundgesetz, S. 13.
492 A.a.O.
493 S.o. Fn. 455.

denn nach herrschender Meinung[494] gilt § 77 Abs. 3 BetrVG unabhängig von einer vorhandenen oder fehlenden Tarifbindung, so dass die Regelungssperre grundsätzlich und eben auch bei fehlender Tarifbindung die rechtswirksame Implementierung eines Bündnisses für Arbeit durch sämtliche betriebsverfassungsrechtliche Regelungen ausschließt.

Bereits oben[495] bei der Klärung der Rechtsfrage der Sperrwirkung des § 77 Abs. 3 BetrVG ist jedoch der Standpunkt vertreten worden, dass eine zeitgemäße Auslegung dieser Vorschrift ergibt, dass die Sperrwirkung nicht bei tarifungebundenen Arbeitgebern gelten soll.

Unabhängig von der Frage, ob lediglich deklaratorisch, würde eine klarstellende Änderung des § 77 Abs. 3 BetrVG, die ausdrücklich nicht tarifgebundene Arbeitgeber von der Sperrwirkung ausnimmt, dazu führen, dass diese kollektivverbindliche Bündnisse für Arbeit rechtsverbindlich umsetzen könnten.

An dieser Stelle soll nun geprüft werden, ob eine solche Gesetzesänderung des § 77 Abs. 3 BetrVG verfassungsgemäß ist. Nach herrschender Meinung soll § 77 Abs. 3 TVG sicherstellen, dass die Tarifautonomie durch kollektive Regelungen auf Betriebsebene nicht beeinträchtigt oder gar ausgehöhlt wird. Sie ist von den Betriebsparteien uneingeschränkt zu beachten.[496] Diese Monopolstellung gewährt und schützt die Bestandsgarantie der Tarifvertragsparteien und trägt damit dem durch Art. 9 Abs. 3 GG verfassungsrechtlich garantierten Schutz der Tarifvertragsparteien Rechnung. Den Tarifvertragsparteien ist "die im öffentlichen Interesse liegende Aufgabe zugewiesen, insbesondere Löhne und sonstige materielle Arbeitsbedingungen in einem von staatlicher Rechtsetzung frei gelassenen Raum in eigener Verantwortung und im Wesentlichen ohne staatliche Einflussnahme durch unabdingbare Gesamtvereinbarungen sinnvoll zu ordnen", vgl. auch oben.[497] Damit wird verfassungsrechtlich auch abgesichert, dass Tarifverträge nicht durch Betriebsvereinbarungen unterlaufen werden[498], was implizit eine verfassungsrechtliche Anerkennung des Tarifvorbehalts bedeutet.[499]

Unbestritten ist, dass auch im Fall der fehlenden Tarifbindung durch organisierte, kollektive Vereinbarungen zwischen Belegschaft und Arbeitgeber in die Tarifautonomie eingegriffen wird, wenn das von den Tarifvertragsparteien erstrittene Verhandlungsergebnis speziell zu Lasten der Gewerkschaften geändert wird.

---

494 BAG AP BetrVG 1972, § 77 Tarifvorbehalt; Kittner/Zwanziger, § 18, Rn. 9 m.w.N.; a.A. GK-Kreutz, § 77 BetrVG, Rn. 83, 100.

495 S.o. S. 55ff.

496 BVerfG BB 1996, 1835; BAG NZA 2002, 872; NZA 1997, 951; BB 1996, 1717.

497 BVerfG AuR 1977, 380.

498 BVerfG AuR 1977, 380.

499 So auch Zachert, AuR 2004, 124; Wolter, Richtungswechsel im Tarifvertragsrecht – Betriebliche Bündnisse für Arbeit und Tarifvorrang, NZA 2003, 1317ff.;

Ihre Durchschlagskraft wird in Frage gestellt, ihre Verhandlungsposition für die Zukunft geschwächt und ihre Attraktivität für ihre Mitglieder gemindert.

Aber auch hier besteht eine Grundrechtskollision. Die Verfassungsproblematik konzentriert sich auf die Frage: Geht der Tarifvorbehalt so weit, dass auch der tarifungebundene Arbeitgeber kein Recht zu kollektivrechtlichen Lösungen mit seiner Belegschaft hat? Denn auch ein angemessener Spielraum zur Entfaltung der Unternehmensautonomie ist unantastbar.[500] Es bedarf, wie bei der Frage der gesetzlichen Öffnungsklauseln, eines Ausgleichs in praktischer Konkordanz. Sowohl die verfassungsrechtlich garantierte Tarifautonomie wie auch die verfassungsrechtlich garantierte Unternehmerautonomie sind so auszudeuten, dass sie jeweils bestmöglich wirksam werden.[501] Die Ausübung des einen Grundrechts darf nicht dazu führen, dass das jeweils andere Grundrecht leer läuft. Vielmehr muss im Rahmen einer Grundrechtskollision gewährleistet sein, dass der Kernbereich der Grundrechte jeweils erhalten bleibt. Zu beachten ist dabei folgendes: Die Tarifautonomie leitet ihre Legitimation in erster Linie aus der freiwilligen, demokratischen Unterwerfung ihrer Mitglieder her. Arbeitnehmer und Arbeitgeber nehmen mit ihrem freiwilligen Beitritt zu einer Gewerkschaft bzw. einem Arbeitgeberverband ihre verfassungsrechtlich gewährleistete Berufsfreiheit in der Form einer privatautonomen Selbstbindung wahr, wie das übrigens auch bei jedem Arbeitsvertrag geschieht. Das ist eine der typischen Formen einer Wahrnehmung von Berufsfreiheit. Wer sich der Interessenvertretung seines Verbandes anvertraut, unterwirft sich damit deren tarifpolitischen Konzepten.[502] Darum ist die Unterwerfung unter das Monopol/Diktat der Tarifvertragsparteien bei Tarifgebundenheit des Unternehmers in dieser Pauschalität gerechtfertig und die Aufrechterhaltung zu fordern, vgl. oben.

Diese uneingeschränkte Unterwerfung ist aber nicht zu fordern, wenn der Tarifvorbehalt demokratisch durch die Mitgliedschaft der Betroffenen nicht legitimiert ist. Art. 9 Abs. 3 GG verleiht den Tarifvertragsparteien in dem für tarifvertragliche Regelungen offen stehenden Bereich zwar ein Normsetzungsrecht, aber kein generelles Normsetzungsmonopol. Die Sperrwirkung des § 77 Abs. 3 BetrVG ist nicht von der Verfassung unabänderlich geboten.[503] Der Tarifvorbehalt des § 77 Abs. 3 BetrVG bleibt in seinem Kern erhalten. Soweit der Kern nicht angetastet wird, hat der Gesetzgeber die Möglichkeit, das Konzept der Tarifautonomie dynamisch zu entwerfen und die Vorbehaltskompetenz zu schwächen.

500 BVerfG NJW 1971, 368f.; Wolter, Standortsicherung, Beschäftigungssicherung, Unternehmensautonomie, Tarifautonomie, RdA 2002, 218ff.

501 BAG AuR 1991, 93.

502 So Dieterich, Flexibilisiertes Tarifrecht und Grundgesetz, RdA 2002, 1ff.

503 GK-Kreutz, § 77 BetrVG, Rn. 77.

Damit verbundene Beeinträchtigungen der Tarifautonomie sind auch verfassungsgemäß, da der Gesetzgeber mit ihnen den Schutz der Grundrechte der Unternehmer bezweckt und da sie den Grundsatz der Verhältnismäßigkeit schon aufgrund des weiten Einschätzungs- und Beurteilungsspielraums des Gesetzgebers wahren.[504] Eine solche Anpassung verstieße aus denselben Gründen auch nicht gegen die Nr. 87, 98 und 135 des Abkommens der internationalen Arbeitsorganisation (IAO), welche ebenfalls die Koalitionsfreiheit schützen.[505] Eine Änderung wäre rechtmäßig.

Eine solche Änderung ist aber auch erforderlich, um den ungebundenen Arbeitgebern ein wirksames Instrument zu geben, den gewandelten Wirtschaftsbedingungen zu begegnen. Denn wie oben festgestellt, ist kennzeichnend für die heutigen wirtschaftlichen Bedingungen ein dauerhafter Wettbewerbs- und damit dauerhafter Personalkostendruck, wobei die Regionen und Branchen dem Wettbewerb unterschiedlich ausgesetzt sind. Die Regelung der Arbeitsverhältnisse muss diesem differenzierten Bild entsprechen und diesen Bewegungen folgen.[506] Betriebliche Bündnisse für Arbeit sind in allen Wirtschaftsbereichen notwendig geworden. Nur Personalkostenabbau durch betriebliche Bündnisse für Arbeit ist eine Lösung, die im Gegensatz zum Personalabbau den gewandelten Wirtschaftsbedingungen gerecht wird, vgl. oben. Die Möglichkeit des tarifungebundenen Arbeitgebers, Bündnisse für Arbeit durch individualvertragliche Vereinbarungen zu begründen, genügt diesen Anforderungen nicht. Denn dann ist die Durchsetzung eines betrieblichen Bündnisses für Arbeit bei sog. Akkordstörern nicht möglich. Die Sanierung bzw. angestrebte Wettbewerbsfähigkeit droht so zu scheitern. Der wirtschaftliche Erfolg eines betrieblichen Bündnisses für Arbeit setzt voraus, dass es wenigstens vom größten Teil der Belegschaft angenommen wird. Der Betriebsfrieden und die Motivation zu einem erfolgreichen Neubeginn im Wettbewerb in der Belegschaft, die bei mangelnder Solidarität von Akkordstörern gestört wären, verlangt, dass jeder in der Belegschaft seinen Anteil am Gesamtopfer bei den Personalkosten trägt.

Auch ein Haustarifvertrag ist nicht gleich geeignet, da nicht-tarifgebundene Arbeitnehmer nicht kollektivrechtlich eingebunden wären. Eine betriebseinheitliche Geltung und Standardisierung der Arbeitsbedingungen ließe sich nicht erzielen. Es drohte wieder eine Störung des Betriebsfriedens, die bei betrieblichen

---

504 BVerfgE 103, 293 (306).

505 So Zachert, Betriebliche Bündnisse für Arbeit durch gesetzliche Öffnungsklauseln?, AiB 2004, 718ff.

506 Beispielhaft waren die hochsymbolischen Vereinbarungen bei Siemens und DaimlerChrysler für die Nutzung betrieblicher Bündnisse für Arbeit zur Verbesserung von Kostenstruktur, Wettbewerbsfähigkeit und Rendite auch bei profitablen Unternehmen.

Bündnissen für Arbeit gerade vermieden werden soll. Es wird deutlich, dass eigentlich nur die Betriebsvereinbarung das richtige Instrument zur Umsetzung des betrieblichen Bündnisses für Arbeit ist. Auch tarifliche Öffnungsklauseln können den Tarifungebundenen Arbeitnehmer nicht helfen, vgl. oben.

Die Rechtsordnung sollte dem Arbeitgeber aber wirksame Instrumente zur Begegnung der gewandelten Bedingungen geben. Die Rechtslage sollte den geänderten Bedingungen gerecht werden und die rechtliche Implementierung von Betriebsvereinbarungen zulassen. Anders als bei den gesetzlichen Öffnungsklauseln und der „Aufweichung" des Günstigkeitsprinzips (vgl. oben) erfordert auch der Arbeitnehmerschutzgedanke kein anderes Ergebnis. Ein Tarifschutz steht jedenfalls, allein schon wegen der fehlenden Tarifbindung, wie bei Änderung des Günstigkeitsprinzip nicht entgegen. Hier muss überhaupt kein Schutz für den Arbeitnehmer gewährt werden, denn § 77 Abs.3 BetrVG schützt nur die Tarifvertragsparteien selber. Die Behauptung, dass Betriebsvereinbarungen die Möglichkeit bieten, auf schnellem Weg maßgeschneiderte, betriebseinheitliche Regelungen bei geringem Widerstand durchzusetzen,[507] erscheint unberechtigt. Diese Gefahr besteht auch bei der individualvertraglichen Vereinbarung. Bei nichtinteressengerechter Handhabung durch den Betriebsrat drohen diesem außerdem Konsequenzen wie Abwahl und Imageverlust. Im Übrigen findet bei Betriebsvereinbarungen eine Billigkeitskontrolle statt, vgl. oben. Bei fehlender Tarifbindung muss die Individualautonomie nicht aufgrund des Arbeitnehmerschutzgedankens zurücktreten.

§ 77 Abs. 3 BetrVG sollte folglich klarstellend geändert werden. Diese normative Klarstellung ist insbesondere auch wegen der festgestellten fehlenden Kenntnis über die Nutzung des Instruments des betrieblichen Bündnisses für Arbeit v. a. bei kleineren und mittleren Unternehmen zu fordern; bestehender Unkenntnis und Rechtsunsicherheiten muss durch eine gesetzliche Regelung begegnet werden. Wegen der Rechtsprechung des Bundesverfassungsgerichts zum Alterungsprozess der Norminhalte von Vorschriften durch den sozialen Wandel (vgl. oben Fn. 174) und wegen der nachgewiesenen Rechtsunsicherheiten der Betroffenen könnte man sogar von einem Versäumnis des Gesetzgebers zur Gesetzesänderung sprechen. Der Gesetzgeber darf sich gegenüber neuen Entwicklungen im kollektiven Arbeitsrecht nicht taub stellen, insbesondere dann nicht, wenn sich die alten Positionen nicht mehr behaupten lassen. Angesichts dieser Rechtswirklichkeit ein Rechtsänderungsbedürfnis zu leugnen, erscheint unberechtigt. Jedenfalls erscheint nach den empirischen und rechtlichen Untersuchungen dieser Arbeit eine (klarstellende) Änderung des § 77 Abs. 3 BetrVG erforderlich. Nur dann hat der tarifungebundene Arbeitgeber die Möglichkeit, wirksam betriebliche

---

507 Bayreuther, Tarifautonomie als kollektiv ausgeübte Privatautonomie, S. 595, 648.

Bündnisse für Arbeit zu vereinbaren. Die Rechtswirklichkeit hat sich im Arbeitsrecht so verändert, dass sich die Rechtslage an die Rechtswirklichkeit anpassen sollte, um den einzelnen Unternehmen einen rechtssicheren Weg zu bieten, den wirtschaftlichen Herausforderungen zu begegnen. Da auch sonst ein Bedürfnis für den tarifungebundenen Arbeitgeber besteht, kollektive Vereinbarungen mit anderen Inhalten wirksam abzuschließen, ist eine Beschränkung auf den Abschluss von betrieblichen Bündnissen für Arbeit nicht geboten.

C. Betriebliche Bündnisse für Arbeit und Nachbindung, § 3 Abs. 3 TVG

Gezeigt wurde, dass bei Tarifbindung der Arbeitnehmerschutz überwiegen muss, somit das Monopol zur Regelung von Bündnissen für Arbeit bei den Tarifparteien verbleiben sollte, die schon nach geltendem Recht wirksam die Inhalte implementieren können. Bei fehlender Tarifbindung muss hingegen die Unternehmerautonomie vorgehen, der tarifungebundene Arbeitgeber sollte betriebliche Bündnisse für Arbeit nicht durch ungeeignete Individualvereinbarungen, sondern kollektivwirksame Betriebsvereinbarungen vereinbaren können.

Der Austritt/die Änderung der Mitgliedschaft in eine OT-Mitgliedschaft ist die Schnittstelle. Will der Arbeitgeber Tarifparteimitglied bleiben, ist er auf die Mitwirkung der Tarifvertragsparteien angewiesen. Soweit die nicht agieren, bleibt ihm nur der Austritt, nach hier vertretener Auffassung auch der „Blitzaustritt", vgl. oben oder aber, soweit in der Satzung vorgesehen, die Änderung der Mitgliedschaft in eine OT-Mitgliedschaft. Dann aber kann er die Möglichkeiten eines ungebundenen Arbeitgebers ausschöpfen und seine Personalkosten nicht durch problembelasteten Personalabbau, sondern durch die Vereinbarung eines betrieblichen Bündnissen für Arbeit reglementieren, um so dem aufgrund der Globalisierung gesteigerten Personalkostendruck gewachsen zu sein. Allerdings erst, wenn die Nachbindung endet, die jedoch von unbestimmter Dauer ist und jahrelang bestehen kann.

Sinnvolle Vorschläge gehen deshalb dahin, dass die Tarifbindung bei Austritt eines Unternehmers oder Arbeitnehmers aus der Tarifvertragspartei gem. § 3 Abs. 3 TVG auf eine Maximalfrist gekürzt wird, so dass anschließend abweichende Abmachungen möglich wären.[508] Eine solche Änderung der Nachbindung wäre auch rechtmäßig und rechtspolitisch sinnvoll.

508 So der Sachverständigenrat zur Begutachtung der gesamtwirtschaftlichen Entwicklung im Jahresgutachten 2002/2003, BT_Drucks. 15/2000, S. 381, Ziffer 674. Näheres dazu vgl. Dieterich/Hanau/Henssler/Oetker/Wank/Wiedemann, Empfehlungen zur Entwicklung des Tarifvertragsrechts, RdA 2004, 65ff., die ergänzend eine Klarstellung i.S.d. Rechtsprechung zur Nachbindung des § 4 Abs. 3 TVG fordern.

Eine gesetzliche Änderung des § 3 Abs. 3 TVG wäre nur dann verfassungswidrig, wenn die gesetzlich festgelegte Nachbindung zum Kern des durch Art. 9 Abs. 3 GG verfassungsrechtlich geschützten Tarifvertragssystems gehören würde und damit eine Umgestaltung unmöglich wäre, vgl. oben. Art. 9 Abs. 3 GG garantiert jedenfalls eine funktionierende Tarifautonomie, dafür ist auch die Nachbindung Voraussetzung. Die Tarifvertragsparteien müssen sich darauf verlassen können, dass ihr Verhandlungsergebnis auch in zeitlicher Hinsicht zur Anwendung kommt und nicht durch einen jederzeit möglichen, kurzfristig wirkenden Verbandsaustritt gefährdet wird. Dieser Gedanke der Stabilisierung des Tarifvertragssystems durch Sicherung der Tarifbindung hat seine Anerkennung auch in der Entscheidung des Bundesverfassungsgerichts zur Allgemeinverbindlichkeitserklärung[509] gefunden. Es soll eine "Flucht aus den Tarifverträgen" verhindert werden. Damit ist die Nachbindung zumindest als notwendiger Baustein des verfassungsrechtlich geschützten Tarifvertragssystems einzuordnen.

Die aktuell vorgesehene, gesetzlich nicht pauschal befristete Regelung der Nachbindung gehört jedoch sicher nicht zum verfassungsrechtlichen Kern. Dazu kann erneut die Parallele zur Allgemeinverbindlichkeitserklärung gezogen werden. Die Parallele zeigt, dass das Ausmaß der Bindung durch hoheitliche Regelungen im Einzelfall ausgestaltbar ist. Durch die gesetzliche Zulassung der Allgemeinverbindlichkeitserklärung wird die Bindung ausgeweitet, die Bindung ist also gesetzlich gestaltbar, dann aber auch einschränkend zum Schutz der Grundrechte Dritter. Der Schutz der Tarifvertragspartei durch Nachbindung kollidiert hier mit der grundrechtlich geschützten Unternehmerautonomie, dem geschützten Selbstbestimmungsrecht des Arbeitnehmers und der negativen Koalitionsfreiheit der Austretenden. Es ist erneut im Sinne der praktischen Konkordanz und nach Verhältnismäßigkeitsgesichtspunkten abzuwägen. Die Fortgeltung darf die Vertragsfreiheit des austrittswilligen Mitglieds nicht unverhältnismäßig tangieren, das wäre der Fall, wenn der Austritt auf nicht absehbare Zeit wirkungslos bliebe. Die Nachbindung darf aber aufgrund des notwendigen Schutzes der Tarifvertragspartei auch nicht völlig beseitigt werden. Zwischen beiden geschützten Rechtspositionen ist "praktische Konkordanz" unter Wahrung des Grundsatzes der Verhältnismäßigkeit herzustellen. Soweit eine Maximalfrist von sechs Monaten nicht unterschritten wird, scheint eine Beschränkung der Nachbindung dieser Rechtsgüterkollision gerecht zu werden; auf den bestehenden Einschätzungsspielraum bei der Gesetzgebung wird erneut hingewiesen, vgl. oben. Die Einführung einer Höchstdauer der Nachbindung ist folglich verfassungsgemäß.

Die empirischen und rechtlichen Untersuchungen dieser Arbeit zeigen, dass eine solche Änderung auch sinnvoll und sogar erforderlich ist. Zwar kann einge-

---

509 BVerfG AuR 1977, 380.

wendet werden, dass durch eine mögliche Austrittswelle, der Flucht aus dem Tarifvertrag, die Macht der Tarifvertragsparteien geschwächt werden könnte, denn durch die Änderung wird die Macht der Tarifvertragsparteien tatsächlich beschnitten. Hier wird jedoch die Auffassung vertreten, dass dieser Eingriff in die Machtposition der Tarifvertragsparteien durchaus sinnvoll, ja sogar erforderlich ist, für die Fälle, in denen Arbeitgeber und Betriebsrat ein betriebliches Bündnis für Arbeit vereinbaren wollen.

Das kollektive Arbeitsrecht muss vom Gesetzgeber entsprechend den wirtschaftlichen Notwendigkeiten, wie sie in den ersten Teilen dieser Arbeit festgestellt wurden, angepasst werden. Der oben dargestellte Abriss der Geschichte des deutschen Tarifrechts zeigt, dass sich das Tarifrecht schon immer wandeln musste und sich den politischen Vorstellungen, aber auch den gegebenen wirtschaftlichen Bedingungen anpasste. Wie schon angesprochen, setzten sich die Gedanken der Weimarer Zeit zur Verneinung der negativen Koalitionsfreiheit im Interesse der Gewichtung der persönlichen Würde und Entfaltungsfreiheit des einzelnen Arbeitnehmers und Arbeitgebers zu Recht nicht durch. Heute sollte eine entsprechende Gewichtung, soweit nicht der Arbeitnehmerschutz ein anderes Ergebnis erfordert, zugunsten der Entfaltungs- und Gestaltungsfreiheit des einzelnen Arbeitnehmers und Arbeitgebers ausfallen. Die Freiheit des Einzelnen sollte nicht zugunsten der Herrschaft und Macht der Tarifvertragsparteien zurückstehen.

Die Arbeitgeber und Arbeitnehmer haben sich emanzipiert, abzulesen ist dies daran, dass bereits ungefähr ein knappes Drittel (West) bzw. die Hälfte (Ost) der Beschäftigten und die Hälfte (West) und zwei Drittel (Ost) der Betriebe nicht mehr direkt durch Tarifverträge erfasst werden. Hier wird erkennbar, dass sich Arbeitnehmer und Arbeitgeber zunehmend für stark genug halten, Arbeitsbedingungen individuell auszuhandeln. Bei Arbeitnehmern zeigt sich diese Unabhängigkeit, die zunehmende Abkopplung von den Tarifverträgen auch darin, dass mehr und mehr erfolgsabhängige Lohnbestandteile vereinbart werden, vgl. oben. Arbeitnehmer und Arbeitgeber sehen zunehmend nicht mehr die Notwendigkeit der tariflichen Partnerschaft. Die direkte Sozialpartnerschaft zwischen Arbeitgebern und Arbeitnehmern als Gemeinschaft erlebt eine Renaissance, sie haben ja auch ein gemeinsames Interesse an der Konkurrenzfähigkeit und Gewinnerzielung des Betriebes, Standortsicherheit, Planbarkeit bei Investitionen und Löhnen, sozialer Anerkennung als Unternehmer und als Mitarbeiter eines erfolgreichen Unternehmens und an beiden Seiten gerecht werdenden Lösungen. Auffallend ist auch das zunehmende unternehmerische Denken der Arbeitnehmer, das seinen Ausdruck in der berechtigten Wiederentdeckung der Gewinnbeteiligung findet.

Dieser Wille zur Emanzipation braucht nicht allein zum Schutz der Machtposition der Tarifvertragsparteien hinter der Tarifautonomie zurückstehen. Die Gewerkschaft muss durch das Tarifrecht nicht vor jedem Erschwernis bewahrt werden.

Im Zweifel muss die Gewerkschaft von Ausscheidenden den Abschluss eines Haustarifvertrags fordern und diesen ggf. erstreiken. Und wenn immer mehr Arbeitnehmer aus den Gewerkschaften und Firmen aus den Arbeitgeberverbänden austreten, müssen die Tarifparteien mit der Vereinbarung von tariflichen Öffnungsklauseln reagieren, wenn sie gestaltenden Einfluss bei regional bzw. sektoral auftretendem Personalkostendruck behalten wollen. Die Tarifvertragsparteien haben es in der Hand, durch Firmentarifverträge und insbesondere durch tarifliche Öffnungsklauseln betriebliche Bündnisse für Arbeit rechtswirksam zu implementieren. Diese Möglichkeiten müssen sie nur nutzen.

Erst ihre Verweigerung entsprechend den wirtschaftlichen Notwendigkeiten zu agieren, führt zum Austritt. Erkennbar ist, dass die ständig neuen Herausforderungen durch die Internationalisierung der Wirtschaft, die unterschiedliche ökonomische Situation innerhalb der Branchen und das unterschiedliche Kostenniveau und der ungleiche Wettbewerbsdruck der Betriebe nur mit einer betriebnahen Flexibilität und Differenzierung der tariflichen Standards beantwortet werden können, dass die Tarifvertragsparteien aber durch Nutzung ihrer Möglichkeiten in diesem irreversiblen Prozess die Meinungsführerschaft erhalten bzw. wiedergewinnen können. Diese Strategie hat sich in Ansätzen in der Vereinbarung des sog. Pforzheim-Kodex und seiner Nutzung bewährt. Auf Seiten des Arbeitgeberverbandes und der Gewerkschaft konnte eine Wiederzunahme der Mitglieder festgestellt werden. Der Arbeitgeberverband (Stand 5. Oktober 2005) hat in 64 Fällen den Eintritt/Wiedereintritt erreichen können und die IG-Metall registriert in einzelnen Branchen eine Steigerung der Neuaufnahmen um 50 % gegenüber dem Vorjahr. Vor allem die Gewerkschaften verfügen über kein schlüssiges Konzept, auf dessen Grundlage sie wieder zu einer wirkungsvolleren tarifpolitischen Interessenvertretung gelangen könnten. Insbesondere fällt es ihnen offensichtlich schwer, den Trend zu einer Dezentralisierung und Verbetrieblichung der Tarifpolitik geschlossen aufzugreifen und tarif- und betriebspolitisch zu verarbeiten.[510] Die Entmachtung der Gewerkschaften durch Änderung des § 3 Abs. 3 TVG hätte folglich den zusätzlichen mittelbaren Effekt, dass Gewerkschaften ihre Positionierung thematisieren müssten, ihren Kurs in der Tarifpolitik überdenken müssten.

Die Änderung würde folglich dazu führen, dass entsprechend den wirtschaftlichen Bedingungen im Gegensatz zur jetzigen Praxis vermehrt rechtswirksame Bündnisse für Arbeit abgeschlossen werden würden. Die Zahl der heimlichen, nichtigen betrieblichen Bündnisse würde verringert werden können. Dann würde

510 So auch Bispinck, Das deutsche Tarifsystem in Zeiten der Krise, S. 1.

eine „Pflicht“ zum Umdenken nicht durch gesetzliche Zielvorgabe (FDP-Vorschlag), sondern mittelbar durch (potentiellen) Austritt und emanzipiertes Handeln der Betriebsparteien bewirkt werden.

Eine solche Änderung ist aber auch erforderlich, um ausgetretenen Arbeitgebern ein wirksames Instrument zu geben, um den gewandelten Wirtschaftsbedingungen zu begegnen (vgl. oben). Agieren die Tarifvertragparteien nicht, darf der Arbeitgeber nicht hilflos dem Personalkostendruck ausgeliefert bleiben oder zur Personalkostenanpassung auf den kosten- und zeitaufwendigen problembelasteten Personalabbau oder illegale betriebliche Bündnisse für Arbeit zurückgreifen müssen. Die Rechtsordnung sollte dem Arbeitgeber wirksame Instrumente zur Begegnung der gewandelten Bedingungen geben. Die Rechtslage sollte den geänderten Bedingungen gerecht werden und die rechtliche Implementierung von Betriebsvereinbarungen nach dem Austritt auch vor Ablauf der unvorhersehbar langen Nachbindung zulassen. Denn auch der Arbeitnehmerschutzgedanke fordert nicht die Unabänderlichkeit der Nachbindung.

Zwar dient die Nachbindung auch dem einzelnen Arbeitnehmer, da weiterhin das Günstigkeitsprinzip gilt und oben wurde ausgeführt, da trotz des wirtschaftlichen Wandels und der Nutzung des betrieblichen Bündnisses in der Praxis das Günstigkeitsprinzip bei beiderseitiger Tarifgebundenheit zum Schutze des Arbeitnehmers im Zweifel lieber nicht aufgeweicht werden dürfe. Aber nur aufgrund der Mitgliedschaft ist die Unterwerfung unter das Monopol der Tarifvertragsparteien in dieser Pauschalität gerechtfertig, vgl. oben. Diese uneingeschränkte Unterwerfung ist nicht zu fordern, wenn sie nicht demokratisch durch die Mitgliedschaft der Betroffenen legitimiert ist. Nach dem Austritt muss der Schutzgedanke weniger beachtet werden, stattdessen muss, wie der Austretende es begehrt und durch seinen Austritt zum Ausdruck bringt, die Freiheit gewährleistet werden.

Damit kommt man zu dem Ergebnis, dass die Änderung des § 3 Abs. 3 TVG jedenfalls zur Implementierung betrieblicher Bündnisse für Arbeit durch ausgetretene Arbeitgeber erforderlich ist. Die Beschränkung der Nachbindung sollte dann jedoch auch auf den Fall, dass ein betriebliches Bündnis für Arbeit tatsächlich vereinbart wurde, begrenzt werden. Soweit eine Einigung nicht gelingt, sollte es bei der normalen Nachbindung bleiben, denn ob darüber hinaus ganz allgemein die Beschränkung der Nachbindung sinnvoll ist, soll und kann in dieser Arbeit nicht hinterfragt und oder geklärt werden.

Fraglich ist dann weiter, ob die Beschränkung der Nachbindung auch nur für die Inhalte, die in dem betrieblichen Bündnis für Arbeit geregelt werden, eingeschränkt gelten soll, so dass es für die nichtgeregelten Inhalte bei der normalen Nachbindung bleibt. Dies ist wohl aus Gründen der Rechtsklarheit und Rechtssicherheit abzulehnen. Jedenfalls gilt für im Bündnis nicht geregelte Inhalte der

Tarifvertrag kraft Nachwirkung weiter, inhaltsleere Arbeitsverhältnisse entstehen nicht. Im Übrigen besteht die Möglichkeit der schuldrechtlichen Bezugnahme.

Zuletzt bleibt damit lediglich noch zu klären, ob die Formulierung „betriebliches Bündnis für Arbeit" hinreichend bestimmt genug ist, da eine gesetzliche Definition bisher nicht vorliegt. Zu beachten ist dabei, dass die oben herausgearbeiteten typischen Inhalte je nach Einzelfall variieren, ein betriebliches Bündnis für Arbeit ist immer das Ergebnis einzelfallorientierter wirtschaftlicher Umstände. Kennzeichnend für ein betriebliches Bündnis für Arbeit ist jedoch immer, dass ein Austausch zwischen dem Arbeitgeber und der Belegschaft bzw. für diese durch den Betriebsrat vereinbart wird, Personalkosteneinsparungen und Flexibilisierungen gegen Beschäftigungsgarantien und andere Arbeitgeberzusagen. Dies könnte in der Gesetzesänderung ergänzend klargestellt werden.

VI. Ergebnis

Nach den rechtlichen und empirischen Untersuchungen dieser Arbeit erscheinen lediglich zwei Gesetzesänderungen zur Anpassung des geltenden Rechts an die heutigen Wirtschafts- und Arbeitsbedingungen und zur Legalisierung der gängigen Rechtspraxis erforderlich:

1. *§ 77 Abs. 3 S. 1 BetrVG wird wie folgt gefasst:*
   Arbeitsentgelte und sonstige Arbeitsbedingungen, die durch Tarifvertrag geregelt sind oder üblicherweise geregelt werden, können nicht Gegenstand einer Betriebsvereinbarung sein, solange Tarifgebundenheit des Arbeitgebers vorliegt.

2. *Es wird § 3 Abs. 3 S.2 und S. 3 TVG eingeführt:*
   Die Tarifgebundenheit endet spätestens sechs Monate nach Ende der Verbandsmitgliedschaft, wenn ein betriebliches Bündnis für Arbeit vereinbart wurde. Kennzeichnend für ein betriebliches Bündnis für Arbeit ist, dass zwischen dem Arbeitgeber und der Belegschaft bzw. für diese durch den Betriebsrat ein Austausch vereinbart wird, Flexibilisierungen und Personalkosteneinsparungen gegen Beschäftigungsgarantien und andere Arbeitgeberzusagen.

Literaturverzeichnis
(Zitierte und vertiefende Literatur)

Annuß, G., Der Eingriff in den Arbeitsvertrag, NZA 2001, 756-763.

Annuß, G., Schutz der Gewerkschaften vor tarifwidrigem Handeln?, RdA 2000, 287-297.

Alewell, D. und Koller, P., Arbeitsrechtliche Ressourcen und Einschätzungen in Personalabteilungen deutscher Unternehmen, BB 2002, 990-992.

Altvater, E. und Mahnkopf, B. (1997). Grenzen der Globalisierung. Ökonomie, Ökologie und Politik in der Weltgesellschaft. Berlin.

Bachner, M. und Schindele F., Beschäftigungssicherung durch Interessenausgleich und Sozialplan., NZA 1999, 130-136.

Bayreuther, F.(2005). Tarifautonomie als kollektiv ausgeübte Privatautonomie. München.

Bauer, J.-H., Heilung unterbliebener Massenentlassungsanzeigen, DB 2000 1073-1076.

Bauer, J.-H. und Arnold,C., Tarifliche Differenzierungsklauseln – Gewerkschaften auf Abwegen!, NZA 2005, 1209-1213.

Bauer, H. J. und Krieger, S., "Firmentarifsozialplan" als zulässiges Ziel eines Arbeitskampfes, NZA 2004, 1019-1025.

Becker, S.O., Ekholm, K., Jäckle, R. und Muendler, M.-A. (2004), Location Choice and Employment Decisions od German Multinationals. Working Paper. Brüssel.

Berg, P., Platow, H., Schoof, C. und Unterhinninghofen, H. (2005). Kommentar zum Tarifvertragsgesetz und Arbeitskampfrecht. Frankfurt a. M..

Berg, P. und Platow, H., Unterlassungsanspruch der Gewerkschaft gegen tarifwidrige betriebliche Regelungen, DB 1999, 2362-2368.

Bergmann, J., Bürckmann, E. und Dabrowski, H. (1998), Reform des Flächentarifvertrags. Hamburg.

Berkowsky, W. (1997). Die betriebsbedingte Kündigung, 4. Auflage. München.

Bieback, K.-J., Neue Strukturen der Koalitionsfreiheit, AuR 2000, 201-204.

Biedenkopf, G. (1966). Gutachten für den 46. Deutschen Juristentag. Bd.1.

Bielenski, H., Wie viele Arbeitgeberkündigungen gibt es in Deutschland? Ein Vergleich von Daten aus unterschiedlichen Quellen. (2003). Unveröffentlichtes Manuskript von Infratest Sozialforschung. München.

Bielenski, H., Hartmann, J., Pfarr, H. und Seifert, H., Die Beendigung von Arbeitsverhältnissen: Wahrnehmung und Wirklichkeit, AuR 2003, 81-91.

Bispinck, R. (2004). Das deutsche Tarifsystem in Zeiten der Krise. Düsseldorf

Bispinck, R., Betriebsräte, Arbeitsbedingungen und Tarifpolitik, WSI-Mitteilungen 2005, 301-307.

Bispinck, R.,Tarifstandards unter Druck – Tarifpolitischer Jahresbericht 2004, WSI-Mitteilungen 2005, 59-68..
Bispinck, R., Kontrollierte Dezentralisierung der Tarifpolitik – Eine schwierige Balance, WSI-Mitteilungen 2004, 237-245.
Bispinck, R., Das deutsche Tarifsystem in Zeiten der Krise – Streit um Flächentarif, Differenzierung und Mindeststandards, WSI-Mitteilungen 2003, 397-403.
Bispinck, R. und Schulten, T., Deutschland vor dem tarifpolitischen Systemwechsel?, WSI-Mitteilungen 2005, 466-472.
Bispinck, R. und Schulten, T., Zur Kritik der wettbewerbsorientierten Tarifpolitik; in: Wagner, H. (Hrsg.) (2001). Interventionen wider den Zeitgeist. Für eine emanzipatorische Gewerkschaftspolitik im 21. Jahrhundert. Hamburg.
Bischof, M., Mitbestimmung bei der Einführung von Kurzarbeit, NZA 1995, 1021-1028.
Bott, G., Die neue Rechtsprechung des Bundesarbeitsgerichts zu Fragen der Rückwirkung im Tarifrecht, Festschrift für Schaub (1998), 47-53.
Brecht, H. (2005). Die Umsetzung von Tarifverträgen auf Betriebsebene. Berlin
Bruns, P., Zum Unterlassungsanspruch des Betriebsrats bei Betriebsänderungen, AuR 2003, 15-36.
Buchner, H., Die tarifrechtliche Situation bei Verbandsaustritt und bei Auflösung eines Arbeitgeberverbandes, RdA 1997, 259-267.
Büdenbender,U., Tarifbindung trotz Austritts aus dem Arbeitgeberverband – eine notwendige oder korrekturbedürftige Regelung?, NZA 2000, 509-518.
Büttner, R. und Kirsch, J. (2005), Bündnisse für Arbeit, 2. Auflage. Düsseldorf.
Däubler, W. (1998). Das Arbeitsrecht, Bd.1, 15. Auflage, und Bd.2., 11. Auflage. Hamburg.
Däubler,W., Tarifliche Leistungen nur für Gewerkschaftsmitglieder?, BB 2002, 1643-1648.
Däubler,W., Neue Grundsätze im Arbeitskampf?, AuR 1998, 144-148.
Däubler, W., Kittner, M. und Klebe T. (2004). BetrVG – Betriebsverfassungsgesetz, Kommentar für die Praxis, 9. Auflage. Franfurt a. M..
Dieterich, T., Flexibilisiertes Tarifrecht und Grundgesetz, RdA 2002, 1-17.
Dieterich, T., Hanau, P., Henssler M., Oetker, H., Wank, R. und Wiedemann, H., Empfehlungen zur Entwicklung des Tarifvertragsrechts, RdA 2004, 65-78.
Dörner, K.M., Luczak, S. und Wildschütz, M. (1999). Arbeitsrecht in der anwaltlichen und gerichtlichen Praxis, 2. Auflage. Neuwied.
Döttger, D. (2003). Der Schutz tariflicher Normsetzung. Berlin.
Dreschers, J. (1994). Die Entwicklung des Rechts des Tarifvertrags in Deutschland. Köln.
Ehlers, H., Personalabbau in schwierigen Zeiten. Ein Plädoyer für einen Beschäftigungspakt und die Mediation, NJW 2003, 2337-2344.

Eisemann, H., Mitbestimmung bei Betriebsstillegung und Sozialplan, DStR, 1995, 23-27.
Ellguth, P. und Kohaut, S., Tarifbindung und betriebliche Interessenvertretung: Aktuelle Ergebnisse aus dem IAB-Betriebspanel, WSI-Mitteilungen 2005, 398-403.
Erfurter Kommentar zum Arbeitsrecht (2006), bearbeitet von Dieterich, T., Müller-Glöge, R., Preis, U., Hanau, P., Kania, T., Ascheid, R., Schaub, G. u.a., 6. Auflage. München.
Ernst, D., Rechtsprechung zur einstweiligen Verfügung wegen Betriebsänderung und zu deren Gegenstandswert, AuR 2005, 19-26.
Falke, J., Höland, A., Rhode, B. und Zimmermann, G. (1981). Kündigungspraxis und Kündigungsschutz in der Bundesrepublik Deutschland, Bd. 2. Bonn.
Federlin, G., Die Zukunft der betrieblichen Bündnisse für Arbeit, Festausgabe 50 Jahre Bundesarbeitsgericht (2005), S. 645-656.
Fitting, K., Engels G., Schmidt, I., Trebinger, Y. und Linsenmaier, W. (2000). Betriebsverfassungsgesetz. Handkommentar, 20. Auflage. München.
Franzen, M., Standortverlagerung und Arbeitskampf, ZfA 2005, 315-351.
Freihube, D., Die einzelvertragliche Umsetzung von Beschäftigungsbündnissen, DB 2000, 1022-1027.
Galperin, H., Grundlagen und Grenzen der Betriebsvereinbarung, BB 1949, 374-376.
Gamillscheg, F. (1997). Kollektives Arbeitsrecht, Bd.1. München.
Gamillscheg, F. (1966). Die Differenzierung nach der Gewerkschaftszugehörigkeit. München.
Geffgen, R., Soziale Grundrechte unter Vorbehalt?, NZA 1995, 504-508.
Gemeinschaftskommentar zum Betriebsverfassungsgesetz (2002), bearbeitet von Kraft, A., Wiese, G., Kreutz, P., Oetker, H., Raab, T. und Weber, C.. 2 Bde, 7. Auflage. Neuwied.
Gemeinschaftskommentar zum Kündigungsschutzgesetz (2004), bearbeitet von Becker, F., Etzel, G. und Bader, P. (2004), 7. Auflage. Neuwied.
Gesamtmetall (2005). Ergänzungstarifverträge nach dem Pforzheim-Kodex. Berlin.
Giesen, R., Tarifbonus für Gewerkschaftsmitglieder?, NZA 2004, 1317-1320.
Goertz, A., Die gegenläufige Betriebsübung, AuR 1999, 463-467.
Grotmann-Höfling, G., Die Arbeitsgerichtsbarkeit 2004 im Licht der Statistik, AuR 2005, 398-402.
Grothmann-Höfling, G., Die Arbeitsgerichtsbarkeit im Licht der Statistik, AuR 1997, 268-272.
Günterberg, B. und Kayser, G. (2004). SMEs in Germany, Facts and Figures, IFM (Institut für Mittelstandsforschung, Bonn) – Materialien Nr. 161.

Gutachten des Sachverständigenrats zur Begutachtung der gesamtwirtschaftlichen Entwicklung der Bundesrepublik Deutschland (2002/2003; 2003/2004; 2004/2005; 2005/2006).
Hablitzel, H., Das Verhältnis von Tarif- und Betriebsautonomie im Lichte des Subsidiaritätsprinzips, NZA 2001, 467-472.
Heidemann, H. (2005). Betriebs- und Dienstvereinbarungen Beschäftigungssicherung. Analyse und Handlungsempfehlungen, 2. Auflage. Düsseldorf.
Heise, D., Günstigkeitsprinzip und betriebliche Bündnisse für Arbeit, Festausgabe 50 Jahre Bundesarbeitsgericht (2005), S. 657-681.
Hemmer, E. (1997). Sozialpläne und Personalanpassungsmaßnahmen. Köln.
Hensche, D. (2004). Zur rechtlichen Zulässigkeit der OT-Mitgliedschaft. München.
Hensche, D., Tarifvertrag und Unternehmenspolitik, AuR 2004, 443-450.
Herschel, W., Entwicklungstendenzen des Arbeitsrechts, RdA 1956, 161-168.
Höland, A., Kahl, U. und Zeibig, N., Wirklichkeit und Wahrnehmung des Kündigungsschutzes in den Arbeitsgerichten, WSI-Mitteilungen 2005, 561-567.
Höland, A., Reim, U. und Brecht, H. (2000). Flächentarifvertrag und Günstigkeitsprinzip. Bremen.
Hohenstatt, K.-S., Der Interessenausgleich in einem veränderten rechtlichen Umfeld, NZA 1998, 846-854.
Hohenstatt, K.-S. und Schramm, N.E., Erstreikbarkeit von "tariflichen Sozialplänen", DB 2004, 2214-2218.
Hromadka, W., Bündnisse für Arbeit – Angriff auf die Tarifautonomie?, DB 2003, 42-47.
IG Metall (2004). Jahresbericht zur Tarifpolitik. Frankfurt a. M..
Jarass, H.D. und Pieroth, B. (2004). Kommentar zum Grundgesetz, 6. Auflage. München.
Kaden, T. (2003). Individuelle Bündnisse für Arbeit und Günstigkeitsprinzip. Frankfurt a. M.
Kania, T., BetrVG auf dem Rückzug – auch mit Hilfe der Verbände, BB 2001, 1091-1093.
Kappenhagen, F., Namensliste nach § 1 Abs. 5 KSchG in einem freiwilligen Interessenausgleich?, NZA 1998, 968-973.
Kast, M. und Stuhlmann, C., Sind betriebliche Bündnisse für Arbeit noch durchführbar?, BB 2000, 614-621.
Kempen, O.E. und Zachert, U. (1997). Tarifvertragsgesetz, Kommentar für die Praxis, 3. Auflage. Köln.
Kessen, M. (1997). Der Inhalt des Sozialplans. Diss. Universität Köln, Rechtswissenschaftliche Fakultät.

Kittner, M. und Zwanziger, B. (2003). Arbeitsrecht, Handbuch für die Praxis, 2. Auflage. Frankfurt a. M..
Klüsener, T. (2004). Die Abgrenzung des Günstigkeitsprinzips aus § 4 Abs. 3 TVG vom Tarifverzicht des § 4 Abs. 4 TVG. Frankfurt a. M.
Koch, E, Anmerkung zur Burda-Entscheidung, AuR 2004, 155-157.
König, O., Stamm, S. und Wendl, M. (Hrsg.) (1998), Erosion oder Erneuerung? Krise und Reform des Flächentarifvertrags, Hamburg
Kort, M., Kündigungserschwerungen gegen Lohnverzicht in "Bündnissen für Arbeit", Festausgabe 50 Jahre Bundesarbeitsgericht (2005), S. 753-778.
Kort, M., Arbeitszeitverlängerndes "Bündnis für Arbeit" zwischen Arbeitgeber und Betriebsrat – Verstoß gegen die Tarifautonomie?, NJW 1997, 1476-1481.
Kohte, W., Die vertrackte Namensliste, BB 1998, 946-954.
Kramer, E., Sperrzeit als Hindernis, AuR 2004, 402-405.
Kreiling, S. (2004). Die Erstreckung betrieblicher und betriebsverfassungsrechtlicher Tarifnormen auf Außenseiter. Frankfurt a. M.
Kreutz, P. (1979). Grenzen der Betriebsautonomie. München.
Kübler, B., Prütting, H. und Moll, W. (Stand Dezember 2005). InsO, Loseblattkommentar. Köln.
Kramer, W., Sperrzeit als Hindernis für Beendigungsvereinbarungen, AuR 2004, 402ff.
Kühling, J. und Bertelsmann, K., Tarifautonomie und Unternehmerfreiheit, NZA 2005, 1017-1027.
Lakies, T., Insolvenz und Betriebsänderung, BB 1999, 206-210.
Lambrich, T. (1999), Tarif- und Betriebsautonomie.
Lang, H.-G.(2000). Quelle: Ausradieren statt sanieren. Freiburg.
Lehndorff, S., Zurück zur 40-Stunden-Woche? – Wirksamkeit und Krise der tariflichen Arbeitszeitregulierung, WSI-Mitteilungen 2004, 306-312.
Leinemann, W. (2000). Kasseler Handbuch zum Arbeitsrecht. Band 2., 2. Auflage. Neuwied/Kriftel.
Löwisch, M., Beschäftigungssicherung als Gegenstand betrieblicher und tariflicher Regelungen und von Arbeitskämpfen, DB 2005, 554-559.
Löwisch, M., Der arbeitsrechtliche Teil des sogenannten Korrekturgesetzes, BB 1999, 102-107.
Löwisch, M. und Kaiser, D. (2002). Kommentar zum BetrVG, 5. Auflage. Heidelberg.
Löwisch, M. und Rieble, V. (2004). Kommentar zum TVG, 2. Auflage. München.
v. Mangoldt, H., Klein, F. und Starck, C. (1999). Kommentar zum GG, Bd. 1, bearbeitet von Kemper, R.. München.

Massa-Wirth, H. und Seifert, H., Betriebliche Bündnisse für Arbeit nur mit begrenzter Reichweite? WSI Mitteilungen 2004, 246-254.
Matthes, H.-C., Der Arbeitgeber als Tarifvertragspartei, Festschrift für Schaub (1998), S. 477-486. München.
Matthes, H.-C., Neue Funktionen für Interessenausgleich und Sozialplan, RdA 1999, 178-182.
Maunz, T. und Dürig, G. (Stand November 2005), Loseblattkommentar zum GG, bearbeitet von Di Fabio, U., Scholz, R., Papier, H.-J. u.a.. München
Meyer, C., Der Firmentarif-Sozialplan als Kombinationsvertrag, DB 2005, 830-833.
Möschel, W., BB-Forum: Tarifvertragsreform zwischen Ökonomie und Verfassung, BB 2005, 490-494.
Möschel, W., Dezentrale Lohnfindung und Tarifautonomie, BB 2003, 1951-1956.
Münchener Kommentar (2000), bearbeitet von Mayer-Maly, U. u.a., Kommentar zum BGB, 4. Auflage. München.
Naumann, B. (2005). Betriebliche "Bündnisse für Arbeit" und Zukunft der Tarifautonomie, Remscheid.
Neef, K., Die Neuregelung des Interessenausgleichs und ihre praktischen Folgen, NZA 1997, 65-69.
Niebler, M. und Schmiedl, W., Sind Abweichungen vom Tarifvertrag zur Beschäftigungssicherung zulässig?, BB 2001, 1631-1636.
Nienhüser, W. und Hoßfeld, H., Betriebsvereinbarungen – Kommt es auf den Betriebsrat an?, WSI-Mitteilungen 2005, 547-553.
Nörr, W., Grundlinien des Arbeitsrechts der Weimarer Republik, ZfA 1986, 403-447.
Oettker, H., Die Beendigung der Mitgliedschaft in Arbeitgeberverbänden als tarifrechtliche Vorfrage, ZfA 1998, 41-82.
Oettker, H., Nachwirkende Tarifnormen und Betriebsverfassung, Festschrift für Schaub (1998), 535-556.
Nungeßer, A., Vergleichen vergleichsweise schwierig, NZA 2005, 1027-1032.
Opolony, B., Die anzeigepflichtige Entlassung nach § 17 KSchG, NZA 1999, 791-795.
Palandt (2004), Kommentar zum BGB, 63. Auflage. München.
Pfarr, H.M. und Kocher, E., Kollektivverfahren im Arbeitsrecht, NZA 1999, 358-365.
Pfarr, H., Ullmann, K., Bradke, M., Schneider, J., Kimmich, M. und Bothfeld, S. (2005). Der Kündigungsschutz zwischen Wahrnehmung und Wirklichkeit. München und Mering.

Picker, E., Die Tarifautonomie am Scheideweg von Selbstbestimmung und Fremdbestimmung, Festausgabe 50 Jahre Bundesarbeitsgericht (2005), S. 795-829.

Picker, E. (2000). Die Tarifautonomie in der deutschen Arbeitsverfassung. Köln.

Pieroth, B. und Schlink, B. (2003), Grundrechte (Staatsrecht II), 19. Auflage. München.

Plander, H., Tarifflucht durch kurzfristig vereinbarten Verbandsaustritt, NZA 2005, 897-902.

Plander, H., Die Betriebsstillegung aus gesellschafts- und arbeitsrechtlicher Sicht, NZA 1999, 505-512.

Picot, G. (1998). Unternehmenskauf und Restrukturierung, 2. Auflage. München.

Picot, G. und Schnitker, E. (2001). Arbeitsrecht bei Unternehmenskauf und Restrukturierung. München.

Pollmann, M. (1996). Die Sozialauswahl bei der betriebsbedingten Kündigung – Ein Vergleich der Auswahlkriterien von Beendigungs- und Änderungskündigungen –. Diss. Universität Münster, Rechtswissenschaftliche Fakultät.

Preis, U., Aktuelle Tendenzen im Kündigungsschutzrecht, NZA 1997, 1073-1089.

Raab, T., Betriebliche Bündnisse für Arbeit – Königsweg aus der Beschäftigungskrise?, ZfA 2004, 371-403.

Rehder, B. (2003). Betriebliche Bündnisse für Arbeit in Deutschland, Mitbestimmung und Flächentarifvertrag im Wandel. Frankfurt a. M.

Reichold, H., Zulässigkeitsgrenzen eines Arbeitskampfs zur Standortsicherung, BB 2004, 2814-2818.

Reiserer, K., Fristenregelung beim Interessenausgleich, DB 1998, 2269-2273.

Renneberg, P. (2005). Die Arbeitskämpfe von morgen? – Arbeitsbedingungen und Konflikte im Dienstleistungsbereich. Hamburg.

Renneberg, P., Veränderte Arbeitsbeziehungen – Veränderung der Arbeitskampfformen, WSI-Mitteilungen 2005, 265-271.

Richardi, R., Thüsing, G. und Annuß, G. (2006). Kommentar zum BetrVG, 10. Auflage. München.

Richardi, R. (2001). Die neue Betriebsverfassung. Ein Grundriss. München.

Richardi, R., Tarifautonomie und Betriebsautonomie als Formen wesensverschiedener Gruppenautonomie im Arbeitsrecht, DB 2000, 42-48.

Rieble, V., Arbeitsniederlegung zur Standorterhaltung, RdA 2005, 200-212.

Rieble, V., Staatshilfe für Gewerkschaften, ZfA 2005, 245-271.

Rieble, V., Öffnungsklausel und Tarifverantwortung, ZfA 2004, 405-429.

Rieble, V., Der Fall Holzmann und seine Lehren, NZA 2000, 225-234.

Röder, G. und Baeck, U. (2001). Interessenausgleich und Sozialplan. Beck'sche Musterverträge, Band 17, 3. Auflage. München.

Röder, G. und Krieger S., (Mehr) Rechtssicherheit bei betriebsbedingten Kündigungen? – Der praktische Umgang mit Altersgruppen und Namenslisten, DB 2005, 2578-2582.
Säcker, F.J. und Oetker, H. (1992). Grundlagen und Grenzen der Tarifautonomie. München.
Schäfer, C., Die WSI-Befragung von Betriebs- und Personalräten 2004/05 – Ein Überblick, WSI-Mitteilungen 2005, 291-300.
Schaub, G. (2005). Arbeitsrechts-Handbuch. Systematische Darstellung und Nachschlagewerk für die Praxis, 11. Auflage. München.
Schaub, G. (1997). Personalanpassung und Personalabbau im Betrieb – einschließlich Betriebsveräußerung –. Köln.
Schiefer, B., Problemschwerpunkte der betriebsbedingten Kündigung, WiB 1995, 313-317.
Schmidt, K., Die normative Tarifgeltung am Beispiel des allgemeinen koalitionsrechtlichen Unterlassungsanspruchs, RdA 2004, 152-160.
Schneider, F. (2004). Arbeitsmarkt im Schatten. Wiesbaden.
Schwab, M., Mindestarbeitsbedingungen nach Verbandsaustritt des Arbeitgebers, BB 1994, 781785.
Schwarzbach, M. (2004). Betriebsrat und tarifliche Öffnungsklauseln. Frankfurt a. M.
Schwarze, R., Was wird aus dem gewerkschaftlichen Unterlassungsanspruch?, RdA 2005, 159-166.
Soergel, T. und Siebert, W. (2000). Kommentar zum BGB, 13. Auflage. Stuttgart.
Speiger, P., Die Reduzierung von Gratifikationsleistungen durch betriebliche Übung, NZA 1998, 510-513.
Strotmann, H. (2005), Illegale Beschäftigung: Erste Erfolge erkennbar. Berlin.
Thüsing, G., Tarifautonomie und Gemeinwohl, Festausgabe 50 Jahre Bundesarbeitsgericht (2005), S. 889-912.
Wagner, H. und Schild, A. (2003). Der Flächentarifvertrag unter Druck – die Folgen von Verbetrieblichung und Vermarktlichung. Hamburg.
Wiedemann, H., Anmerkung zur Burda-Entscheidung, RdA 2000, 169-171.
Wiedemann, H.J., Oetker, H. und Wank, R. (1999). Kommentar zum TVG, 6. Auflage. München.
Willemsen, H.-J. und Annuß, G., Kündigungsschutz nach der Reform, NJW 2004, 177-184.
Wissmeier, G.(2004). Kampagnen organisieren. Berlin.
Wolter, H., Richtungswechsel im Tarifvertragsrecht – Betriebliche Bündnisse für Arbeit und Tarifvorrang, NZA 2003, 1317ff.

Wolter, H., Standortsicherung, Beschäftigungssicherung, Unternehmensautonomie, Tarifautonomie, RdA 2002, 218-226.
Zachert, U. (2003). Gutachten für die IG-Metall. Hamburg.
Zachert, U., Betriebliche Bündnisse für Arbeit durch gesetzliche Öffnungsklauseln?, AiB 2004, 718-722.
Zachert, U., Tarifvertrag, Günstigkeitsprinzip und Verfassungsrecht, AuR 2004, 121-129.
Zachert, U., Die Renaissance der tariflichen Differenzierungsklausel, DB 1995, 322-327.
Zöllner, W. und Loritz, K.-G. (1998). Arbeitsrecht: Ein Studienbuch, 5. Auflage. München.
Zöllner, W. (1967). Tarifvertragliche Differenzierungsklauseln. München.
Zwanziger, B., Der Interessenausgleich – betriebliches Regelungsinstrument oder Muster ohne kollektiven Wert?, BB 1998, 477-482.

Zivilrechtliche Schriften
Beiträge zum Wirtschafts-, Bank- und Arbeitsrecht

Herausgegeben von Peter Kreutz und Dieter Reuter

Band 1 Sabine Koch: Eigenkapitalleistungen und eigenkapitalersetzende Leistungen des Kommanditisten in der gesetzestypischen Kommanditgesellschaft. 1992.

Band 2 Knut Weigle: Die leitenden Angestellten zwischen Sprecherausschuß und Betriebsrat. 1993.

Band 3 Stephan Worpenberg: Die konzerninterne Arbeitnehmerüberlassung. 1993.

Band 4 Carsten Führling: Sonstige Unternehmensverträge mit einer abhängigen GmbH. 1993.

Band 5 Heike Grote-Seifert: Das englische Arbeitskampfrecht unter besonderer Berücksichtigung der Entwicklung seit 1979. Zugleich: Vergleichende Analyse der Rechtslage in Deutschland und England. 1994.

Band 6 Uwe Theobald: Gesamthaftungsverhältnisse. Die Gesamtschuld als Ausgleichsmodell bei der mehrfachen Drittsicherung einer Forderung. 1994.

Band 7 Kay-Uwe Jacobs: Die Wahlvorstände für die Wahlen des Betriebsrats, des Sprecherausschusses und des Aufsichtsrats. 1995.

Band 8 Horst-Jürgen Michallek: Die Verteilung des wirtschaftlichen Risikos der Nothilfe. Eine rechtsvergleichende Studie. 1995.

Band 9 Sibylle Kessal-Wulf: Die Innenverbände. Am Beispiel Publikumsgesellschaft, Franchising, Mitarbeiterbeteiligung und Betriebsverband. 1995.

Band 10 Britta Holdorf-Habetha: Der Übergang von gewerblich genutztem Vermögen im Wege der Erbfolge im Einkommensteuerrecht. 1996.

Band 11 Sönke-Peter Nehlsen: Nutzungsausfallersatz. Ein notwendiges Übel? Versuch einer dogmatischen Begründung und Alternativlösungen. 1997.

Band 12 Sebastian Graf von Wallwitz: Tarifverträge und die Wettbewerbsordnung des EG-Vertrages. Wettbewerbsbeschränkende Tarifverträge und das Kartellverbot des Artikel 85 EGV. 1997.

Band 13 Hans-Joachim Arnold: Die Bilanzierung des Geschäfts- oder Firmenwertes in der Handels-, Steuer- und Ergänzungsbilanz. 1997.

Band 14 Volker Hoes: Die Überschuldung Privater als Problem von Ungleichgewichten. 1997.

Band 15 Dörte Christiansen: Betriebszugehörigkeit. Die Zuordnung von Arbeitnehmern aus betriebsverfassungsrechtlicher Sicht. 1998.

Band 16 Axel Boysen: Betriebsverband und Arbeitsverhältnis am Beispiel der Gruppenarbeit. Ein Beitrag zur Entwicklung der arbeitsrechtlichen Dogmatik im Wandel der Industriearbeit. 1998.

Band 17 Kristoffer Blydt-Hansen: Die Rechtsstellung der Destinatäre der rechtsfähigen Stiftung Bürgerlichen Rechts. 1998.

Band 18 Per Christiansen: Über die reale Seite der Verbände. Die Bedeutung der tatsächlichen Zweckverfolgung in einem Verband für dessen Legitimität, Existenz und Kontinuität. 1999.

Band 19 Annette Grotkamp: Die Bedeutung des Gesamtbetriebsrats und die Abgrenzung seiner Zuständigkeit zu den Einzelbetriebsräten im Rahmen des Strukturwandels in der deutschen Wirtschaft. 1999.

Band 20 Oliver Ebert: Die Kosten der Einigungsstelle gemäß § 76 a BetrVG 1972 unter besonderer Berücksichtigung der Honorierung von Einigungsstellenmitgliedern. 1999.

Band 21 Christoph Nawroth: Die steuerliche Anerkennung von Familienpersonengesellschaften bei fehlerhaftem Gesellschaftsvertrag. Zur Anwendung der Lehre von der fehlerhaften Gesellschaft im Steuerrecht. 1999.

Band 22 Kai Litschen: Die juristische Person im Spannungsfeld von Norm und Interesse. Am Beispiel der Gesellschafterhaftung in der GmbH. 1999.

Band 23 Eva Günther-Gräff: Kündigung und Kündigungsschutz von Absatzmittlungsverträgen. Dargestellt am Beispiel des Handelsvertreters, des Vertragshändlers und des Franchisenehmers. 1999.

Band 24 Martin Steiner: Entgelte der Kreditinstitute. Regelungen beim Girovertrag mit rechtsvergleichender Darstellung des anglo-amerikanischen Rechts. 2000.

Band 25 Sven Claussen: Grenzen der Insichgeschäfte im Gesellschaftsrecht. 2000.

Band 26 Sönke Peters: Der gesellschaftsrechtliche Grundsatz der Einheitlichkeit der Mitgliedschaft. 2000.

Band 27 Gabriele Komp: Die juristische Person als Geschäftsführungsorgan einer Kapitalgesellschaft. Betrachtungen zu §§ 76 Abs. 3 S. 1 AktG und 6 Abs. 2 S. 1 GmbHG. 2000.

Band 28 Gunnar Mayer: Das außerdienstliche Verhalten von Arbeitnehmern. Ein Beitrag zu Geschichte, Grundlagen und Erscheinungsformen außerdienstlicher Verhaltenspflichten. 2000.

Band 29 Michael Mönke: Die Sicherung der Bauunternehmer nach § 648 a BGB. Unter besonderer Berücksichtigung der Vereinbarkeit der Regelung mit den Prinzipien des Zivilrechts. 2000.

Band 30 Oliver May: Die Zulässigkeit der Regelung von Lohn und Arbeitszeit in Betriebsvereinbarungen. 2001.

Band 31 Robert Pape: Die tarifvertragliche Unkündbarkeit. Zugleich ein Beitrag zu den Grenzen der Tarifautonomie im Kündigungsschutzrecht und zum partiell zweiseitig-zwingenden Charakter des § 1 Abs. 2 und 3 KSchG. 2002.

Band 32 Wilm-Christian Jaekel: Die Bindung an formnichtige Grundstücksverträge nach Treu und Glauben. 2002.

Band 33 Susanne Müller: Die Gesellschafterklage als rechtsformübergreifendes Institut. 2002.

Band 34 Freia Peters: Treuhand und Unterbeteiligung an Gesellschaftsanteilen. Eine vergleichende Betrachtung für den Bereich des Gesellschafts- und des Steuerrechts. 2003.

Band 35 Mario Nahrwold: Die wirtschaftliche Betätigung von Idealvereinen am Beispiel der Ausgliederungsvorhaben der Fußballbundesligavereine. Eine Untersuchung zu Geltungsgrund und Grenzen des Nebentätigkeitsprivileges. 2003.

Band 36 Henning Plöger: Sonderarbeitsrechte im Pressebereich. Auswirkungen eines institutionellen Grundrechtsverständnisses auf das Arbeitskampf- und arbeitsrechtliche Statusrecht der Presse. 2003.

Band 37 Christian Springmann: Der Betriebsrat und die Betriebsbeauftragten. Ein Vergleich zweier betrieblicher Funktionsträger unter besonderer Berücksichtigung ihres Verhältnisses zueinander. 2004.

Band 38 Holger Meyer: Der Tatbestand des Betriebsübergangs nach der Rechtsprechung des Europäischen Gerichtshofs und des Bundesarbeitsgerichts. 2004.

Band 39 Philipp Christopher Brügge: Das Gesetz über Teilzeitarbeit. Eine Analyse unter arbeitsrechtlichen und beschäftigungspolitischen Gesichtspunkten. 2004.

Band 40 Sebastian Klausch: Unmöglichkeit und Unzumutbarkeit im System des allgemeinen Leistungsstörungsrechts nach der Schuldrechtsmodernisierung 2002. 2004.

Band 41 Felix Hütte: Die individualistische GbR als Mitglied anderer Vereinigungen. 2005.

Band 42 Tobias Schommer: Die Berücksichtigung und Gewichtung der Interessen der Arbeitsvertragsparteien im Rahmen des kollektiven und allgemeinen Weiterbeschäftigungsanspruchs des Arbeitnehmers. 2005.

Band 43 Christa Wettzel: Die unternehmerische Entscheidungsfreiheit im Rahmen der betriebsbedingten Kündigung. 2006.

Band 44 Andrea Scheibe: Die Mitbestimmung der Arbeitnehmer in der SE unter besonderer Berücksichtigung des monistischen Systems. 2006.

Band 45 Sebastian Ritz: Die Auswirkungen des Gesetzes zu Reformen am Arbeitsmarkt auf den Anwendungsbereich der dreiwöchigen Klagefrist gemäß den §§ 4 bis 7 KSchG. 2007.

Band 46 Anne Pfister: Die Übertragung von Aufgaben auf Arbeitsgruppen gemäß § 28a BetrVG unter besonderer Berücksichtigung der Förderungspflicht aus § 75 Abs. 2 Satz 2 BetrVG. 2007.

Band 47 Merve Ehlers: Personalkostenabbau durch betriebliche Bündnisse für Arbeit. Welche Gesetzesänderungen des geltenden Rechts sind zur Anpassung an die heutigen Wirtschafts- und Arbeitsbedingungen und zur Legalisierung der gängigen Rechtspraxis erforderlich? 2007.

www.peterlang.de

Kolibri 360 GmbH
Ferdinand-Jühlke-Straße 7
99095 Erfurt, Deutschland
produktsicherheit@kolibri360.de

Druck:
CPI Druckdienstleistungen GmbH
im Auftrag der
Kolibri 360 GmbH
Ferdinand-Jühlke-Str. 7
99095 Erfurt